21世纪高校网络与新媒体专业系列教材

编委会

总 主 编 石长顺
副 主 编 郭　可　支庭荣
主 编 单 位 华中科技大学
　　　　　　　上海外国语大学
　　　　　　　暨南大学
　　　　　　　华南理工大学
　　　　　　　武汉理工大学
　　　　　　　河南工业大学
　　　　　　　沈阳体育学院
　　　　　　　广州大学
编委会成员（按英文字母顺序排序）
　　　　　陈冠兰　陈沛芹　陈少华　郭　可　韩　锋
　　　　　何志武　黄少华　惠悲荷　季爱娟　李　芳
　　　　　李　军　李文明　李秀芳　梁冬梅　鲁佑文
　　　　　单文盛　尚恒志　石长顺　唐东堰　王　艺
　　　　　肖赞军　杨　娟　杨　溟　尹章池　于晓光
　　　　　余　林　张合斌　张晋升　张　萍　郑传洋
　　　　　郑勇华　支庭荣　周建青　邹　英

21世纪高校网络与新媒体专业系列教材

丛 书 主 编 石长顺
丛书副主编 郭　可　支庭荣

大数据新闻传媒概论

尹章池　刘凯恒　等编著

图书在版编目（CIP）数据

大数据新闻传媒概论 / 尹章池等编著. —北京：北京大学出版社，2022.9
21 世纪高校网络与新媒体专业系列教材
ISBN 978-7-301-33271-9

Ⅰ.①大… Ⅱ.①尹… Ⅲ.①新闻 – 传播媒介 – 高等学校 – 教材 Ⅳ.①G210

中国版本图书馆 CIP 数据核字 (2022) 第 147156 号

书　　名	大数据新闻传媒概论 DASHUJU XINWEN CHUANMEI GAILUN
著作责任者	尹章池　刘凯恒　等编著
责任编辑	李淑方
标准书号	ISBN 978-7-301-33271-9
出版发行	北京大学出版社
地　　址	北京市海淀区成府路 205 号　100871
网　　址	http://www.pup.cn　　新浪微博：@ 北京大学出版社
微信公众号	通识书苑（微信号：sartspku）
电子信箱	zyl@pup.pku.edu.cn
电　　话	邮购部 010-62752015　发行部 010-62750672　编辑部 010-62767857
印 刷 者	大厂回族自治县彩虹印刷有限公司
经 销 者	新华书店
	787 毫米 ×1092 毫米　16 开本　16.75 印张　338 千字 2022 年 9 月第 1 版　2022 年 9 月第 1 次印刷
定　　价	59.00 元

未经许可，不得以任何方式复制或抄袭本书之部分或全部内容。
版权所有，侵权必究
举报电话：010-62752024　电子信箱：fd@pup.pku.edu.cn
图书如有印装质量问题，请与出版部联系，电话：010-62756370

总　序

　　教育部在2012年公布的本科专业目录中,首次在新闻传播学学科中列入特设专业"网络与新媒体",这是自1998年以来为适应社会发展需要,该学科新增的两个专业之一(另一个为数字出版专业)。实际上,早在1998年,华中科技大学就面对互联网新媒体的迅速崛起和新闻传播业界对网络新媒体人才的急迫需求,率先在全国开办了网络新闻专业(方向)。当时,该校新闻与信息传播学院在新闻学本科专业中采取"2+2"方式,开办了一个网络新闻专业(方向)班,面向华中科技大学理工科招考二年级学生,然后在新闻与信息传播学院继续学习两年专业课程。首届毕业学生受到了业界的青睐。

　　在教育部新颁布《普通高等学校本科专业目录(2012)》之后,全国首次有28所高校申办了网络与新媒体专业并获得教育部批准,继而开始正式招生。招生学校涵盖"985"高校、"211"高校和省属高校、独立学院四个层次。这28所高校的网络与新媒体专业,不包括同期批准的45个相关专业——数字媒体艺术和此前全国高校业已存在的31个基本偏向网络新闻方向的传播学专业。2014年、2015年、2016年、2017年又先后批准了20、29、47和36所高校网络与新媒体专业招生,加上2011年和2012年批准的9所高校新媒体与信息网络专业招生,到2018年全国已有169所高校开设了网络与新媒体专业。

　　媒体已成为当代人们生活的一部分,并逐渐走向21世纪的商业和文化中心。数字化媒体不但改变了世界,改变了人们的通信手段和习惯,也改变了媒介传播生态,推动着基于网络与新媒体的新闻传播学教育改革与发展,成为当代社会与高等教育研究的重要领域。尼葛洛庞帝于《数字化生存》一书中提出的"数字化将决定我们的生存"的著名预言(1995年),在网络与新媒体的快速发展中得到应验。

　　据中国互联网络信息中心(CNNIC)2019年8月发布的第44次《中国互联网络发展状况统计报告》显示,截至2019年6月,我国网民规模已达8.54亿,较2018年年底增长2598万,互联网普及率达61.2%,较2018年年底提升1.6个百分点。互联网用户规模的迅速发展,标志着网络与新媒体技术正处在一个不断变化的流动状态,且其低门槛的进入使人与人之间的交往变得更为便捷,世界已从"地球村"走向了"小木屋",时空概念的消解正在打破国家与跨地域之间的界限。加上我国手机网民数量持续增长,手机网民规模已达

8.47亿,较2018年年底增长2984万,网民使用手机上网的比例达99.1%,较2018年年底提升0.5个百分点。这是否更加证明移动互联网时代已经到来,"人人都是记者"已成为现实?

　　网络与新媒体的发展重新定义了新媒体形态。新媒体作为一个相对的概念,已从早期的广播与电视转向互联网。随着数字技术的发展,新媒体更新的速度与形态的变化时间越来越短(见图1)。当代新媒体的内涵与外延已从单一的互联网发展到网络广播电视、手机电视、微博、微信、互联网电视等。在网络环境下,一种新的媒体格局正在出现。

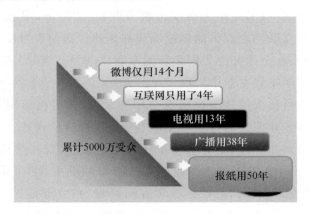

图1　各类媒体形成"规模"的标志时间

　　基于网络与新媒体的全媒体转型也正在迅速推行,并在四个方面改变着新闻业,即改变着新闻内容、改变着记者的工作方式、改变着新闻编辑室和新闻业的结构、改变着新闻机构与公众和政府之间的关系。相应地也改变着新闻和大众传播教育,包括新闻和大众传播教育的结构、教育者的工作方式和新闻传播学专业讲授的内容。

　　为使新设的"网络与新媒体"专业从一开始就走向规范化、科学化的发展建设之路,加强和完善课程体系建设,探索新专业人才培养模式,促进学界之间的教学交流,共同推进网络与新媒体专业教育,由华中科技大学广播电视与新媒体研究院及华中科技大学武昌分校(现更名为"武昌首义学院")主办,北京大学出版社承办的"全国高校网络与新媒体专业学科建设"研讨会,于2013年5月25—26日在武汉举行。参加会议的70多名高校代表就网络与新媒体专业培养模式、网络与新媒体专业主干课程体系等议题展开了研讨,通过全国高校之间的学习对话,在网络与新媒体专业主干课和专业选修课的设置方面初步达成一致意见,形成了网络与新媒体专业新建课程体系。

　　网络与新媒体主干课程共14门:网络与新媒体(传播)概论、网络与新媒体发展史、网络与新媒体研究方法、网络与新媒体技术、网页设计与制作、网络与新媒体编辑、全媒体新闻采写、视听新媒体节目制作教程、融合新闻学、网络与新媒体运营与管理、网络与新媒体用户分析、网络与新媒体广告策划、网络法规与伦理、新媒体与社会等。

选修课程初定8门：西方网络与新媒体理论、网络与新媒体舆情监测、网络与新媒体经典案例、网络与新媒体文学、动画设计、数字出版、数据新闻挖掘与报道、网络媒介数据分析与应用等。

这些课程的设计是基于当时全国28所高校网络与新媒体专业申报目录、网络与新媒体专业的社会调查，以及长期相关教学研究的经验讨论而形成的，也算是首届会议的一大收获。新专业建设应教材先行，因此，在这次会议上应各高校的要求，组建了全国高校网络与新媒体专业"十二五"规划教材编写委员会[①]，全国参会的26所高校中有50多位学者申报参编教材。在北京大学出版社领导和李淑方编辑的大力支持下，经过个人申报、会议集体审议，初步确立了30余种教材编写计划。这套网络与新媒体专业"十二五"规划系列教材包括：

《网络与新媒体概论》《西方网络与新媒体理论》《新媒体研究方法》《融合新闻学》《网页设计与制作》《全媒体新闻采写》《网络与新媒体编辑》《网络与新媒体评论》《新媒体视听节目制作》《视听评论》《视听新媒体导论》《出镜记者案例分析》《网络与新媒体技术应用》《网络与新媒体经营》《网络与新媒体广告》《网络与新媒体用户分析》《网络法规与伦理》《新媒体与社会》《数字媒体导论》《数字出版导论》《网络与新媒体游戏导论》《网络媒体实务》《网络舆情监测与分析》《网络与新媒体经典案例评析》《网络媒介数据分析与应用》《网络播音主持》《网络与新媒体文学》《网络与新媒体营销传播》《网络与新媒体实验教学》《网络文化教程》《全媒体动画设计赏析》《突发新闻教程》《文化产业概论》等。

这套教材是我国高校新闻教育工作者探索"网络与新媒体"专业建设规范化的初步尝试，它将在网络与新媒体的高等教育中不断创新和实践，不断修订完善。希望广大师生、业界人士不吝赐教，以便这套教材更加符合网络与新媒体的发展规律和教学改革理念。

石长顺

2014年7月

2019年9月修改

（作者系华中科技大学广播电视与新媒体研究院院长、教授；

武昌首义学院副校长，兼任新闻与文法学院院长）

---

① 后更名为21世纪高校网络与新媒体专业系列教材。——编辑注。

前　言

大数据的概念最早出现于20世纪90年代中期,"大数据"是用IT技术和软硬件工具进行感知、获取、管理、处理和服务的数据集合。21世纪以来,伴随着云计算、物联网等技术的蓬勃发展,大数据的应用正日益融入我们的生活之中,推动着各行各业焕发出无限生机。大数据必然触及以信息、新闻、数据为对象的传媒业的敏感神经,催生新的大数据传媒生态。

大数据新闻在传媒业界早已闻风而动,涌现出了一批应用楷模。2009年3月,英国《卫报》成为全球第一家成立数据新闻部的报纸;2012年12月,美国《纽约时报》推出集成文字、音视频、大数据数字模型的互动式网页新闻《雪崩》获得普利策奖。我国推出的"2017中国应用新闻传播十大创新案例"中,借助大数据分析用户行为的今日头条和创新财经数据新闻的财新传媒占得两席。这些给传媒人无限期待和想象。

决定事物良性转化的还是思维与人才。那么,不管是大数据注入新闻传媒,或者说新闻传媒主动融入大数据产业,关键问题还是大数据传媒思维和大数据传媒人才培养。思维、技术和人才是推动大数据传媒形态、平台和产业发展的主要动力。

大数据原生态是一种技术和数字的结合,但是大数据传媒的实质却是内容,是对用户有实际价值、易阅读、宜欣赏、便利用的传媒产品。大数据无论应用于金融、旅游、教育、医卫领域,还是与新闻传媒、公共服务和社会治理相结合,其价值和生命力都在于能给各行业实施预警预测、精准定位、高效运作和流量变现。当下大数据传媒的深度开发尤为重要。大数据只有创造出更加优质的内容,才能把握机遇,挖掘大数据与媒体融合的潜能。大数据是新一代的信息技术,已经进入互联网传播的内容层次上,大数据产业已经是内容产业的重要分支。

据此,新闻传媒有必要改变观念、理顺思路,强化大数据传媒思维。

在大数据时代,越接近最终用户,数据的活性越高,终端产品的价值越大,在新闻传媒产业链上的发言权就越大。大数据思维源自对数据的积累、合作、整理、挖掘和利用,它是"互联网思维"在媒体融合时代的继承与发展,是传媒人和企业跨越式发展必备的基本素养。

(1) 大数据核心资产思维。传媒企业是一系列资源的集合,企业所控制的有价值的、稀缺的、不可模仿的、不可替代的资源和能力,是传媒企业获得持续竞争优势的关键。在数字传播环境下,大数据的传播价值与其拥有的数据规模、数据活性以及运营数据的能力成正比,大数据成为核心资产。

(2) 大数据业务融合思维。大数据深度融合,根本上就是要在"数据孤岛"间架起桥梁,激活用户终端反馈,缩短供应链,延伸价值链。不同的业务板块、媒体形式通过大数据的聚合功能,将内容、流量和用户三者精准匹配,并通过挖掘数据资产的价值,重构数字内容生产的产业链。

(3) 大数据用户思维。这种用户思维代表着专注某一类用户,代表着以用户意愿为导向的设计、研发、生产与销售,代表着真正找到了用户的痛点,代表着一款或一系列产品可以销售几亿元甚至几十亿元。项目策划、内容生产、营销传播都依赖大数据科学决策,并不断生产新的用户数据。

(4) 大数据跨界思维。基于数据流,应重构传媒外部关系网络和价值网络。大数据资源流动性强、价值流逝速度快,具有放大其他资源价值的能量。以数据流为基础的业务流程再造,以大数据业务经营模式取代传统的业务,可把大数据活动纳入价值创造流程,寻找新的价值创造方向和路径。大数据技术使传媒企业获取和利用其他外部资源的成本和风险大大降低,为新的价值创造模式和价值传递模式提供了技术路径,如众包模式、众筹模式、定制出版等。

传媒人应当把握时代的脉搏,积极转变思维,实现自我转型。非专业人员可以在任何时间和地点通过微信、微博、微视频等社交媒体传播信息,传媒从业人员在新闻传播速度方面的优势被削弱了。在大数据时代背景下,传媒工作者不但要很快挖掘到有价值的新闻消息,还要从专业的角度分析和挖掘其深层次内容,要积极提高数据分析能力,这对传媒行业从业人员提出了更高的要求。

大数据凭借着直观性强、精准性高、形式新颖等优势,被广泛应用于新闻的"采、编、播"工作中,在拓展新闻节目素材、创新新闻节目形态、提高节目价值方面发挥着重要作用,被视为是新闻节目未来发展的一个重要发力支点。传播学子作为未来新闻传媒的重要主体,只有具备大数据思维和能力,才能顺应行业发展趋势,准确把握大数据应用方式,提升新闻传播价值。

无论数据新闻,还是大数据新闻、大数据传媒等都是媒体融合的新形态,从属于新闻传播的社会属性,必然遵循新闻传播学的基本原理和学科规范。因此,马克思主义新闻观、舆论导向正确、主流媒体观、社会主义核心价值的主题传播、"四个自信"和新闻伦理等在大数据新闻传媒的教学、研究和实践中将是一脉相承、一以贯之、浑然一体的。为此,本教材主要章节导入了课程思政元素，以引起同行教学重视和研讨。

《大数据新闻传媒概论》入选武汉理工大学"十三五"规划教材，是"武汉理工大学本科教材建设专项基金项目"。本书也是武汉理工大学全日制硕士专业学位研究生团队指导项目"融媒体下的新媒体产业运营与创新"的阶段性成果。本书是编著者在2018年以来主讲该课程的教案、讲稿和主持的相关课题成果基础上撰写而成。武汉理工大学新闻传播系尹章池教授负责全书体系结构、各章内容框架、编写纲要、编著体例和全书的修订统稿，有六名研究生参加了章节内容的具体写作。包甜甜编写第一章和第七章，曾蕙芝编写第二章，刘凯恒编写第三章和第四章，汪雲志编写第五章和第六章，吴慧思编写第八章，张思萌编写第九章。刘凯恒在数据新闻可视化、数据来源和数据挖掘技术等方面做出了特别贡献。

本书参考了同行业的专家学者的相关成果，在此对这些同人表示由衷的敬意和感谢！

编著者

2022年8月

目 录

第一章 大数据时代的新闻传媒 … 1
 第一节 大数据的产生、内涵与特征 … 1
  一、大数据的起源 … 1
  二、大数据的内涵 … 3
  三、大数据的特征 … 5
 第二节 大数据充实新闻传媒场域 … 7
  一、大数据注入传媒数据意识 … 8
  二、大数据赋予新闻价值内涵 … 8
  三、大数据调整传媒产业格局 … 9
  四、大数据强化预测功能和传播效果 … 12
 第三节 大数据创新新闻传媒业务形态 … 13
  一、大数据变革传媒思维理念 … 13
  二、大数据改进传媒生产方式 … 14
  三、大数据催生传媒生产主体 … 15
  四、大数据更新经营管理手段 … 16
  五、大数据融合传媒先进技术 … 17
 第四节 大数据重塑新闻传媒商业模式 … 20
  一、大数据对新闻传媒价值主张的延伸 … 20
  二、大数据对新闻传媒市场定位的反思 … 22
  三、大数据对新闻传媒盈利模式的更替 … 23
 第五节 大数据深刻影响新闻传播学研究范式 … 26
  一、大数据打通研究边界 … 26
  二、大数据改变研究思维 … 27
  三、大数据拓展研究路径 … 30

第二章 数据新闻的生产实践 … 33
 第一节 从精确新闻报道到数据新闻 … 33

一、从解释性报道到精确新闻报道 ………………………………… 33
　　二、从计算机辅助新闻到数据库新闻 ……………………………… 35
　　三、数据新闻的界定 ………………………………………………… 36
　第二节　数据新闻的生产理念、流程与创新 ………………………… 37
　　一、数据新闻的生产理念 …………………………………………… 37
　　二、数据新闻的生产流程 …………………………………………… 43
　　三、数据新闻的生产创新 …………………………………………… 45
　第三节　数据新闻的制作和传播 ……………………………………… 47
　　一、数据新闻的内容制作 …………………………………………… 48
　　二、数据新闻的内容分发 …………………………………………… 50
　第四节　数据新闻的信息采集 ………………………………………… 52
　　一、查询和获取公开发表的信息 …………………………………… 52
　　二、采集未公开发表的信息 ………………………………………… 54
　　三、编辑室内的数据分析 …………………………………………… 57

第三章　数据新闻的可视化
　第一节　数据可视化的类型和功能 …………………………………… 62
　　一、数据可视化的兴起 ……………………………………………… 62
　　二、数据可视化的类型 ……………………………………………… 65
　　三、数据可视化的功能 ……………………………………………… 67
　　四、数据可视化的新闻叙事 ………………………………………… 68
　第二节　数据可视化的工具和流程 …………………………………… 70
　　一、可视化数据的类型 ……………………………………………… 70
　　二、数据可视化的工具 ……………………………………………… 72
　　三、数据可视化的设计原则 ………………………………………… 73
　　四、数据可视化的生产流程 ………………………………………… 75
　　五、数据可视化产品的类型 ………………………………………… 77
　第三节　数据可视化的传受分析 ……………………………………… 78
　　一、数据可视化产品的传播效果 …………………………………… 78
　　二、数据可视化产品用户的使用动机 ……………………………… 79
　　三、数据可视化产品的用户画像 …………………………………… 81
　第四节　数据新闻可视化的中外比较 ………………………………… 84
　　一、数据新闻可视化的发展环境 …………………………………… 84
　　二、欧美数据新闻可视化的模式与经验 …………………………… 85
　　三、我国数据新闻可视化技术应用的问题 ………………………… 88

四、我国数据新闻可视化的发展策略 ………………………………………… 89

第四章　数据来源与挖掘技术 ……………………………………………… 93
第一节　数据挖掘的概念 ……………………………………………… 93
一、数据挖掘的界定 ……………………………………………………… 93
二、数据挖掘是技术发展的必然产物 …………………………………… 97
三、数据挖掘是经济发展的有效手段 …………………………………… 97
第二节　数据挖掘的数据来源 ………………………………………… 99
一、关系型数据库 ………………………………………………………… 99
二、数据仓库 ……………………………………………………………… 100
三、事务数据库 …………………………………………………………… 102
四、其他数据源 …………………………………………………………… 102
第三节　数据挖掘的主要技术 ………………………………………… 103
一、统计学数据分析 ……………………………………………………… 103
二、机器学习 ……………………………………………………………… 104
三、数据库系统与数据仓库 ……………………………………………… 108
四、信息检索 ……………………………………………………………… 109
第四节　数据挖掘中存在的主要问题 ………………………………… 109
一、数据挖掘的方法技术问题 …………………………………………… 109
二、数据库的复杂多样化问题 …………………………………………… 111
三、隐含的社会风险问题 ………………………………………………… 111

第五章　大数据舆情 ………………………………………………………… 114
第一节　大数据舆情的概念与特征 …………………………………… 114
一、大数据舆情的概念 …………………………………………………… 114
二、大数据舆情的特征 …………………………………………………… 119
第二节　大数据舆情下的媒介观 ……………………………………… 124
一、微信舆情 ……………………………………………………………… 124
二、微博舆情 ……………………………………………………………… 127
三、大数据视域下舆论波成因分析 ……………………………………… 129
第三节　大数据舆情的监测与疏导 …………………………………… 131
一、信息源分析是舆情研判的基础 ……………………………………… 131
二、大数据舆情受众的研判标准 ………………………………………… 132
三、大数据舆情的监测和预警方法 ……………………………………… 132
四、大数据舆情的疏导机制 ……………………………………………… 133

五、微博采取的大数据舆情预警技术 …………………………………… 137

第六章　大数据广告 ……………………………………………………………… 141
　第一节　大数据广告的概念与特征 ……………………………………………… 141
　　一、大数据广告的概念 …………………………………………………… 141
　　二、大数据广告的特征 …………………………………………………… 142
　第二节　大数据广告的发展阶段和类型 ………………………………………… 149
　　一、大数据广告的发展阶段 ……………………………………………… 149
　　二、大数据广告的主要类型 ……………………………………………… 150
　第三节　大数据广告的营销模式 ………………………………………………… 151
　　一、大数据广告市场 ……………………………………………………… 151
　　二、大数据精准广告的产业链流程 ……………………………………… 152
　　三、大数据精准广告的实现策略 ………………………………………… 153
　第四节　大数据广告的生产制作流程 …………………………………………… 154
　　一、主题创意 ……………………………………………………………… 155
　　二、广告构思 ……………………………………………………………… 156
　　三、文案写作 ……………………………………………………………… 157
　　四、图形选择 ……………………………………………………………… 157
　　五、编排设计 ……………………………………………………………… 158

第七章　大数据出版 ……………………………………………………………… 162
　第一节　大数据出版的概念与特征 ……………………………………………… 162
　　一、大数据出版的演进 …………………………………………………… 162
　　二、大数据出版的概念 …………………………………………………… 164
　　三、大数据出版的特征 …………………………………………………… 165
　第二节　出版业对大数据技术的应用 …………………………………………… 167
　　一、出版业对大数据的应用路径 ………………………………………… 167
　　二、各出版领域对大数据的应用情况 …………………………………… 170
　　三、出版企业大数据应用的典型案例 …………………………………… 176
　第三节　大数据出版对出版业的变革 …………………………………………… 177
　　一、大数据出版的系统商业思维 ………………………………………… 177
　　二、出版角色的变革 ……………………………………………………… 179
　　三、出版业务的变革 ……………………………………………………… 180
　　四、出版营销的变革 ……………………………………………………… 181
　第四节　构建大数据出版体系 …………………………………………………… 183

一、大数据环境下出版业的新动向 …………………………………… 183
　　二、大数据环境下传统出版业的新挑战 ………………………………… 185
　　三、大数据环境下传统出版业的新举措 ………………………………… 186
　　四、积极构建大数据出版体系 …………………………………………… 187

第八章　大数据营销 …………………………………………………………… 191
第一节　大数据营销的概念与特征 ………………………………………… 191
　　一、大数据营销的概念 …………………………………………………… 191
　　二、大数据营销的特征 …………………………………………………… 192
　　三、大数据营销的应用价值与存在的问题 ……………………………… 194
第二节　大数据营销模式 …………………………………………………… 199
　　一、大数据营销的思维方式 ……………………………………………… 200
　　二、消费需求的数据挖掘方式 …………………………………………… 201
　　三、大数据营销模式变革 ………………………………………………… 204
第三节　大数据营销策略 …………………………………………………… 208
　　一、互动式整合营销 ……………………………………………………… 208
　　二、大数据精准营销 ……………………………………………………… 212
　　三、大数据广告营销 ……………………………………………………… 215
　　四、大数据营销策略实例 ………………………………………………… 218

第九章　大数据知识服务 ……………………………………………………… 223
第一节　大数据知识服务的概念与特征 …………………………………… 223
　　一、大数据知识服务的概念 ……………………………………………… 223
　　二、大数据知识服务的特征 ……………………………………………… 224
　　三、大数据知识服务的概念模型 ………………………………………… 226
第二节　大数据知识服务的实现过程 ……………………………………… 228
　　一、大数据知识服务的过程 ……………………………………………… 228
　　二、大数据知识服务的关键要素 ………………………………………… 229
　　三、大数据知识服务的关键步骤 ………………………………………… 232
第三节　大数据知识服务的主要模式和发展趋势 ………………………… 236
　　一、大数据知识服务的主要模式 ………………………………………… 236
　　二、大数据知识服务面临的困境 ………………………………………… 240
　　三、大数据知识服务的发展趋势 ………………………………………… 241

第一章　大数据时代的新闻传媒

> **学习目标**
> 1. 通过学习大数据的基本概念,掌握大数据的相关定义和特征。
> 2. 通过学习大数据对新闻传媒的影响,了解大数据技术的重要性和大数据新闻传媒的概念。
> 3. 通过学习大数据对新闻传播学的影响,掌握新的研究方法,开辟新的研究视野。
> 4. 了解新闻传媒业的发展趋势,预测新闻传媒业未来前景。

第一节　大数据的产生、内涵与特征

大数据以不可阻挡之势来到我们的生活之中,与接踵而至的云计算、人工智能等媒介新技术深刻地变革着传媒行业。大数据成为影响甚至是决定新闻传媒发展与走向的动力之一,它不但在微观的业务层面引起了新闻内容生产传播的变革,对中国传媒的宏观生态格局和构成也产生了重要影响。

20 纪 90 年代中期,美国硅图公司(Silicon Graphics In C.,SGI)率先使用"大数据"一词,意为使用与分析大型的数据。2011 年 5 月,美国知名咨询公司麦肯锡全球研究所(Mickinsey Global Institute,MGI)发表著名的研究报告"大数据:创造、生产力和竞争的下一个前沿"(*Big Data:The Next Frontier for Innovation,Competition and Productivity*),将"大数据"当作一个新的概念名词又一次提了出来。2012 年牛津大学教授维克托·迈尔-舍恩伯格(Viktor Mayer-Schönberger)、肯尼思·库克耶(Kenneth Cukier)推出《大数据时代:生活、工作与思维的大变革》(*Big Data:A Revolution That Will Transform How We Live,Work,and Think*)一书,2013 年被业内人士称为"大数据元年"。

一、大数据的起源

(一)大数据的技术演进

人类的一切传播内容都以信息的形式存在,当人类的信息越来越多,需要海量存储空间之时,数字化便应运而生。信息经过数字化处理,转变为"0"和

"1"的二进制码,变为可以量化的数据。数字化随即带来的重大影响是海量信息以"数据"形式爆炸式增长。与数字化相伴而来的则是网络的飞速发展,打破了本地存储和时空的局限,尤其是 Web 2.0 时代以来,以脸书(Facebook)为代表的社交平台产生了大量非结构化数据(文本、HTML、交互数据、图像、音频、视频等),目前全世界的数据大约有 75% 都是非结构化数据。① 数据的外延不断放大,数据是对信息的客观记录,当我们对数据赋予背景时,它就成为信息。② 无疑,在数字化、网络化的双重驱动下,信息可转化为数据,维克托·迈尔-舍恩伯格指出:数据化是一种把现象转变为可制表分析的量化形式的过程。其演进的逻辑是将人类赖以生存的信息通过数字化处理、网络化发展,不断将信息量化成数据集,形成大数据。③ 据此,笔者梳理出大数据演进逻辑,如图 1-1 所示。

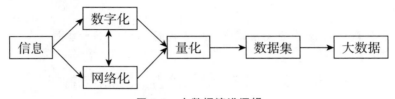

图 1-1　大数据演进逻辑

(二) 大数据的发展阶段

1. 萌芽期

早在 1980 年,著名未来学家阿尔文·托夫勒(Alvin Toffler)便在《第三次浪潮》(*The Third Wave*)一书中,将大数据赞颂为"第三次浪潮中的华彩乐章"。因此,可以说 20 世纪 80 年代末到 90 年代初是大数据的萌芽阶段,意味着大数据概念的诞生,但是当时并没有一个准确的描述,只是关于大数据的朦胧探索。

1997 年 10 月,美国国家航空航天局(National Aeronautics and Space Administration,NASA)阿姆斯研究中心的迈克尔·考克斯(Michael Cox)和大卫·埃尔斯沃斯(David Ellsworth)在第八届美国电气和电子工程师协会(Institute of Electrical and Electronics Engineers,IEEE)关于可视化的会议论文集中明确使用"大数据"概念,并界定了其内涵。他们表示,计算机技术日新月异,带动了数据处理技术的革新,促使人类重新调整自身认识问题、解决问题的方法。

---

① 郭春霞.大数据环境下高校图书馆非结构化数据融合分析[J].图书馆学研究,2015(5):30—34.
② 涂子沛.大数据时代的来临[N].第一财经日报,2013-01-04(C01).
③ [英]维克托·迈尔-舍恩伯格,肯尼思·库克耶.大数据时代:生活、工作与思维的大变革[M].盛杨燕,周涛,译.杭州:浙江人民出版社,2013:104—105.

1999年8月,史蒂夫·布赖森(Steve Bryson)等在《美国计算机协会通讯》上发表了以"大数据的科学可视化"为副标题的论文,首次在期刊中使用"大数据"这一术语。这一阶段的"大数据"多是一种概念构想,并逐渐开始被一些研究者作为一个术语使用,但只涉及"大量的数据或数据集"这样的字面含义,还没有涵盖到相关的收集、存储、分析、应用等技术方法与特征内涵。

2. 发展期

20世纪末到21世纪初是大数据的发展期,在这一阶段,大数据逐渐为学术界的研究者所关注。如经济学家弗朗西斯·X.迪博尔德(Francis X. Diebold)在2000年撰写了《大数据,宏观经济度量与预测动态因素模型》来讨论大数据在经济分析方面的运用。英国《自然》、美国《科学》等期刊分别出版了大数据专刊,从互联网技术、互联网经济学、超级计算、环境科学、生物医药等多个方面讨论了大数据处理面临的各种问题。在这一阶段,大数据逐渐为理论界的研究者所关注,相关的定义、内涵、特性也得到了进一步的丰富。

3. 成熟期

2011年至今,是大数据发展的成熟阶段。2011年5月,麦肯锡全球研究所系统阐述了大数据概念,认为大数据是一种规模大到在获取、存储、管理、分析方面大大超出了传统数据库软件工具能力范围的数据集合,具有海量的数据规模、快速的数据流转、多样的数据类型和价值密度低四大特征。2012年,瑞士达沃斯(Davos)召开的世界经济论坛上,大数据成为主题之一。同时,会上发布的报告《大数据,大影响》(*Big Data,Big Impact*)宣称,数据已经成为一种新的经济资产类别,就像货币和黄金一样。同年,维克托·迈尔-舍恩伯格,肯尼思·库克耶在《大数据时代:生活、工作与思维的大变革》中指出,大数据或称巨量资料,指的是所涉及的资料量规模巨大到无法通过目前主流软件工具,在合理时间内进行撷取、管理、处理并整理成为帮助企业经营决策更积极目的数据集合。2014年后,世界经济论坛以"大数据的回报与风险"为主题发布了《全球信息技术报告》(第13版);美国发布了《大数据:抓住机遇、保存价值》;联合国启动"全球脉动"计划,并发布了《大数据开发:机遇与挑战》;中国发布了《促进大数据发展的行动纲要》;经济合作与发展组织(Organization for Economic Co-operation and Development,OECD)推出《使用大数据作决策》。越来越多的研究者对大数据的认识也从技术概念丰富到了信息资产与思维变革等多个维度,一些国家、社会组织、企业开始将大数据上升为重要发展战略决策的依据。

二、大数据的内涵

大数据有广义和狭义之分。广义的大数据概念,包含大数据技术及其应用、大数据工程和大数据科学;狭义的大数据概念,仅指大数据技术及其应用,即从各种类型的数据中,快速获得有价值信息的能力。目前,新闻传播学界和业界对大数据的探讨,主要集中在狭义的大数据领域。

目前,学术界、产业界、政府机构都对大数据的定义有过不同的界定,其研究涉及性质特点、要素构成、技术系统、应用范围、价值来源等诸多方面。

(一) 技术分析角度

这一类定义重点关注的是对海量、复杂数据进行分析处理,从而获得信息和知识的技术手段。其中较为权威的观点来自麦肯锡全球研究所发表的报告"大数据:创新、竞争和生产力的下一个前沿"。该报告提出:"大数据"是指其大小超出了典型数据库软件的采集、储存、管理和分析等能力的数据集。具有数据集成功能的证券交易商纳斯达克(National Association of Securities Dealers Automated Quotations,NASDAQ)认为,大数据包括了海量数据和复杂数据类型,其规模超过传统数据库进行管理和处理的能力。综合此类观点来看,大数据是一种难以处理的大规模数据集,需要特定的技术才能完成其采集、分析和应用等。

(二) 大数据应用价值角度

这一类定义强调的是大数据的应用,关注的是从数据中获取有价值的信息和知识,最终目的是建立商业方面的竞争优势甚至是创新商业模式。高德纳咨询公司(Gartner Group)曾提出:大数据是需要新处理模式才能具有更强的决策力、洞察发现力和流程优化能力来适应海量、高增长率和多样化的信息资产。哈佛大学访问学者徐晋在《大数据经济学》中指出:大数据是指存在价值关联的海量数据,其本质是社会经济的离散化解构和全息化重构,表现为行业间海量数据的关系从量变到质变的转变,即对数据的深度挖掘。

(三) 大数据对社会发展影响角度

这一类定义强调大数据对人类社会生产生活方式、思维范式等产生的重大影响,认为大数据开启了人类发展的新阶段,并且认为这种范式的影响是持久而深远的。大数据是人们获得新的认知、创造新的价值的源泉;大数据还是改变市场、组织结构,以及政府与公民关系的方法。哈佛大学学者盖瑞·金(Gary King)在名为"Why 'Big Data' Is a Big Deal"的演讲中指出,大数据技术完全是一场数据革命,这场革命给政府管理、学术及商业带来了很多颠覆式变革。他认为,大数据技术将触及任何一个领域,同时大数据时代还将引爆一场"哥白尼式革命"——它改变的不仅仅是信息生产力,更是信息生产关系。

综上所述,我们认为,大数据是以容量大、类型多、存取速度快、应用价值高为主要特征的数据集合,是对数量巨大、来源分散、格式多样的数据进行采集、存储和关联分析的新一代信息技术,是发现新知识、创造新价值、提升新能力的新兴服务业态。

但值得注意的是,大数据之"大",并不仅仅指体量大,还包括数据的整体性和价值性。不挖掘大数据的价值,数据再多、体量再大也没有用,同样,不提高数据的整体性,数据再多也价值不大。有些数据集可能体量并不大,但只要数据完整性好,包含了所有数据,也可以称之为大数据,也就是说,大数据本质上是一种全数据模式。

关于大数据的应用价值,比较一致的观点是大数据的核心价值是预测。自维克托·迈尔-舍恩伯格提出"大数据的核心就是预测"的观点以后,这一观点就被广泛接受。大数据预测能力来自数据挖掘,数据挖掘技术的成熟又是基于云计算、人工智能、移动互动网等高新科技的进步。大数据挖掘技术的应用则是帮助企业提高预测力或洞察力的利器。一个关于大数据价值的核心逻辑是,这种背景下,在商业、经济、政府及其他领域中,决策行为将日益基于数据和分析,而并非基于经验和直觉而实施。

知识卡片

大数据到底有多大?一组名为"互联网上一天"的数据告诉我们,一天之中,互联网产生的全部内容可以刻满 1.68 亿张 DVD;发出的邮件有 2940 亿封之多;发出的社区帖子达 200 万个(相当于《时代》杂志 770 年的文字量);卖出的手机为 37.8 万台,高于全球每天出生的婴儿数量 37.1 万。

如今数据的单位,已经从 G 和 T 发展到 P、E、Z、Y 等。计算机中存储信息的基本单位是字节(Byte)。一个西文字符用一个字节存储,一个汉字需要两个字节存储。其他单位及其相互间的关系分别为:1K=1024Byte,1M=1024K,1G=1024M,1T=1024G,1P=1024 T,1E=1024P,1Z=1024E,1Y=1024Z。科技的进步已经使创造、捕捉和管理信息的成本降至 2005 年的 1/6,而从 2005 年起,用在硬件、软件、人才及服务之上的商业投资也增长了整整 50%,达到了 4000 亿美元。事实上,当你仍然在把微博等社交平台当作抒情或者发议论的工具时,华尔街的敛财高手们却正在挖掘这些互联网的"数据财富",先人一步地用其预判市场走势,而且取得了不俗的收益。这些庞大数字,意味着什么?它意味着,一种全新的致富手段也许就摆在面前,它的价值堪比石油和黄金。

三、大数据的特征

大数据特征的最早提出者是麦塔集团(Maita Group,现为高德纳咨询公司)分析师道格·莱尼(Doug Laney),他在其研究报告"3D 数据管理:控制数据数量、速度及种类"中指出:"数据激增的挑战和机遇是三维的,不仅仅在我们通常所理解的数据量(Volume)层面,还包括数据进出的速度(Velocity)以及数据种类范围(Variety)"。

此后,研究者纷纷从特征角度去分析和理解大数据,并对这种"3V"的观点加以丰富。如 IBM 商业价值研究院(International Business Machines Corporation)在"分析:大数据在现实世界中的应用"报告中提出应增加准确性(veracity);弗雷斯特研究公司(Forrester Research)分析师布莱恩·霍普金斯(Bryan Hopkins)和鲍里斯·埃韦尔松(Boris Evelson)认为应增加易变性(variability)等。其中国际数据公司(International Data Corporation,IDC)的观点最为权威,也得到了研究者的广泛认同,该公司在"从混沌中提取价值"报告中提出了大数据的"4V"特征,即数据容量大(Volume)、数据类型繁多(Variety)、商业价值高(Value)、处理速度快(Velocity)。

还有些学者认为大数据有 5V 特征,5V 特征是在 4V 基础上加上真实性(Veracity)。5V 特征最先由 IDC 和天睿公司(Teradata,美国前十大上市软件公司之一)提出,也得到中国一些研究人员认同。另外,《中国电子科学研究院学报》编辑部的文章提出大数据的特点是 4V+1C,即多样化(Variety)、海量(Volume)、快速(Velocity)、灵活(Vitality)、复杂(Complexity),这是对大数据特征观点的另一种表述。

笔者根据前人的研究成果,提出大数据的 6V 特征,即规模性(Volume),多样性(Variety),高速性(Velocity),价值性(Value),易变性(Variability),准确性(Veracity)。

(一)规模性

规模性或称数据体量巨大。目前,大数据的规模尚是一个不断变化的指标,单一数据集的规模范围从几十 TB 到数 PB 不等,各方研究者虽然对大数据量的统计和预测结果并不完全相同,但都一致认为数据量将急剧增长。

(二)多样性

多样性即数据类型多样。从生成类型上分为交易数据、交互数据、传感数据;从数据来源上分为社交媒体数据、传感器数据、系统数据;从数据格式上分为文本、图片、音频、视频、光谱数据等;从数据关系上分为结构化、半结构化、非结构化数据;从数据所有者分为公司数据、政府数据、社会数据等。

(三)高速性

数据的增长速度快,以及要求数据访问、处理、交付等速度快。数据创建、处理和分析的速度持续加快,这是由数据创建的实时性属性,以及需要将流数据结合到业务流程和决策过程中的要求决定的。速度影响数据时延(从数据创建或获取到数据可以访问的时间差)。目前,数据以传统系统不可能达到的速度在产生、获取、存储和分析。对时间敏感性较高的业务领域,例如,实时欺诈监测或多渠道即时营销，数据分析必须得到实时处理，以便对这些业务产生及时的、有价值的决策支持。

（四）价值性

大数据价值巨大。大数据能够通过规模效应将低价值密度的数据整合为高价值的信息资产。如美国社交网站脸书有 10 亿用户，网站对这些用户信息进行分析后，广告商可根据结果精准投放广告。对广告商而言，10 亿用户的数据价值上千亿美元。

（五）易变性

大数据具有多层结构。弗雷斯特研究公司分析师布莱恩·霍普金斯和鲍里斯·埃韦尔松指出，大数据具有多层结构，这意味着大数据会呈现出多变的形式和类型。相较传统的业务数据，大数据存在不规则和模糊不清的特性，这导致很难甚至无法使用传统的应用软件对其进行分析。

（六）准确性

大数据的准确性其实是与大数据的规模性相关的。因为通过大数据分析，可以真实地还原事物的本来面目。而以往由于技术手段相对比较匮乏，搜集数据的难度比较大，因而让人们一般采用小数据集的手段分析、预测那些我们想要知道但还未知的事情。比如，要统计全世界的人口，因为每个时间点都会有人死、有人生，所以只能根据小数据集的特性去推断，统计学里有一个方法叫作"抽样统计分析法"，就是为此服务的。但是在大数据时代，很多时候我们都可以通过互联网找到全部的个体数据痕迹去分析，从而可减少误差，增强准确性。

第二节　大数据充实新闻传媒场域

随着科技的迅猛发展，尤其是计算机技术和网络技术的快速发展与普及，当今社会正在步入大数据时代。在这个数据信息时代，每时每刻都在生成新的数据。据统计，全世界的数据两年翻一番。随着智能手机等手持终端的快速普及，以及各种 App 的不断开发与应用，数据增长的速度只会越来越快。大数据对整个社会都产生了巨大的影响，传媒行业不可避免地受到巨大冲击，新闻、广播、电视等传统媒体所占市场份额呈逐年下降的趋势。新兴互联网媒体发展迅猛，各种新技术、新思维、新模式不断涌现。大数据正在推动整个传媒行业进行深刻变革，要想在这种变革中获得优势就必须构建创新思维体系，充分利用传统媒体和大数据时代的特点，发展传媒产业。

大数据新闻报道不同于传统新闻报道那样只是简单交代数字，而是展示了一种从宏观层面对社会某一方面的趋势、动态和结构性的把握。传统新闻采集数据更多的是通过线人、调查对象和采访对象进行抽样获取，大数据方法为媒体工作者提供了一个全新的专业工具去挖掘新闻。大数据方法视野下的新闻传媒创新包含两个层次的内涵：首先，它是新闻形态的一种创新，包括可视化信息、人性化的嵌入。其次，它是一种全新意义上的内容创新，及通过碎片化的数据及文本的挖掘技术，实现了"减少和消除不确定性"的新闻内容的报道新形态。

一、大数据注入传媒数据意识

大数据时代，媒体要有强烈的数据意识，要善于搜集、分析、使用数据，挖掘数据的潜在用途。媒体业本身是信息产业，并且是信息业的前沿，在大数据时代拥有先天优势。每天都有难以计数的文字、图片、视频被创作出来，大数据时代，这些信息通过数据化即变成可量化制表分析的过程，从而发挥大数据的预测威力。除了传统的文字、图片、视频等数据，媒体仍需拓宽自己的数据范围。媒体不仅要有自己的采编队伍，有自己的原创新闻、原创评论，还应该围绕自身优势建立一个数字化的平台——一个互动的，社交化的，拥有广泛人气，能够容纳广大网民上帖、交流、讨论的平台。它可以汇聚各方信息，形成庞大的、拥有巨量信息与数据的平台。

媒体也需要妥善利用大数据，挖掘其背后潜在的价值。例如，消费者信贷领域的一些公司考虑开发以脸书社交图谱为依据的信用评分，因为他们发现：个人会偿还债务的可能性和其朋友会偿还债务的可能性成正相关。"社交网络分析之父"贝尔纳多·哈柏曼（Bernardo Huberman）的分析显示，微博中单一主题出现的频率可以用来预测好莱坞的票房收入，从而预测一部电影的成败。可以说，数据的真实价值就像漂浮在海洋上的冰山，第一眼只能看到冰山的一角，而绝大部分则隐藏在表面之下。

二、大数据赋予新闻价值内涵

新闻学界围绕新闻价值的讨论从未停歇。当下，国内新闻学界对新闻价值的理论讨论集中在新闻价值的定义和内涵，通常将新闻价值分解为时新性、重要性、接近性、显著性、趣味性五要素。然而这种基于本体论和功能主义的探讨，限制了人们与时俱进地理解新闻价值。

从认识论的角度来看，历史上从没有一种统一的关于新闻内涵的共识，当然也不存在一种放之四海而皆准，放之任何历史阶段均成立的关于新闻价值的共识。比如，新闻的内涵和新闻价值的标准通常会因为时间感、空间感、速度感和社会关系的重构而发生变化，而现在看来，大数据技术是导致框架性重构的重要原因。传统的新闻生产是有延迟性的。正是因为存在时距，传统媒体才可能对已经发生的事件进行叙事，才可能选择值得报道的媒介事件，才可能选择以何种方式来呈现这一媒介事件，于是才有新闻价值一说，也才有新闻真实性的问题。所探讨的新闻价值是一种"事后"的选择标准;所探讨的新闻真实,则是指在转述过程中可以还原的事件发生过程及结果。

然而当今时代,这种延迟性被终结了。时间框架的改变,改变了传统新闻价值赖以存在的时间感。没有了事件发生和报道产出之间的时间差,传统媒体在选择、呈现、可靠性和权威性方面的优势便荡然无存;如果坚持这种延迟性,就会落后社交媒体一步,在议程设置和舆论引导层面处于极度被动的状态。技术打破了同一性、机械化、标准化的原则,打乱了媒体运转所一贯依照的时空节奏,过去整齐划一的时空状态都被新媒体分割得支离破碎。传统媒体的当务之急,可能是思考什么是在新媒体时代更适合自身的时间感、空间感和传受关系,什么是未来人们所关注的公共议题,这样才可能重新引领新媒体时代的新闻价值。

三、大数据调整传媒产业格局

大数据时代,是一个全新的时代,个人、群体、企业、社会组织的社会活动会产生大量数据,各种存储设备、各类数据仓库、云端服务器保存着海量数据,提取、转换、整合、联机分析、挖掘数据等变成常态性工作。大数据时代对各行各业都会带来冲击,对于传媒产业来说,大数据时代的到来,深刻影响着未来媒体的形态和格局。著名细分产业研究机构前瞻产业研究院发布的"2014—2018年中国传媒产业市场前瞻与投资战略规划分析报告"显示:互联网的出现对传统媒体的冲击是巨大的和有着深远意义的,它使传媒产业爆发了一场革命,传媒产业开始进入业务融合和市场融合阶段,原有的市场界限被打破,从而为传媒产业奠定了市场基础和技术基础。

大数据引领下的云计算、虚拟现实、人工智能等新技术将开启智慧媒体时代,推动传统媒体升级与变革,催生新的信息产业链,新媒体、传统媒体、通信产业、IT产业等被纳入"大传媒式的考量"之中,"对于新媒体自身发展而言,2012—2017年恰好是其脱胎换骨的五年,不仅实现了多种突破,更是对传统媒体的全面超越,使得包括新闻媒体在内的全球媒体生态经历了巨大的调整与变局"[①]。大数据时代,中国传媒产业结构与行业分布开始形成新的版图。

(一)大数据推动传统媒体升级与转型

面对大数据浪潮,传统媒体开始谋求转型与升级。新闻媒体开始组建视觉新闻、数据新闻团队,吸纳计算机、信息管理、统计学、视觉设计等专业背景的人才,压缩传统媒体业务。[②]广播电视行业利用大数据分析运营经济数据、

---

① 方兴东,陈帅,等. 2012—2017全球新媒体发展特征[J]. 新闻与写作,2017(11):38—43.
② 徐阳. 大数据时代的数据新闻与新闻教学[J]. 安庆师范学院学报(社会科学版),2016,35(1):158—161.

掌握新闻舆情动态,范围覆盖各个行业,为广播电视行业重新审视和规划行业定位和产业变革提供了全面有效的参考。除了新闻主业的调整外,传统媒体还运用大数据寻求内容生产与营销方式的升级与转型。安徽卫视真人秀节目《你好!菜鸟》运用大数据分析观众的兴趣,将观众的爱好意愿作为节目策划的主要参考依据。观众作为投资人能获得一定的预期经济收益,电视节目生产实现了"边娱乐边赚钱"的新模式。2016年中央电视台春节联欢晚会与支付宝合作,实现了电视媒体与新媒体强强合作的有益尝试。湖南卫视与天猫联手跨界合作,实现了娱乐与消费的同行。深圳卫视与途牛旅游网合作,电视观众可以在途牛网上预订同款旅游产品。传统媒体在与电商企业合作中拓展了自己的多元化发展之路,同时这些合作电商向公众提供各类资讯信息,形成了自己的受众群,电商自身开始有了媒体的一些社会属性,并逐渐向媒体化发展。

(二)大数据催生新的信息产业链和媒体集群

百度、阿里、腾讯、华为、浪潮、中兴等互联网IT企业,催生了一批应用大数据信息的创新公司,也推动了中国信息行业的发展。在中国500强企业中,信息技术行业占据榜首。这些信息行业除了拥有海量数据这一稀缺资源外,还从软件与硬件两个方面延伸了产业链,新兴人工智能设备和内容生产软件逐渐取代了新闻生产中许多人工操作的工作岗位,机器人、无人机、VR(虚拟现实)、AR(增强现实)、二维码等技术联成一体,传媒行业内容生产、信息传播以及传播效果评估等催生出诸多的新产业链和新的工种,也使新兴传媒的产业属性趋于多样化和多元化。基于移动互联终端的成千上万App(第三方应用平台),它们因具有移动性、便捷性和互联的全覆盖等优势而成为另一类信息传播的渠道,"尤为值得关注的是,诸如提供购物、地图服务、天气服务这样的专业化服务平台,也开始承载起一定的新闻与资讯分发功能"①。因而移动客户端已经成为受众最先获取新闻的来源之一。借助网媒和移动互联技术,《人民日报》、央视新闻、新华社等专业媒体的微信公众号内容原创优势明显。今日头条、腾讯新闻、天天快报等的新闻客户端聚合新闻能力强,成为新的媒体集群,传统新闻媒体亟待突围。移动互联智能手机正不断地把受众从其他媒介身边引向自己,目前手机成为受众接受新闻的渠道之一,而一些适用于手机终端的视频、音频、文字、图形软件的运用,让手机有了处理加工新闻信息传播符号的功能,具有移动性、互联性的手机将会把新闻信息生产终端、接收终端,甚至是发布终端合为一体,手机媒体前途不可限量,新的手机媒体集群必将形成。

(三)大数据促成新的媒体格局和媒介圈层

所谓"媒体格局"是指,媒体间各种力量对比与组合的结构。由于发展的

---

① 彭兰.未来的"智媒时代"是什么样[J].决策探索,2017(5)上:69—70.

不平衡,媒体间各种力量对比与组合的结构总是处在不断的变动之中。而当量变积累到一定程度,达到某一临界点时,各种媒体相互之间的力量对比与组合的结构就会发生序列易位和要素重组,直至形成新的媒体结构。

互联网的出现打破了报纸、广播、电视"三足鼎立"的格局,媒体不再以媒介传播符号文字、画面、声音来划分,而是以技术为逻辑分为新媒体和传统媒体。而大数据技术的发展和应用,有力地帮助了新媒体在传媒业市场中进行扩张,使媒体格局不断地发生变化和调整。

新媒体作为一个全新的信息平台进入传媒市场,依托大数据技术洞察市场与行业,制订了更加科学合理的传播计划,确立了精准的传播策略。相比于传统媒体,受众能更高效快速地在新媒体上找到对自己有用的信息,这种得心应手的使用方式导致传统媒体的用户流向新媒体;而作为媒体的另一个发展支撑点广告也从传统媒体向新媒体倾斜:一方面广告主敏锐地察觉到了用户的迁移;另一方面,相比于传统媒体的粗放宣传,新媒体广告可以利用用户大数据进行计算分析,精准地把广告投放在目标消费者的面前,不仅降低了广告成本,还提升了广告效果。用户和广告的涌入,使新媒体不断地迸发出新的活力,而传统媒体日渐式微,报纸、广播甚至被日渐边缘化。

"圈层"一般运用于地理学中,指自然界中一定物质所存在的区域或空间的范围,像大气圈层、水圈层、生物圈层等。随着知识的普及和外延,圈层作为一种区隔和范围被大众运用到日常生活中,逐渐形成一种圈层文化。"媒介圈层"指的是媒介之间根据目标读者或内容特色的不同而形成的分类体系。在传统媒体时代,媒介圈层的划分相对来说比较粗犷,比如报纸按照内容分为综合性报纸和专业性报纸,专业性报纸下面虽然还可以分为经济、科学、体育、医疗等类别,但是由于面对的读者比较广而散,所以划分并不细致。

在大数据时代,过去传统的媒介圈层分类标准被打破,媒介圈层不断分裂,呈现出越来越精细化、专业化、小众化的现象,媒介更是依赖着大数据技术对用户的追踪与分析功能,发展到无孔不入的地步,可以说只要受众有需求,媒介就能找到市场,并生产特定内容、发行特定渠道、服务特定人群的媒体,例如广受年轻用户欢迎的视频观看、分享与创作的网站哔哩哔哩(bilibili,以下简称 B 站)。2009 年成立初期,B 站以 ACG(Animation,Comics,Games,动画、漫画、游戏)内容为主,到 2019 年 B 站在根据用户的需求进行不断的调整和分化中,已经成为一个拥有动画、番剧、国创、音乐、舞蹈、游戏、科技、生活、娱乐、鬼畜、时尚、放映厅等 15 个分区,7000 余个圈层的视频社区的网站,B 站的用户通过平台上各类"自己感兴趣"的内容留在了 B 站,B 站也处在不断的圈层裂变中,提高了平台用户黏性,对平台用户的价值进行了多次挖掘。

四、大数据强化预测功能和传播效果

媒体在做好社会记录者与信息传播者外,更应定位成社会解读者和分析预测者,深度解读和去伪存真本是媒体的重要职责,而大数据赋予的全面深刻的洞察力恰好能为传媒再添一双慧眼。媒体数字化转型正在进行中,信息的采集、处理、储存、传播等完全数字化后,媒体产生的数据量急速增大,成为大数据的重要生成与应用行业。

例如奈飞(Netflix),一家在线电影租赁公司,它通过记录分析用户的搜索和使用记录,分析前后数据的相关性,从而了解用户的喜好,推荐后续产品。亚马逊公司则是依据类似的原理推荐书籍等产品。大数据应用到新闻领域,必然利用其最核心的竞争力——预测,相比于数据新闻学,预测新闻学更有可能大行其道。

数据新闻的精髓或许在于将传统的新闻敏感性和使用数字信息讲好一则故事的能力相结合而带来新的可能性,这些可能性会出现在新闻报道的任何阶段。预测新闻是根据事物发展现阶段的影响要素和特点,对事物发展的规律和走向,进行判断和推测的一种报道。数据新闻则把数据作为一种新闻要素,辅助新闻的表达,使得新闻更具有可读性、可信性,可以增加新闻的深度。

新闻学与传播学本身是一门社会科学。如果合理地利用大数据,将数据化的新闻信息进行分析,就会得出事物发展的趋势,社会变迁的方向。专业性比较强的报道,如体育、财经报道,大数据更能施展其预测功能。如同在电影《点球成金》里面,棒球星探在统计学家面前相形见绌——直觉的判断被迫让位于精准的数据分析。对赛事结果的预测,对经济衰退的预警,甚至地震预测也能真正让人们提前有所防备。当预测成为媒体的功能之一,就会大大增强人们在日常生活中对媒体的需求度。

大数据时代,新闻传播将更有针对性,更精准,效果更好。大众传播是粗放型、广种薄收的传播,把所有的新闻信息向所有人传播,这样缺乏针对性、精准度。受众必须从众多新闻信息中寻找自己需要的、感兴趣的内容。然而在大数据时代,人们上网浏览都会留下"足迹"——各种数字化记录,即浏览数据。对一位受众——固定 IP 地址或同一终端浏览器上的所有浏览数据或相当长时间的浏览数据进行分析,便可获知其上网习惯、喜好等,根据这些数据,在最合适的时间以最恰当的方式向他推送最感兴趣的新闻,这就是精准传播、"长尾营销",这样的新闻不仅不会被当作垃圾,还很可能被定制。随着大数据时代的发展,精准传播会越来越普及,越来越受欢迎,它能有效地提高媒介组织的传播效果,并降低传播过程中所浪费的成本,使传播过程更高效。

第三节 大数据创新新闻传媒业务形态

大数据从微观层面重塑了新闻生产传播的操作方法和流程,在宏观层面更新了新闻传媒的思维方式,它所引领的智能新技术改变了新闻生产模式,催生了新的新闻内容生产主体,重构了新闻传受关系。

一、大数据变革传媒思维理念

大数据将人们生产传播新闻内容的方式从感性、理性思维变革为数据思维。传统新闻媒体作为传播社会信息的主体力量,经常通过座谈、个别采访、街头调查、书信来往等采访方式搜集新闻信息,这样新闻生产者接触到的采访对象的范围或数量有限。这种社会信息采集方法当运用于归纳社会现象、预测社会趋势时,媒体或者新闻生产者主观上会努力使其所传播的新闻信息从感性认识层面上升到理性认识层面,力求达到客观、真实、公正、准确的专业水准,以实现新闻信息传播社会效益的最大化。在具体的新闻生产过程中,生产者个人的主观偏好与感性推断不可避免地会影响所报道的内容,新闻信息采集处理总体上以感性认识、抽象逻辑和理性认识等思维成分居多,无法用精准量化的方法得以验证。

大数据可以使新闻报道的议程设置、新闻敏感与数据计算结合起来,数据成为新闻内容中一种新闻要素,使新闻内容有了量化数据的支撑,增强了新闻的真实性、可信性,增加了新闻的深度和理性,减少了新闻信息传播的感性思维成分。即使在对新闻报道对象的现状进行精确描绘时,事物之间的逻辑联系可以以数据的方式明确地呈现出来,其未来发展趋势也能得到准确的预测,原来由议程设置、话题选择等方式决定的新闻传播内容不得不让位于精准的数据分析,大数据更新了新闻内容生产的思维。

大数据技术不但让万物有了数据的逻辑联系,也让这种有逻辑联系的数据可视化呈现成为常态,新闻不再局限于传统文本结构模式,表格、图片、特效、场景模拟、动画动漫、数字建模等视觉信息在新闻信息传播中应用广泛,为受众提供了更加真实的新闻现场,改变着受众信息接收的习惯与偏好。如2015年天津滨海新区爆炸事件中,现场动画成功虚拟重现了滨海新区的爆炸现场。传统媒体的新闻生产以探求新闻过程真相为主,其逻辑经常以因果关系为主。运用大数据技术,智能机器人能在大数据中发现新闻事件或者人物更多的逻辑关系,媒体将注意力更多地集中在事物之间的多种关系上,从而改变了新闻生产的思维方式。

二、大数据改进传媒生产方式

在大数据时代,融合媒体经过几年的演进和发展,改变了新闻生产工具,也变革了新闻生产模式,传统以调查为主的工作方式变为大数据处理与分析,新闻采访变为新闻信息的一次采集、多种生成,传统新闻生产关系升级为人机互助协作关系。

传统媒体时代,无论新闻采访以何种方式展开,其本质上是调查活动,通过调查搜集新闻信息,而这种新闻采访多为单一媒体供稿,最终可能会形成文字、音频、视频、图片等新闻文本。

在大数据时代,新闻信息的搜集经常会演变成对大数据的开发与整理,颠覆了新闻采访最本质的意义。为满足融合媒体的传播需求,新闻产品最终可能要形成多种文本,新闻采访演变为新闻信息多种符号的信息采集行为。新技术、新工具倒逼新闻生产关系发生变化。智能融合媒体出现后,新闻生产的许多环节少不了人工智能的参与,简单的"前方记者+后方编辑"的传统新闻生产关系已经不能适应大数据时代新闻生产的需求。一次采集、多种生成、多端传播是融合媒体新闻生产的一般路径,因此,适应网络化、智能化、数据化、移动化新闻生产的"数据支持+智能写稿辅助+融媒呈现+全网推流"的人机互助协作,可以将内容原创优势发挥到最大,扩大新闻原创在新媒体中的影响力,成为一种较成熟的新闻生产新机制。

除此之外,大数据还模糊了传受主体。大数据让即时反馈和精准个性化新闻推送成为常态,不断提高新闻受众的体验感,调动受众接受新闻内容的参与性与积极性,新闻消费者向新闻生产者迁移,模糊了新闻生产者与消费者之间的界限,也模糊了新闻传播过程中的传受关系。新闻受众或用户的性别、兴趣、情绪、性格、文化水平等人的自然属性和社会文化特征在大数据技术之下,变得透明、可监测、可预判,从而可形成精准的受众样本。媒体通过网址链接采集用户社交网络数据,进而判断用户的兴趣,根据受众反应拟定新闻主题,还可将新闻信息进行再次加工编写二次推送。完整的信息传播离不开受众反馈机制,大数据技术让新闻传播者可以获得受众反馈的实时数据,从而把传播效果的事后评估变为可控的过程评价,在精确数据分析的基础上,实现传播全过程的内容优化,掌控传播的主动权。大数据"算法"颠覆了传统媒体的反馈机制,"今日头条""一点资讯"等媒体依据受众反馈算法来推送和定制内容的成功案例说明,大数据推送在一定程度上比大众传播推送更明智。

自媒体的普及让全民成为记者,新闻生产不再由职业新闻生产者垄断,众筹、众包等生产方式被引入新闻领域,众多用户同时合力完成由专业媒体或个体新闻生产者难以独立完成的新闻报道,新闻生产者向全民化、群体性转化,也不断吸引新闻消费者向新闻生产者转化,新闻消费者参与新闻生产,新闻生产者与部分新闻消费者的身份重合。

得到新技术支持的新媒体,新闻传播互动形式更为多样,《人民日报》的《快看呐!这是我的军装照》,用户上传个人照片可以获得不同时期的用户军装照。《河北日报》新媒体产品《我为祖国升国旗》中,用户可以互动为一名升旗手,参与升旗体验。新华社运用虚拟现实技术推出了《360度全景呈现:聚焦十九大世界瞩目》和《全景全息身临其境看报告》等新闻产品,让用户沉浸到视频所拍摄的场境中,用户只需摇晃手机便可以全方位感受十九大会场。

新闻游戏进一步增强了新闻的交互性。新闻游戏为用户提供真实世界的虚拟新闻体验。例如,新闻游戏《拯救心脏病患者》中,由于医院的医疗水平、距离等因素影响着心脏病患者的生死,而受众的游戏决策选择影响着患者的存活概率。游戏新闻使受众从内容的被动接受者变为积极的内容生产参与者,模糊了新闻内容生产者与消费者的界限。

三、大数据催生传媒生产主体

云计算、大数据、智能化、移动终端等技术让亿万自媒体使用者加入新闻内容生产者之列,新闻内容的生产由单一的专业新闻生产者生产变为全民参与,而且产生了有别于人类而有一定的生产主动性的机器人写作,新闻生产不再是新闻工作者的专利。

在传统媒体时代,新闻稿件的生产,要经历线索搜集、素材采访、素材整理、稿件写作、编辑制作、校对排版、印刷传播等十几个环节,这些环节都要由具备专业工具和专业素质的新闻专业人员来完成,以确保新闻的质量。在新闻信息的生产传播过程中,从内容的选择到新闻的传播,这些工作主要由具有自律性、能动性和创造性的新闻传播者来完成,生产什么样的新闻内容取决于新闻生产者的新闻人,主体是"人",其他自动化、电子化的新闻专业化设备处于辅助从属地位,不能决定传播内容的取舍。

大数据时代的智能化设备不断挑战新闻把关人的垄断地位,这一改变首先开始于对新闻内容的选择。热搜榜上,要闻、话题、热词、社会热点等的热度、点击量,网民观点、参与报道媒体的数量等成为选择新闻线索的重要依据,并且这些依据也可通过自动检索获得。在大数据的驱动下,新闻生产的多个环节都要受到大数据智能化选择结果的影响,而不再唯一取决于新闻生产者,这完全颠覆了传统新闻媒体选择新闻内容的方式。

在新闻生产阶段,机器人写作文字稿件已成为常态,输入一定的算法程序后,机器人可以运用新闻叙述框架与大数据技术,自己搜索相关材料,快速合成新闻,并能根据新闻报道题材快速地生产出不同写作风格的稿件,提高了新闻的时效性,节约了成本。

2014年3月《洛杉矶时报》机器人在3分钟内报道了美国洛杉矶4.4级地震情况。2017年8月8日九寨沟发生地震,当人类记者惊魂未定时,中国地震台网机器人仅用25秒就完成了自动写稿的全过程,发出540字的文字稿件,配发4张图片,内容包括速报参数、震中地形等8项。用机器人写作新闻稿件已不是新闻,2016年国内只有一部分媒体尝试新闻内容的自动化生产,如今一些经济实力雄厚的中小媒体也开始尝试运用机器人写作新闻。一些机器人记者开始承担传统新闻记者的日常工作,从选题搜集到稿件写作,由此,带动了一批新闻机器人的出现。视频新闻生产中也引入了机器人的智能化工作模式,视频新闻也可以由智能设备自动剪辑完成。2017年12月26日新华社"媒体大脑"生成了中国第一条机器生产内容(MGC)视频新闻,这条2分08秒的视频新闻,其数据分析、内容分类、可视化、稿件撰写、视音频识别、视音频剪辑等全由机器完成,人工参与很少。"本条新闻由媒体大脑'会议报道模型'生成,实时调用服务器数量1000台,分析网页108786961个,检索视频15793分钟、音频4465分钟,调用知识节点437个,计算耗时10.3秒。"新华社据此认为"媒体大脑可能不是未来媒体发展的唯一方向,但一定是其中的一个方向"[1]。

智能机器人还进入新闻采访和主持领域,承担新闻采访、播报天气预报、与人类主持人搭档互动等工作,人工智能主持人开始取代人类专业主持人的部分工作。虽然由人输入的算法程序对机器人的新闻内容生产起着决定性作用,机器人只是依据既定的算法编码生产新闻内容,但机器人在新闻内容生产的过程中并不需要人时时刻刻地干预,既有的算法程序代替了新闻生产中人的自主性和选择性,所以作为新闻内容生产者的机器人具备了人的"主体性"成分,机器人新闻生产者成为新闻生产主体的新成员。

四、大数据更新经营管理手段

经营管理需要决策,决策需要信息。决策过程实际上就是一个信息输入、信息输出及信息反馈的循环过程。应对大数据的挑战,媒体经营管理需要在新闻生产、受众调查、效果研究等方面进行创新。

首先,媒体经营管理离不开新闻生产。传统的新闻生产依靠作者的采访和编辑的加工、评论等,而现在新闻生产的创新也可利用大数据实现。在大数据时代,数据成为新闻的核心资源之一,数据不但可以作为新闻报道的内容,而且其对于某个事件发生的原因、状况的揭示会比记者的观察与调查更准确,

---

[1] 新华社. 新华社发布"媒体大脑"生成国内首条MGC视频新闻[EB/OL].(2017-12-26)[2019-3-5]http://www.xinhuanet.com/newmedia/2017-12/26/c_1122170364.htm.

更有说服力。

例如,英国《卫报》解读2011年的骚乱事件,除了采用常规的社会科学研究方法外,还邀请了曼彻斯特大学的专业人士对社交网站推特(Twitter)上与骚乱有关的250多万条信息,进行大数据的分析,在此基础上做成了《暴徒的告白》。这个信息量是非常大的,如果没有大数据的分析方法,这是不可能实现的。借助大数据生产的新闻往往给用户提供耳目一新的图景。

其次,媒体经营管理离不开受众的调查。受众调查的创新也可利用大数据,与传统的抽样调查相比,媒体可以利用大数据更为精确地辨识到受众群的构成及其特定阶段的具体需求,可以据此阶段性地调整新闻生产中各类信息的权重,有针对性地提供新闻信息服务,增加客户黏度。例如,爱点击(iclick)自主研发的跨媒介广告优化平台(Cross-Platform Marketplace Optimization Platform,XMO),可以接触到最细分的受众。爱点击与上百营销者合作推出上千个在线营销活动,并在此过程中累积了上亿的受众数据,结合第三方数据,强强联合推出22种精选细分的受众群体。这些受众群体按行业(例如,旅游、银行、金融以及教育)、生活方式和兴趣划分,以切合广告主的不同需要。在媒体市场已成为买方市场之后,用户决定着哪些内容以哪些方式呈现。媒体业的未来属于那些"既懂得公众不断变化的行为,也能准确投放内容,并将广告按每个用户偏好投放的人"。因此,利用大数据来进行受众调查的创新有利于促进媒体经营管理的精确化。

最后,效果研究的创新可利用大数据。效果研究是传播学研究的重点,也是媒体经营管理关注的重点。受众接触了媒介尤其是广告信息时,其认知、情感、态度、行为如何发生变化,传统的问卷调查采用受众自我报告的形式,这样难以获得精确的信息,控制实验往往又是在小群体中进行,难以真正地推广到总体。而大数据下的数以亿计的高速度、低成本的运算器、计算机、传感器、网络平台使得获得准确的受众效果数据成为可能。例如,由于数以亿计的脸书用户的个人信息、个人习惯都在网站中出现,所以脸书可以将分析后的大数据卖给企业,企业再根据每个人的特点投放最个性化的广告,于是,当网民使用脸书时,他只会看到自己最想看的广告,从而实现传播效果的最优化。

总之,只有实现这几个方面的创新,才能真正使得媒介的经营管理方式由经验型向科学型转变。而基于大数据的经营管理必然是精确、全面、立体而富有预测性的。

五、大数据融合传媒先进技术

2019年1月10日工信部宣布发放5G临时牌照,拉开了中国5G商用建网的大幕,由此,5G时代已经实实在在地从幕后走上了前台。5G时代人类将进入一个把移动互联、智能感应、大数据、机器学习等技术整合起来的万物皆媒时代。如前所述，大数据是无法在一定时间范围内用常规软件工具进行捕捉、管理和处理的数据集合，是需要新处理模式才能具有更强的决策力、洞察发现力和流程优化能力的海量、高增长率和多样化的信息资产。因此，大数据与AI、5G、IoT、VR、AR、云计算等你中有我，我中有你，浑然天成。其联合应用把传媒业的发展推动到一个全新的阶段。

1. 人工智能

人工智能（Artificial Intelligence，AI）。它是研究、开发用于模拟、延伸和扩展人的智能的理论、方法、技术及应用系统的一门新的技术科学。人工智能是计算机科学的一个分支，它企图了解智能的实质，并生产出一种新的能以人类智能相似的方式做出反应的智能机器，该领域的研究包括机器人、语言识别、图像识别、自然语言处理和专家系统等。人工智能从诞生以来，理论和技术日益成熟，应用领域也不断扩大，可以设想，未来人工智能带来的科技产品，将会是人类智慧的"容器"。人工智能可以模拟人的意识、思维的信息过程。人工智能不是人的智能，但能像人那样思考，也可能超过人的智能。

人工智能是一门极富挑战性的科学，从事这项工作的人必须懂得计算机知识、心理学和哲学。人工智能是涵盖领域十分广泛的科学，它由不同的领域组成，如机器学习、计算机视觉等。总的说来，人工智能研究的一个主要目标是使机器能够胜任一些通常需要人类智能才能完成的复杂工作。

2. 5G

第五代移动通信技术（5th generation mobile networks 或 5th generation wireless systems、5th-Generation，简称 5G 或 5G 技术）是最新一代蜂窝移动通信技术，也是 4G（LTE-A、WiMax）、3G（UMTS、LTE）和 2G（GSM）系统之后的延伸。5G 的性能目标是实现高数据速率、减少延迟、节省能源、降低成本、提高系统容量和大规模设备连接。5G 的主要优势在于，数据传输的速度远高于以前的蜂窝网络，最高可达 10Gbit/s，比 4G 快 100 倍。5G 技术在云计算、通信网络、智能终端等领域的垂直应用，将加速传统行业的数字化转型，促进产业结构优化和效率提升。

3. 物联网

物联网（The Internet of Things，IoT）是指通过各种信息传感器、射频识别技术、全球定位系统、红外感应器、激光扫描器等各种装置与技术，实时采集任何需要监控、连接、互动的物体或过程，采集其声、光、热、电、力学、化学、生物、位置等各种需要的信息，通过各类可能的网络接入，实现物与物、物与人的泛在连接，实现对物品和过程的智能化感知、识别和管理。物联网是一个基于互联网、电信网等的信息承载体，它让所有能够被独立寻址的普通物理对象形成互联互通的网络。

4. VR、AR

VR（Virtual Reality）即虚拟现实技术，VR 是一种利用计算机生成模拟环境，并借助专业设备，让使用者进入虚拟空间，实时感知和操作，从而获得身临其境的真实感受的技术。在这个虚拟空间里，使用者还可以和其中的对象进行交互操作或者交流，着重强调使用手势、体势等身体动作（主要是通过头盔、数据手套、数据衣等来采集信号）和语言等自然方式的交流。

VR 广泛应用了人机交互技术、计算机图形图像技术、立体现实技术等。它可应用于产品建模与仿真、科学可视化、设计与规划、教育训练、医学、心理学治疗、艺术与娱乐等多方面。

AR（Augmented Reality）即现实增强技术，是将计算机生成的文字、图像、三维模型、音乐、视频等虚拟信息模拟仿真后，应用到真实世界中，使虚拟信息与真实世界巧妙融合的技术。AR 的使用者不仅可以清晰地看到虚拟物体和真实场景叠加的画面，还能通过各种方式来与虚拟物体进行交互，例如在装配或维修工作中，基于增强现实技术的应用系统会在操作人员视野的相应位置显示出有用的提示信息。

由于 AR 提供了一种更容易实现的虚拟现实的方法，所以它在工业设计、机械制造、建筑、教育和娱乐等领域都有着广泛的应用前景。

5. 云计算

云计算（Cloud Computing）是基于互联网的相关服务的增加、使用和交付模式，通常涉及通过互联网来提供动态、易扩展且经常是虚拟化的资源。云是网络、互联网的一种比喻说法。过去往往用云来表示电信网，后来也用来表示互联网和底层基础设施。因此，云计算甚至可以让人们体验到每秒 10 万亿次的运算能力，这么强大的计算能力可以模拟核爆炸、预测气候变化和市场发展趋势。用户通过电脑、笔记本、手机等方式接入数据中心，按自己的需求进行运算。

那么大数据与 AI、5G、物联网、AR/VR、云计算等技术之间有什么关系呢，它们的相互作用机制又是怎样的呢？我们可以通过图 1-2 的框架去了解它们。

简言之，大数据需要依赖云计算进行储存、计算分析，而人工智能则需要结合大数据和云计算（提供算力）进行不断的进化、学习并优化算法模型。物联网作为未来大数据的主要来源之一，会向人工智能发送相关的信息与请求，依赖成熟算法得到数据与决策，以提升物联设备，例如机器人的智能化程度。而 5G 作为通信网络，在这些关系链中起到的则是纽带作用，在 5G 出现以前，物联网和人工智能之间的连接处理非常缓慢，例如机器人遇到障碍物反馈给人工智能，等人工智能处理完信息发出避开的决策时，可能机器人已经撞上去了。5G 的出现实现了各个装置之间信息的快速传输和处理，所以说 5G 是大数据的搬运工,是科技时代的血液。

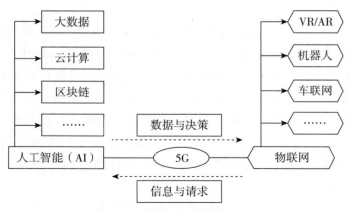

图 1-2　大数据与 5G 等技术的关系

第四节　大数据重塑新闻传媒商业模式

大数据所引发的变革是全方位的、多层次的:大数据代表着一种新的生活方式,它改变了消费者的需求内容、需求结构和需求方式;大数据提供了一种新资源和新能力,为企业发现价值、创造价值、解决问题提供了新的基础和路径;大数据是一种新技术,为整个社会的运行提供基础条件;大数据是一种思维方式,引发企业对资源、价值、结构、关系、边界等传统观念的重构。

总之,大数据正在改变企业赖以存在的资源环境、技术环境和需求环境,它促使传媒企业对"为谁创造价值、创造什么价值、如何创造价值、如何实现价值"的问题,也就是商业模式问题,进行重新思考。

一、大数据对新闻传媒价值主张的延伸

1. 从提供内容产品到提供信息服务

当前大数据价值变现主要有八种商业模式,分别是数据开放平台、大数据软件工具开发、大数据咨询、共享经济、大数据征信评价、行业大数据运营、大数据营销和大数据交易。① 对新闻业而言,数据开放平台、大数据咨询等商业模式具有广阔的前景。大数据时代的媒体已经不再是单纯的内容生产平台,而是一个数据集成加工平台——数据中心(Datahubs)。所以媒体不应仅依靠开放政府数据和"泄露"的数据(如维基解密),让数据新闻变成小众形式,而是要发展自己的内部数据库,为社会提供舆情监测、市场分析、前景预测等各种

---

① IUD 领导决策数据分析中心.中国大数据发展报告(摘要)[J].领导决策信息,2017(22):28-31.

信息服务。

2. 从折射现实到反映现实

信任，而非信息，是当今世界的稀缺资源。在信息超载时代，媒体的竞争从注意力市场转向公信力市场。大数据新闻无疑顺应了这种新的竞争方式，因为通过对大数据的挖掘、分析，新闻业对社会现实的洞察更全面、客观、深入。大数据时代新闻报道与客观现实的关系发生了变化，由折射现实向反映现实转变，人类将步入镜像化生存的时代。大数据时代数据来源的多样性和聚合性让大规模数据集镜像现实的能力增强，为人类镜像化生存提供了可能。

例如，央视《晚间新闻》与百度合作的大数据新闻《"据"说春运》，该新闻用百度迁徙后台每天数十亿次的基于地理位置服务（location Based Services，LBS）的定位数据进行计算分析，勾勒出春节前后中国人口大迁徙的轨迹与特征。由于数据来源的局限性（数据来源于百度地图和第三方应用），这还不能全面反映中国人口的实时迁徙情况，但是随着大数据时代不同平台间的互联互通（例如全国铁路平台、全国航班平台），数据孤岛逐渐打通，未来的大数据新闻将用一段时间内接近全样本的数据镜像展示中国人的迁徙情况。

3. 从追求新闻价值到追求社会价值

大数据使得新闻价值不仅仅限于新闻事实本身的散点价值，而更多地在于对事实的全局式关联性思考。大数据新闻通过解释事物前因后果和预测事情发展趋势，使新闻价值转化为解决现实问题的社会价值。

例如，美国《纽约时报》曾对交通事故的发生做过系统的专题报道，利用大数据技术对其发生的原因做深入挖掘、分析，总结出交通事故发生的原因及影响因素，并向社会公布这些数据及相关结论，强化公众的安全意识，并对其交通安全给予指导。在此过程中，新闻生产者不仅是新闻的编写、组织与呈现，更多的是使用数据对某一现象进行分析、预测和判断，提出其主观能动性的观点与结论，用以解决现实问题，将新闻价值向更广泛的社会传播价值延伸。

《华盛顿邮报》的在线新闻获普利策新闻奖，获奖原因是创造性地通过大数据分析了"2015年美国多少人死于警察的枪击"这一话题，9篇深度报道从不同角度揭示了此类案件发生的原因及此类现象的现状及背景等，综合梳理和报道了全年990个死于警察枪击的个体。在这9篇报道中，新闻生产者不仅根据数据梳理出枪击事件发生的数量、频率、地区等常规信息，还通过讲故事的形式追踪了枪击命案的细节，如死者的年龄、性别、种族、所在州、精神病史、持枪与否、逃离现场与否等，以这些数据为基础，从不同角度延展出更多深层次的话题：此类枪击命案的发生背景、关联因素、不同类型枪击命案的发生率等。呈现方式体现出强交互性的特点，新闻生产者在数据库中设置数据筛选器，读者在网站上浏览该新闻时可以选取不同数据项，例如"白人""男性"

等,在地图上会呈现出该选项相关的枪击命案发生状况。这一报道的价值和意义不仅在于对某一新闻的关注,而在于对此类事件的全局性梳理、深度挖掘和客观呈现,以及这种直观、可视的呈现带给大众的震撼和思考。

大数据新闻促使媒体参与社会治理能力升级,进一步拓展了传媒社会价值空间。

目前世界许多国家都将大数据战略作为经济发展、公共服务和社会治理的重要手段。美国在2012年3月启动了"大数据研究和发展计划",将大数据上升到国家战略层面。澳大利亚、欧盟、日本、韩国也推出了大数据发展战略。

2015年10月,国务院印发《促进大数据发展行动纲要》,提出2018年年底前建成国家政府数据统一开放平台,到2020年年底之前逐步实现多个民生保障服务相关领域的政府数据集向社会开放。大数据对社会治理的意义不言而喻。传统社会治理存在着决策碎片化、模糊化的问题,利用大数据则可以提高社会治理的精准性和时效性,基于实证的洞察为社会治理科学决策提供了有力的支撑,能够提升社会治理水平。

国家层面大数据战略的启动与实施,对媒体发展而言是一次难得的机遇。在媒体参与社会治理方面,大数据将使媒体参与社会治理的层次更深、范围更广、力度更大。这要求媒体从公共利益出发,深入参与社会治理当中,表达公众关切,影响公共决策,成为参与社会治理的积极主体。以政府数据为主的开放数据平台的搭建为媒体开发以数据新闻为主的新闻产品和深度信息加工服务提供了契机。大数据新闻不仅生产知识,还让新闻生产到达智慧层面,数据分析的结果成为公众和其他利益相关者有力的决策参考,在社会治理中能发挥更大的促进作用。

二、大数据对新闻传媒市场定位的反思

新闻传媒企业应用大数据技术之后,就能够更新以往仅仅依靠消费群体的基本属性进行细分的模式,通过搜集用户相关的所有数据,利用大数据分析挖掘客户产品或服务消费行为背后隐藏的真实需求,按照这些真实需求对企业客户具体细分,从而可以更加科学并且有效地辨别企业最重要的用户,将企业的价值主张传递给这些最需要的用户细分群体。基于大数据的客户细分将成为企业销售其产品或服务的重要基础。此外,依托大数据海量性与实时性的特征,企业可以在最短时间内获得用户的各项数据,从而为用户定制实时的产品或服务,充分提高企业的效率以及客户细分群体的满意度。

1. 洞悉消费者的真实需求

面向顾客的公司(Customer-Facing Companies)很长时间以来都在利用数据细分和定位它们的顾客,然而消费者的真实需求具有隐蔽性、复杂性、易变

性和情景依赖性,利用历史的、静态的、结构化的数据,企业很难获得用户的真实需求。而大数据使企业获得消费者的真实需求成为可能:人类的细微行为,会直接暴露其内心的真实想法。例如,网民在网络中的足迹、点击、浏览、留言等能直接反映其性格、偏好、意愿;在物联网世界,企业可以运用来自内置于产品中的传感器数据,了解商品的真实使用情况。

2. 准确细分消费者

传统的、企业可操作的消费者细分一般以地理位置、人口统计特征为依据,而"大数据"可以实现越来越接近消费者真实需求的细分方式:一是细分标准抽象化。当人们的兴趣、爱好、价值观、生活方式、沟通方式等都可以数据化以后,以这些特征细分消费者就具有了现实可行性。二是细分市场微小化。从本质上讲,世界上有多少人就有多少种兴趣、偏好和需求,每个人都是一个细分市场,大数据正在使企业向"微市场"化迈进。例如在医疗行业,基于包括个人遗传基因及分子组成的大数据的个性化医疗已经成为这一行业商业模式变革的大趋势。

3. 实现即时、精准、动态定位

大数据的实时个性化以及多来源、多格式数据的快速综合对比分析能力使数据的搜集、整理、分析、反馈、响应可以在瞬间完成,这使企业随时随地精准圈定用户群并满足他们的真实需求和潜在需求成为可能。

三、大数据对新闻传媒盈利模式的更替

移动互联网、大数据、云计算带来的媒介融合将传统的传媒产业各自分立的发展格局改变为平台式上下游一体化生态模式,由此促进了传媒产业商业模式的创新发展。

移动互联网、大数据、云计算紧密联系,由于移动互联网的普及,各类结构化数据和非结构化数据剧增,大数据从而被世人瞩目。大数据和云计算密切相关,犹如一枚硬币的两面。如果把"云"看作是高速公路,那么大数据就是在高速公路上行驶的汽车。二者共生共存,须臾不可分离。

从产业角度看,移动互联网、大数据、云计算不仅是技术、是现代化基础设施,还是一种看待产业、分析产业、重构产业格局和发展方向的思维方式和重要力量。因此,移动互联网、大数据、云计算不仅仅是技术变革,更意味着世界性的产业变革,具有催生传统产业商业模式创新的功能。

从传媒业角度看,移动互联网、大数据、云计算已经逐渐将原来各自分立发展的书、报、刊、广播、电影、电视等传统媒体融合到移动互联网中,以往相对于传统媒体而言算得上是新媒体的PC互联网,在移动互联网的冲击下,也正在沦为传统媒体,成为被融合的对象。在这种创新的传媒产业商业模式中,传统媒体彼此封闭、分立发展的商业模式开始转向平台式上下游一体化生态模

式。这种新模式未来可能逐渐成为主流的传媒产业商业模式,传统媒体在这种商业模式下,将逐渐成为一体化生态模式的一个个板块,通过提供传媒内容及相关服务获取利润。

在这种商业模式中,生态是一个关键词。生态本来是一个生物学术语,一般指生物在一定的自然环境下生存和发展的状态。将生物学术语"生态"引入传媒产业中,就有了传媒生态及传媒生态系统之说。

在传统媒体产业环境下,受传播技术、传播条件的限制,从传播理念到传播行为,都是精英式的、点对面的、以单向传播为主流的,受众特别是普通民众的文化需求、交流愿望、表达愿望远远未能得到展示和满足。这种传媒生态表现出明显的人工控制的特质,生态系统各个部分间的信息、能量的流动远未达到充分、即时、顺畅的程度,生态系统的开放程度也相应受到限制。即使在传媒业市场化程度很高的美国,在传统的传媒产业格局中,传统媒体之间的联系,因为技术条件所限,也处于一定程度的疏离、分隔的状态。一些与受众的互动交流,也因为技术条件限制而效果不理想,难以做到精准研发、精准营销,因为项目运营失误导致惨败的情况比比皆是。

在传统媒体产业环境下,为加强各传媒板块间的联系,降低企业与外部环境的交易成本,传媒企业往往采取横向并购或纵向并购的经济措施,以获得企业的规模经济效应和范围经济效应。但在传统传播模式下,由于缺少互联网这一技术平台,缺乏大数据、云计算这些技术,即使是像贝塔斯曼、迪士尼这样的传媒集团,其文学、影视、动漫、游戏等产业链之间的一体化的程度和效率也还是会受到较大限制,而且企业规模一旦超过临界点,企业内部管理成本增加,这又会造成大企业病,导致效率降低。世界传媒集团,如加拿大汤姆森集团、培生集团等近年来接连发生资产出售、分立的瘦身现象,由多元化集团走向专业化集团,就是为了解决这些问题。

移动互联网将互联网的连接、开放、交互等特性推进到一个新水平,它与大数据和云计算一起深刻改变了传统的传播理念、行为、效果。在这种新技术条件下,原本处于被动、弱势的受众,其地位得以提升,他们的文化需求、交流愿望、表达愿望不仅能够及时、充分地得到表达,还能够被及时、全面、充分地汇聚、分析、挖掘。与受众对应的传媒产业供给端,借助这些新技术,也可以及时、准确地进行市场反馈,提供有竞争力的传媒产品与服务。而与之相适应的传媒产业格局、商业模式也因此发生巨变。在移动互联网、大数据、云计算构造的平台式上下游一体化生态模式中,集聚了海量用户和数据的互联网平台商,将成为传媒产业的主导者。这些平台商,往往都具有互联网基因,已经进行了并将继续进行跨行业、跨媒体的业务拓展。在这种传媒生态中,会出现以下两种商业模式。

一是平台商通过技术或商业模式创新,集聚人气,然后制定平台标准、规则,形成垄断寡头地位,以此盈利。平台商的盈利不仅仅局限在传媒业中,还会延伸到传媒业外的商业领域。目前,百度、阿里巴巴、腾讯在传媒产业的拓展路径方面具有相似性,都是从网络文学入手,打通文学、影视、动漫、游戏等泛娱乐产业链。其中,网络文学处于整个泛娱乐产业链条的上游,既可以直接产生价值,网络文学衍生的明星IP还可以进行多样化的版权衍生和二次价值变现。影视处于这一泛娱乐产业链条的中游,具有连接上游的网络文学和下游的游戏、传媒业衍生品以及电商、实体经济的作用。这样的整合可以成功打造出完整的互联网生活服务平台,文学、影视、动漫、游戏等泛娱乐产业链与这一平台中的其他板块有机融合为一体,形成相互支撑、相互转化的关系。就平台商而言,在传媒产业领域,有三种盈利方式:第一是通过直接提供传媒产品与服务盈利;第二是将传媒产品与服务集聚的声誉和人气引流到自身平台上,从而盈利;第三是通过为合作的非平台商,也就是海量的中小微企业提供平台、技术、金融等服务而获利。那么,平台商通过技术或商业模式创新的优势获得垄断寡头地位后,会不会因此独霸天下、赢家通吃呢?百度、阿里巴巴、腾讯等互联网巨头会围绕用户的需求在相关领域布局,由此形成各自的商业生态圈。比如在传媒领域,三家企业都通过投资、创办、兼并、收购等方式在关键性板块中建立自己的势力范围,这种方式重复的是传统传媒巨头的产业拓展做法。但如上所述,任何企业的纵向或横向的拓展都有临界点,而在移动互联网时代,用户需求更加个性化、多元化,指望几家传媒巨头满足所有市场需求是不可能的。因此,海量的中小微企业就会围绕极大的平台,形成相互依存、互惠互利的自然生态格局。

二是非平台商通过自己有特色的技术创新、产品创新、服务创新,获得目标用户认可,以此盈利。对于中国市场来说,人口基数大以及市场需求多样化,这为海量的中小微企业的技术创新、产品创新、服务创新提供了巨大空间。对于它们而言,其商业模式就是主要通过直接提供传媒产品与服务获利。移动互联网条件下的传媒产业生态系统,从特性上看,更接近德国物理学家哈肯所说的自组织。这种自组织是在没有外部指令的情况下,以相互默契的某种规则,自动形成有序的结构。一般来说,如果一个系统的自组织功能较强,就说明其生命力较强。在这种传媒生态中,不仅平台商能产生积极作用,中小微企业乃至用户都可以发挥其促进商业模式创新的作用。因此,在这种传媒生态中绝大多数的创新行为都具有强烈的自组织特性。因此,这种传媒产业生态系统才最符合"生态系统"这个生物学术语的概念:系统内各部分通过能量流动和信息及物质循环形成相互作用、相互依存的动态复合体;生态系统是一种开放系统,这种经移动互联网改造过的商业平台、平台商与依附于它的中小微企业、中小微企业与企业之间的交流互动,将会进行得更加自然、及时,效率也更高。

第五节　大数据深刻影响新闻传播学研究范式

大数据越来越多地应用于人文社会科学研究,拓展了人文社会科学研究的路径、条件和学科边界。哈佛大学学者盖瑞·金曾指出,大数据应用于社会科学,将使整个社会科学研究的实证基础发生重大变化,加速质化研究与量化研究取向的进一步融合。[①]

由于大数据所基于的互联网及其相关媒介成为研究关注的重心,在以互联网及其数据、关系和传播机制为支撑的社会科学研究中,越来越多的研究与新闻传播学关联起来,新闻传播学与其他社会科学研究的界限渐趋模糊。所以在大数据的冲击和影响下,新闻传播学转向日益重视规范质化、量化研究方法,特别是计量方法的应用。总的来说,大数据正在对新闻传播进行一场理论和实践的范式革命。

一、大数据打通研究边界

1. 大数据从外部加深新闻传播学与其他领域的交融

相比于其他社会学科,新闻传播学发展和成熟的时间较晚,同时也借鉴了很多社会学、政治学、人类学等学科的成果。而如今在大数据的影响下,其他社会学科也开始从新闻传播学中汲取营养,用新闻传播学的成果来丰富其研究。

大数据的出现让原本趋向于分化发展的学科领域转而出现不同程度的融合,新闻传播学科与其他学科之间的对话和交流变得频繁。一方面,在近年来发表的新闻传播领域关于社交媒体使用、新闻算法推荐、媒介融合等议题的大数据研究论文中,很多拥有计算机专业或其他理工科专业背景的作者参与其中。另一方面,在大数据相关研究方法的工作坊或专题会议上,不同学科背景的学者有了更多的交流。

随着互联网在社会生活中的地位越发突出,今天的各行各业都与互联网形成了紧密的关联,对互联网及其相关问题的关注促使各个学科都在关注信息传播相关的问题。大数据为研究信息传播规律和机制提供了有效的方法。研究者能够利用大数据,准确地把握网络的结构和组成,信息节点之间的信息传播路径和关联等,其成果被广泛应用于政治、经济、社会和文化领域。新闻传播学与其他学科的边界因此变得模糊。

[①] GARY KING. Restructuring the Social Sciences: Reflections from Harvard's Institute for Quantitative Social Science[J]. Political Science & Politics,2014,47(1):165—172.

2. 大数据从内部加深新闻传播学研究的变化

新闻传播学在学科建设之初被作为人文学科,很多大学的新闻传播专业都设立在中文系或人文学院、文学院下面,后来才成立了新闻与传播学院。由于人文背景的专业设置方式,再加上历史原因所造成的学科建立早期师资力量不足,使得新闻传播领域的师资在很长一段时间主要来自中文或文学相关背景,新闻传播研究也在很大程度上沿袭了人文学科的研究路径。

如今伴随着大数据技术在新闻传播学领域的应用,新闻传播学研究内容从诠释概念、假说和理论更多地转向对具体的传播现象的分析;研究方法从对问题定性的探讨,转向大量地使用调查数据对问题进行实证的研究。所以说,大数据促使新闻传播研究由传统的人文学科路径更大限度地向社会科学的研究路径倾斜,实证研究逐渐占据上风,并朝向更加精确化的方向发展。

在传统的数据采集方法下,研究者只能获得非常有限的资料,而大数据为研究者提供了前所未有的海量数据和信息,大大拓展了原有的经验范畴。在传统的实证研究中,无论是哪种抽样方式都会存在一定的误差,需要对数据分析结果进行检验。采用大数据的方法,可以获得研究对象的全息样本,然后通过简单的统计描述就可发现其中的规律,从而跳出利用抽样数据对研究结果进行验证的传统研究模式。同时,全样本的数据分析还有利于避免因个人经验的局限所带来的干扰因素,能够帮助研究者开拓思维,发现经验之外的规律。

二、大数据改变研究思维

大数据时代带来了信息风暴及思维革命,新闻传播学者需要重新审视当下的新闻传播研究。大数据的挖掘潜力巨大,新闻传播研究应做出积极的改变,解放思想,拓宽新闻传播研究视域。喻国明认为,大数据时代的所有社会资源配置已经不能离开大数据了,那么与之相对应的媒体在展开新闻传播实践时就需要思维创新,也就是说必须改变传统的新闻传播思维方式,而代之以一种全新的、与大数据相匹配的思维方式来理解这个世界。[1]

1. 研究逻辑:自上而下到自下而上的逆转

传统的新闻传播学研究,无论是以思辨为主的批判学派还是以实证为主的经验学派,本质上都是自上而下的研究逻辑。他们"对信息接收环节的分析,是从居高临下的角度和武断的假设出发的,接受者的被愚弄和被动状态只有若干精神分析学的研究成果做支撑,从没有给过公众发言权。"[2]

---

[1] 喻国明.大数据方法:新闻传播理论与实践的范式创新[J].新闻与写作,2014(12):43—45.
[2] [法]埃里克·麦格雷.传播理论史:一种社会学的视角[M].刘芳,译.北京:中国传媒大学出版社,2009:54.

尽管经验学派一直主张从行为主义角度进行研究,在研究中注重经验材料和实证考察,但是他们并没有实现真正意义上的"从群众中来,到群众中去",他们一般是从理性思考的角度事先提出问题 A,然后用数据证明 A 或者否定 A,那么,数据何以证明或否定了 A,而不是 B? 换句话说,并不是研究者从数据事实中发现了 A,而是研究者们结合自身的学术立场和生活常识,从经验性事实中得出 A 的假设,数据只是证明或证伪的支撑。

由于经验性预设或假说主要来自学者的理性思维与问题直觉,而理性思维所能达到的边界往往有限,当学者们渐渐逼近这一边界的时候,研究就陷入了困境,进而难以产生新的理论突破。也就是说,学者们验证了所有能想到的假设 A,却没有验证无法想到的假设 B。正如丹·艾瑞里(Dan Ariely)的《怪诞行为学 2》开篇一语中提到的:人们并非想象的那样理性。因此,以理性思维预设来研究并非完全理性的人类传播行为,这是效果研究同样面临的窘境。

大数据技术的应用改变了研究者的思维,打破了这一僵局。因为大数据时代的研究逻辑是自下而上的,其分析对象是大量的现实数据及数据间的相互关系。换言之,自下而上的大数据分析是对人类现实行为的数据化考察,分析人们做了些什么,从数据中找结论;自上而下的定量分析则是对传播效果的经验性总结,揣测人类可能做什么,从调查中找证明。

传统效果研究难以发现预设之外的结论,即便数据有所显示,也可能被忽略,研究成果的边界亦即理性思考的边界,凡是问卷没有的问题,调查者也不会给出答案。借助大数据进行研究则恰恰相反,它考察的是数据显示了什么而不是数据证明了什么,因而直觉与理性之外的研究成果较易出现,理论突破具备了可能性。

2. 研究目的:解释问题向发现问题的转变

与研究逻辑的改变相辅相成的是研究目的的改变。大数据时代给传播效果研究带来的一条可能的发展路径便是:从注重线性的因果论转为偏向关系的相关论,从重解释转为重发现。在小数据世界中,学者们往往执着于现象背后的因果关系,试图通过有限样本数据来剖析其中的内在机理。正如沃纳·赛佛林(Werner J. Sevenin)所说,一个科学的命题通常以"如果 A,那么 B"的条件式出现,"建立了的是一种原因和结果的关系。原因被称作自变量,而结果,即我们想要解释的现象,就是因变量。这些因果关系正是科学家们最终追求的。"[①]

应当说,追寻效果研究中的因果关系,主要是为了解释传播中的各种现

---

① [美]沃纳·赛佛林,小詹姆斯·坦卡德. 传播理论:起源、方法与应用[M]. 郭镇之,等译. 北京:华夏出版社,1999:28.

象。譬如人们在每天的茶余饭后为什么常常谈论某些内容,而不是另一些内容,"议程设置理论"给出了解释:传媒的新闻报道能够影响公众话题,左右舆论导向。但解释仍不是最终目的,预测才是。借助该理论,媒体不得不慎重考虑应该发表哪些内容,如何发表等。在小数据时代,人们努力简化关系,希望在纷繁复杂的传播活动中找到简单化的线性逻辑,得出"因为 A,所以 B"的因果关系并以此预测传播活动的可能影响。

在大数据时代,学者们可以通过大数据技术挖掘出事物之间隐蔽的相关关系,获得更多的认知与洞见,运用这些认知与洞见就可以捕捉现在和预测未来,而建立在相关关系分析基础上的预测正是大数据的核心议题。我们假定,通过大数据分析得出 A 与 B 之间存在相关关系,而 C 是事实上引发 A 的原因。据此可以断定:A 出现,B 可能出现,两者之间存在伴生性,无论我们有没有找到 C。

沃尔玛的工作人员在按周期统计产品的销售信息时,发现了一个非常奇怪的现象:每到周末的时候,超市里啤酒和尿布的销量就会突然增大。为了搞清楚其中的原因,他们派出工作人员进行调查。通过观察和走访之后,他们了解到,在美国有孩子的家庭中,太太经常嘱咐丈夫下班后要为孩子买尿布,而丈夫们在买完尿布以后又顺手带回了自己爱喝的啤酒,因此周末时啤酒和尿布销量一起增长。弄明白原因后,沃尔玛打破常规,尝试将啤酒和尿布摆在一起销售,结果啤酒和尿布的销量双双激增,为公司带来了巨大的利润。通过这个故事我们可以看出,本来尿布与啤酒是两个风马牛不相及的东西,但如果关联在一起,销量就增加了。

所以通过关注相关关系,可以帮助人们看到很多以前不曾注意的联系,还可以掌握以前无法理解的复杂技术和社会动态,相关关系甚至可以超越因果关系,成为人们了解这个世界更好的视角。

3. 研究重点:观念转变与视角扩展的诉求

大数据对新闻传播学研究是一个转型机遇,新闻传播学研究可以借助大数据走出困境,突破现有研究的局限。新观念就是从大数据及其反映的关系事实出发,通过全新的研究视角和研究方法来发现新闻传播研究的新规律。具体来看,大数据环境下新闻传播学的研究视角至少会出现以下几点变化。

首先,新闻传播学将实现群体研究向个体研究转变。过去的数据分析更多的是给出群体行为模式,现在我们可以基于大数据分析和挖掘每一个人的社会行为。[①] 过去,不同的研究所得出的结论通常针对特定群体,即考察对象为社会学上所说的"平均人",比如电视对儿童产生了怎样的影响,广告对女性

---

① 沈浩,黄晓兰.大数据助力社会科学研究:挑战与创新[J].现代传播,2013(8):13-18.

有怎样的效果等。借助大数据,我们不仅能总结发现群体研究的改变,还能针对个人数据进行深层挖掘,了解传播活动对个体本身的影响,做到针对性传播。

其次,新闻传播学将呈现出从个体分离研究向社会网络研究的转变。传统新闻传播学研究中的调查分析总是通过一个个分离的个体来实现,研究个体的行为与反应。此法的弊端就在于其明显地将个体从社会大环境中剥离,没有考虑人与人的互动和社会网络的影响。哈佛大学教授克里斯塔基斯认为:每个人都连接在一个巨大的社会网络上,拥有错综复杂的连接关系,这些关系就如同闪电,在整个人类社会范围内勾连出错综复杂的图案。① 社会网络中人们的行为总是相互影响,包括微笑、情绪、孤独等都可以通过社会网络在个体间传播。通过大数据对微博等社交媒体的挖掘与分析,将社会网络纳入新闻传播学研究中进行考察变得可能。

最后,新闻传播学研究将出现从追求因果向追求过程的转变。以往的新闻传播学研究通常是一种结果推导的过程,研究者认为传播活动产生了影响,因此总希望弄清楚为什么会产生影响以及产生了哪些影响,回望经典效果理论多是如此。过程视角意味着,研究者不能囿于效果研究的两端,即原因和结果,可以适时地转向研究的中间,即如何产生效果。美国学者罗杰斯的"创新扩散理论"是为数不多地立足这一视角的理论:该理论没有把自己绑在因果论上,而是从传播过程出发,考察了如何创新与扩散的命题,此后的"两级传播"理论是这一视角的又一成功尝试。在数据挖掘与数据可视化研究的今天,过程考察的难度已大大降低,这将为新闻传播学研究提供更多可能性。

三、大数据拓展研究路径

1. 数据采集方式更为便捷

在大数据技术的支撑下,当学者们想要寻找数据或者调查样本的时候不再需要采用填写问卷、电话访问等方式,可以直接通过人们无意间的网络行为形成的痕迹或者数据去分析。这里的无意指的是人们在互联网上留下的数据痕迹并不是为了研究的需要刻意为之的,而是人们因为日常工作学习或生活的需要所产生的,因此这些数据会比学者们刻意采集的更为客观和真实。

新的数据采集方式是运用一个开放的平台,让人们主动地往上"填写"记录。就像自媒体时代的新闻生产方式,很大一部分新闻来源都是每个个体在生产。微博和博客就是这样的平台,上面的内容是由用户源源不断地主动地往上填充。所以,在当代传播学研究中,获取数据的有效方式,就是充分地和

---

① [美]尼古拉斯·克里斯塔基斯,詹姆斯·富勒.大连接:社会网络是如何形成的以及对人类现实行为的影响[M].简学,译.北京:中国人民大学出版社,2012:4.

现有的各种平台合作,而不仅仅是自己特地搭建平台去采集数据。

2. 数据易得性高使得抽样方法更科学

大数据会提高抽样研究的准确性,但是抽样方式会发生改变。在传统的抽样研究中,会假设一个全样本,然后进行抽样设计,但在实际操作过程中,因受限于数据易得性,而使得研究样本的代表性和可信度受到质疑。在大数据环境中,大数据本身已经是数据的前端采集结果,这是大数据的本质,它就是一个全样本。抽样其实是对数据的一次再处理。大数据本身是伴随着分析处理方法的开发而诞生的,比如 mapreduce(一种编程模型)等,运用这些方法直接分析数据得到的结果准确性最高。传统抽样的样本是在现实生活中采集,而大数据下的样本是在大数据里面进行抽样,这样一方面使得数据可得性大大提高,设计的抽样方式可执行性也更高,另一方面由于操作层面中的数据易得性也能促进抽样方法的发展和更新,使得抽样方法更科学。

3. 非结构化数据的结构化分析

传播学者对于大数据的运用是对数据后端的再运用,再次的运用分析,就是把数据的"大"往"小"进行分析,也是把"非结构化"的数据进行"结构化"的分析。换言之,就是要从这些看似杂乱无章的数据中寻找到有价值的关系链和运用前景。不同于自然科学数据的特点,社会科学的数据中非结构化数据多,实时性强,大量数据都是随机动态产生的,根据网络数据做经济形势、安全形势、社会群体事件的预测成为可能。传播学者不是要获取更多的数据,而是要得到大数据,然后去冗分类、去粗取精,科学合理地二次抽样采集数据,进一步进行数据挖掘。

4. 可视化分析与数据艺术家的结合

大数据分析处理后的结果需要展示给受众,普通的图表已经无法展示大数据的数据处理结果,只有可视化的结果才能满足需求。但是单就可视化的方法来看,它的展现程度也不尽相同。好的可视化展示应该是通过清晰美观的图示,让人理解数据的真正含义或者它的真实面貌。这对于科学传播和视觉传播的学者来说,都是一个可探索的领域。能美观地、有趣地、便于理解地展示和分享有关计算的数据和故事,是未来数据艺术家的努力方向。

本章小结

大数据时代,是一个全新的时代,个人、群体、企业、社会组织、社会活动产生大量数据,各种存储设备、各类数据仓库、云端服务器保存着海量数据,提取、转换、整合、联机分析、挖掘数据等变成常态性工作。大数据时代对各行各业都是冲击,对每一个人都是挑战。新闻传媒业作为信息传播的前沿行业,它所面临的冲击和挑战是显而易见的。

新闻传媒业要通过不断的创新理念和传媒方式来适应这个大数据时代时,需要坚守住自己的行业道德和准则,确保在大数据背景下,依旧保证工作的高效高质。通过这样的方式促进新闻传媒业在大数据时代背景下更好地发展。

同时,新闻传播研究应顺应时代潮流和变化,改变"地盘保护"的思维模式,重新审视当下的新闻传播研究,探讨新闻传播的实践和理论问题,拓宽新闻传播研究视野,在跨学科的合作和交流中拓展新闻传播学研究的可能空间。大数据正在对新闻传播进行一场理论和实践的范式革命,同时,我们也应看到大数据在新闻传播创新层面存在的问题,未来要把重点放在解决大数据的机器服务与新闻传播的人脑创新服务的矛盾上,解决好大数据的数据源的开放与共享等问题,利用科学的研究方法和虚拟现实技术,以求更好地利用大数据进行新闻传播创新。

思考与练习

1. 什么是大数据?如何全面理解大数据?
2. 为什么数据新闻升级社会治理能力,拓展传媒社会价值空间?
3. 大数据如何与先进传媒技术一起改变新闻传媒业的?
4. 为什么说大数据重构了新闻传播学的研究范式?
5. 大数据时代,新闻传播学的研究将发生哪些变化?
6. 你认为大数据时代的新闻工作者应该提高哪些方面的能力?

参考文献

[1] [英]维克托·迈尔-舍恩伯格,肯尼思·库克耶.大数据时代:生活、工作与思维的大变革[M].盛杨燕,周涛,译.杭州:浙江人民出版社,2013.

[2] [美]艾伯特-拉斯洛·巴拉巴西.爆发:大数据时代预见未来的新思维[M].马慧,译.北京:中国人民大学出版社,2012.

[3] 涂子沛.大数据:正在到来的数据革命,以及它如何改变政府、商业与我们的生活[M].桂林:广西师范大学出版社,2012.

[4] 吴锋,王学敏.我国新闻传播学国际发表的最新进展、知识图谱及研究热点:基于2018年新闻传播学SSCI论文的大数据分析[J].新闻与写作,2019(6):39-47.

[5] 韦路.中国传播学研究国际发表的现状与反思[J].国际新闻界,2018,40(2):154-165.

[6] 喻国明.大数据对于新闻业态重构的革命性改变[J].新闻与写作,2014(10):54-57.

[7] 邓备.我国新闻传播学研究的国际化现状:基于SSCI传播学期刊的实证研究[J].西南民族大学学报(人文社科版),2018,39(9):148-152.

[8] 谌群芳,陈积明.交叉学科发展是"双一流"建设的新兴增长点[J].中国高等教育,2018(10):42-43.

第二章　数据新闻的生产实践

学习目标

1. 学习数据新闻基本概念,掌握数据新闻的相关定义。
2. 学习数据新闻的发展历程,了解数据新闻的特点和优势。
3. 了解数据新闻的生产理念、流程,预测数据新闻的未来前景。
4. 掌握数据新闻相关知识,了解数据新闻对新闻生产带来的变革。

第一节　从精确新闻报道到数据新闻

从新闻报道形式的演变历程来看,数据新闻并非一种全新的新闻报道形式,它与精确新闻报道、计算机辅助新闻报道之间具有密切的联系。计算机辅助新闻报道起源于精确新闻报道的需要,而数据新闻被视为计算机辅助新闻报道在大数据时代的进一步发展与提升。较之于精确新闻报道和计算机辅助新闻报道,数据新闻在报道的系统性、时效性、交互性以及阅读体验等方面都有了长足的进步。

一、从解释性报道到精确新闻报道

进入20世纪以后,客观性和真实性已被新闻业界作为新闻报道的基本信条,并且贯穿20世纪新闻业的演化。从解释性报道到新新闻主义,从新新闻主义到调查性报道,从调查性报道再到精确新闻报道,标准得以重新设定,意义得以重新诠释,新闻报道正朝着更客观、更真实、更易读的方向曲折前行。

(一) 解释性报道

解释性报道起源于第一次世界大战,发展于20世纪三四十年代,是侧重于解释新闻事件发生的原因的报道。它是运用相关事实对新闻事件做出说明或提供背景材料的一种深度报道方式。面对暗杀、冲突、示威、战争、犯罪等社会阴暗面,解释性报道强调从多个方面搜集证据,以期最大限度地还原事实,这无形中促进了新闻报道对于数据和证据双重要求的提高。[1]

---

[1] 喻国明,李彪,杨雅,等.新闻传播的大数据时代[M].北京:中国人民大学出版社,2014:23.

20世纪初期,解释性报道虽然注重挖掘并运用背景材料对新闻事实进行阐释,却还是不可避免地把主观性因素加入报道中,对客观性原则形成巨大冲击。

新新闻主义被认为是20世纪实务新闻学最激进的一种报道理论,20世纪60年代达到高峰,最显著的特点是将文学写作的手法应用于新闻报道,重视对话、场景和心理描写,主张记者可以在新闻报道中描述人们的主观感受和心理活动,不遗余力地刻画细节。

在20世纪60年代,新新闻主义和解释性报道两种截然不同的报道形式"同台竞技":新新闻主义擅长用文学创作的手法对报道内容进行渲染,虽然丰富了新闻写作的视角,却彻底抛弃了对新闻报道客观性的追求。在《华盛顿邮报》记者因虚构新闻人物而被收回已颁发的普利策新闻奖后,新新闻主义最终受到激烈批判而退出主流新闻报道领域。

解释性报道和新新闻主义对新闻报道客观性的冲击表明新闻界仍然缺乏系统性和科学性的范式来完成对新闻客观性的重塑,因此,在经历了半个世纪的发展后,精确新闻报道应需而生。精确新闻报道具有深度报道的性质,尤以数字化信息见长,这也是数据新闻的源起。

(二)精确新闻报道

20世纪60年代,美国学者、新闻记者菲利普·迈耶(Philip Meyer)提出了精确新闻理论。精确新闻报道(Precision Journalism),又称精确新闻、精确新闻学,是基于科学的量化研究的新闻报道,指记者在采写中运用调查、统计和内容分析等社会科学研究方法进行的新闻报道。精确新闻报道经常使用的方法是民意调查,因此,精确新闻报道就以各种民意调查结果作为新闻报道的主体依据和内容。

1967年,底特律市黑人暴动骚乱蔓延,记者菲利普·迈耶在计算机的辅助下,对437名黑人的抽样访问调查结果进行了分析,在此基础上写出了系列报道《十二街那边的人们》,并于1968年获得了普利策新闻奖,这就是精确新闻报道的开端。随后这种报道形式逐渐在世界各国的新闻界得到认可并推广。

1973年,菲利普·迈耶在其著作《精确新闻报道:记者应掌握的社会科学研究方法》中,正式把精确新闻报道定义为:"将社会科学和行为科学的研究方法应用于实践新闻的报道。"[①]菲利普·迈耶认为:"精确新闻是一种扩大记者的工具包的方式,使记者可以接触到以前无法了解的,只能粗略访问的,或是

---

① [美]菲利普·迈耶.精确新闻报道:记者应掌握的社会科学研究方法[M].肖明,译.北京:中国人民大学出版社,2015:7—8.

受到新闻审查的主题,这对于了解少数民族和持不同政见者团体代表起了很大作用。"精确新闻报道有两种方式:一是记者自己独立做全面的调查和研究进行的报道;二是记者利用调查机构的报告来进行的报道。它的作用主要表现在三个方面:反映民意;调整错误观念;摆脱消息来源的控制。

在经历过新新闻主义对客观事实的忽视与扭曲后,精确新闻报道重新回到了对客观性的追求上来,特别是在20世纪60年代以后,抽样技术和计算机技术在新闻媒体领域广泛应用,为新闻报道提高了精确度和效率。

二、从计算机辅助新闻到数据库新闻

(一) 计算机辅助新闻:从调查统计到 4Rs

20世纪90年代,随着计算机技术的普及应用,计算机辅助新闻(Computer Assisted Journalism,CAJ)在调查报道中的比例日益增加,这使得精确新闻报道在技术上和精确度上也有所提高。

计算机辅助新闻起源于20世纪50年代,美国有媒体记者利用大型计算机对政府提供的数据库中的信息进行分析,以发现和调查新闻事实;1952年,哥伦比亚广播公司在计算机的辅助之下,对当年的总统选举结果进行预测。这一系列的报道促使计算机辅助新闻兴起,记者们开始不断尝试运用科学的调查统计方法,从公共数据库中寻找需要的数据信息来完成调查性报道,履行监察政府、服务公众的使命。

这一时期的计算机辅助报道只是简单地借助于计算机巨大的数据处理能力来代替大量人工运算,其得出的结论也多作为新闻报道中的事实依据,并没有形成自觉意识,这也让计算机辅助报道始终处在一种可有可无的地位。

20世纪90年代以后,计算机辅助新闻在技术上和形式上更加丰富和细分化。人们继而把其内容概括为 4R:计算机辅助报道(Computer Assisted Reporting)、计算机辅助调查(Computer Assisted Research)、计算机辅助参考(Computer Assisted Reference)、计算机辅助聚谈(Computer Assisted Rendezvous),它们又常常可以缩写为 4Rs。

有了电脑的辅助,记者获取数据和信息的途径更丰富,分析处理数据的效率和能力也有所提高,并且能够通过在线交流、在线访谈等形式发现和收集社会舆论,发现新的新闻线索。

(二) 数据库新闻:基于数据集的专题挖掘

20世纪90年代,继计算机辅助新闻以后,西方新闻界又陆续提出了诸如新闻采写2.0、数据库新闻等概念,这些概念的出现表明科技进程的加快使得新闻报道从生产方式到报道形态都逐步发生了颠覆性的转变。

21世纪初,记者们开始尝试从一些数据库中找一些数据集,挖掘新闻专题,这些数据库既包括政府公开的数据库,也包括媒体自己的数据库。在早期的数据库新闻里,没有基于数据的价值挖掘,也没有深度分析,只有对原始数据的初步整合。报道中的数据只是作为新闻报道文字内容的辅助说明,即文字为主,数字为辅,没有更深的价值挖掘。这与大数据时代数据驱动型的调查性报道和深度报道有本质区别。此外,数字新闻、数字化新闻等,都是在内容和形式上对计算机辅助新闻的补充。

三、数据新闻的界定

(一)数据新闻的概念

一般认为,数据新闻的概念最早是由阿德里安·哈罗瓦在2006年提出的。2009年英国《卫报》在网站上创建"数据博客",可以称作是数据新闻在实践上的先行者。而后,世界各国掀起了数据新闻应用的浪潮,在英国以BBC为代表的媒体,在美国以《纽约时报》《华尔街日报》等报业为代表的媒体也纷纷开设数据新闻专栏,推出了自己的数据新闻作品。

数据新闻(Date Journalism),又称数据驱动新闻(Data Driven Journalism),指通过对大量繁杂数据的分析、挖掘,从而发现新闻点,并采用多样的可视化工具和叙事化的手段将其呈现出来的一种新型的新闻报道方式。具体而言,数据新闻在形式上以图表、数据为主,辅之以必要的少量文字;在实际操作中,记者主要通过数据统计、数据分析、数据挖掘等技术手段或是从海量数据发现新闻线索,或是抓取大量数据拓展既有新闻主题的广度与深度,最后依靠可视化技术将经过过滤后的数据进行融合,以形象化、艺术化的方式加以呈现,致力于为读者提供客观、系统的报道以及良好的阅读体验。

数据新闻正逐渐成为一种主流的新闻报道方式,引领着一场信息透明化的运动。与传统新闻一样,数据新闻仍然是在讲故事,讲述数字背后人的故事,只不过数据新闻采用了数据可视化的方式,可以让受众更为简单、清晰地理解复杂的情境,这样一来,数据的价值也大幅度提升。

随着媒介融合的深入,以及以大数据、算法等为基础的人工智能与传媒业的交融,数据新闻作为媒介融合的产物和一种全新的新闻形态与模式,愈来愈受到业界和学界的关注。[①] 这也引发了国内新闻传播界的数据新闻热潮,诸如网易数读、搜狐数据之道、新浪图解新闻、腾讯新闻数据控等门户领域中栏目的诞生,以及新华网等主流媒体的数据新闻相继发轫,形成了门户网站率先跟进、传统媒体相继推动的数据新闻应用战略格局,拉开了大数据在新闻行业的本土化实践的序幕。数据新闻作为一种新的新闻范式,改变了传统的新闻

---

① 崔冰,郑昕遥.国内数据新闻的呈现与表达:以网易数读为例[J].新媒体研究,2019,(14):10—12.

生产方式和呈现方式,引发了新闻理念和思维方式的转变。

(二)数据新闻的特点

数据新闻以服务公众利益为目的,以已公开的数据为基础,依靠特殊的软件程序对数据进行处理,开掘隐藏在宏观、抽象数据背后的新闻故事,并以形象互动的可视化的方式呈现新闻,其特点表现在如下 4 点。

第一,数据新闻是一种新的新闻报道方式。以往的新闻报道主要是以文字为主,而数据新闻则是以数据为主,因为数据新闻是基于海量数据生产的新闻。

第二,可视化彰显了信息的易读性。能够通过数据图表的方式来讲述错综复杂的关系或故事。

第三,全景式的新闻叙事。数据新闻全景式的叙事弥补了传统新闻宏观叙事不足的问题。

第四,预测新闻事件走向。数据新闻能够通过大数据分析,作出预测性报道,预测新闻事件的走向。

(三)数据新闻的影响

数据新闻让用户更容易、更方便、更可靠地接触到信息,给各领域都带来了巨大影响,在传媒业中,数据新闻可以说是新闻生产在大数据时代的变革体现,具体表现在以下 3 个方面。

第一,数据新闻改变了新闻的呈现方式,其表现形式主要有可视化数据、图解新闻和数据地图。

第二,数据新闻带来了新闻生产流程的再造。信息匮乏的时代,新闻生产的局限在于信息的不对称性,记者最主要的工作在于联系信源以获取信息。而在数据富足的情况下,信息的抓取可以通过计算机软件获得,记者的工作重心开始转向通过统计数据分析背后的故事。他们想要从海量数据中厘清背后的原因,就需要媒体进行流程再造与范式型构,从而提高数据新闻生产的效率。

第三,数据新闻冲击传统新闻生产理念。新闻的分配方式将取决于便携性技术和终端用户;内容的组织方式将为服务不同受众的需求而调整;与受众的互动将有助于媒体与公众建立新型的关系。

第二节 数据新闻的生产理念、流程与创新

一、数据新闻的生产理念

数据新闻的出现改变原有新闻生产理念,突破传统新闻的理念的束缚,不再墨守成规。"大数据时代全新的指导思想和新闻生产理念主要体现在三个

方面:一是数据新闻的出现突破传统媒体对新闻生产的垄断,改变新闻生产格局;二是大数据可以通过关联事物来预测事物发展变化,推动媒体展开预测性报道;三是推动定制性服务,提高大众参与度。"因而预测性新闻、定制性新闻都开创了新闻生产的新模式,突破议程设置的规定,注重对用户的服务意识,也提高大众参与度。①

(一)数据为主,服务为王

数据新闻内容侧重于关联不是偶然,是由数据新闻内在的特质和生产周期决定的。数据新闻借助数据、图表,引导用户思考、理解宏观层面的新闻事件与个人之间的关联,凭借自身可视化、要点突出等特性易形成良好的互动交流机制,在二次传播或"再创作"过程中使新闻与个人的关联得到强化。②

数据新闻本质上不属于一次性的信息消费,而属于多次性的知识消费。数据新闻将媒体推向知识生产的前台,使媒体不仅有生产信息的能力,亦有生产知识的能力。当信息变为知识时,用户对内容的使用也会发生变化,由"看新闻"转向"用新闻":通过对大量数据的统计分析,新闻事件的发展趋势与脉络更加清晰,通过互动式的呈现方式,用户能更加直观地了解到某一新闻事件与自身存在的关联性。③

强化内容与用户的关联并不意味着数据新闻必须做本地新闻,宏观新闻同样可以体现这种强关联。曾供职于新闻调查网站(ProPublica④)的数据新闻记者邱悦表示,ProPublica 网站的产品理念是"让读者在故事中找到自己"。数据新闻报道应有远景和近景两个层次:远景可看到全局的故事,知道这个新闻故事的主题,一般是全国的层面;近景可看到自己所在的地区及其故事。

新闻应用应允许读者看到远景之后进入近景,可以搜索自己所在的城市,从远景之中找到自己的位置,把一个全国范围的故事与自己联系起来,然后告诉读者:为什么你要关注这个故事,这个故事里的哪一点最吸引你,你在这个故事里的位置在哪里。⑤ 大数据新闻所带来的新闻生产理念的创新,首先就是在数据为主的基础上提高服务意识,利用大数据的分析结果,满足网民的信息个性化要求,让用户更加直观地了解新闻内容与自身的关联性,推动定制服务,提高受众参与度,让数据真正服务于用户群体。

---

① 杨雪莹,闫潇.大数据时代的新闻生产:数据新闻对新闻发展的创新[J].传播力研究,2018,2(34):42.
② 戴世富,韩晓丹.增值与"异化":数据新闻范式中的新闻价值思考[J].传媒观察,2015(3):43.
③ 刘义昆,卢志坤.数据新闻的中国实践与中外差异[J].中国出版,2014(20):30.
④ ProPublica,名称出自拉丁语"Pro publica":"为了人民",自称为一个独立的非营利新闻编辑部,为公众利益进行调查报道。
⑤ 武大镝次元数据传媒实验室.调查性报道网站如何做数据新闻[EB/OL].(2015—4—25)[2019—3—30]. Http://www.icaijing.com/hot/article/4069599.html.

> **案例 2-1**
>
> ProPublica 的数据新闻
>
> ProPublica 是一间总部设在纽约市曼哈顿区的非营利性公司。
>
> ProPublica 的创始人、《华尔街日报》前执行总编保罗·斯泰格尔(Paul E. Steiger)将其目标定为：成为独立、非营利的新闻媒体，做符合公众利益的深度报道。
>
> ProPublica 的记者与多家新闻机构一同合作进行侦察报道。
>
> 2010 年，ProPublica 记者谢里·芬克(Sheri Fink)和《纽约时报杂志》合作的《生死抉择》获普利策奖（调查报道奖），成为历史上首家获得这一奖项的独立网络媒体。
>
> 2017 年 4 月 10 日，《纽约每日新闻》和新闻调查网站 ProPublica 获得普利策公共服务奖，它们的报道揭露了警方滥用法律迫使数百人，其中大多是关于少数族裔放弃其房屋的黑幕。

根据用户需求提供个性化的大数据服务，是媒体未来的发展趋势。媒体应致力于以用户的需求为中心，利用大数据诠释宏观社会现象对用户的影响，或者回答用户困惑的问题。媒体可以精准定位，经过后台计算，按照用户的接收习惯、工作习惯和生活习惯，将服务推送给用户。

（二）开放数据

数据新闻的原材料是"数据"，数据新闻诞生和发展的首要前提是数据公开，媒体要更好地进行数据新闻报道，数据的"流动性"和"可获取性"是至关重要的因素，因而大数据所带来的新闻理念的创新，也体现在数据开源上。

政府作为数据的最大拥有者，它对数据的所有权受到了越来越多的挑战，要求政府开放其所掌握的数据资源成为许多西方国家民众的诉求，数据所有权的内涵与边界正在进行重构。自 2009 年开始，西方兴起了一场"开放政府数据"(Open Government Data，OGD)运动，当时公众要求政府进行改革——从传统的公共行政转向公共治理，促使政府的运作更具有可接触性、回应性和透明性。开放政府的三个基本原则是责任性、透明性、开放性。责任性意味着要确保政府的官员对其行动负责，对结果承担个人的责任；透明性意味着公民能够获取政府行动的可靠的、相关的和及时的信息；而开放性则意味着政府能够听取公民的意见并在政策制定和执行的过程中予以充分的考虑。[①]

开放政府数据使新闻传媒行业内部也发生着变革。多年前，想要成为一

---

① 张成福.开放政府论[J].中国人民大学学报,2014(3):80.

家主流新闻机构的记者,摆在其面前的路只有一条,即经过数年的专业学习和一线实习。若想一举成名,那还得埋头苦干,坐多年的冷板凳。而现在,免费工具的出现打破了数据分析、数据可视化和数据展示的技术壁垒,这使成为一名数据新闻记者的门槛大大降低,一举成名也成为可能。

这是开放新闻的时代,记者借助网络的力量可以做出更优质、更有影响力的好报道。对开放新闻来说,它的读者和评论者是开放的,它的原始作者也是开放的,就连决定和影响新闻最终呈现的客观事实也是开放的。

数据公开并不意味着公众可以充分、正确地理解与他们日常生活相关的数据,也并不意味着大量公众会主动获取这些数据。对于媒体而言,原本难得的数据变成一种重要资源呈现在面前,如何采集数据、利用数据、分析数据、呈现数据并与现实世界关联成为重要课题。

公共数据是数据新闻的来源与核心。将数据公之于众、对数据孜孜以求,通过测试检验数据的精确性,还可以把它和其他数据集混合处理,以发现新闻背后的新闻,这是数据新闻带来的理念变革,也是数据新闻的魅力所在。

知识卡片

2009年西方的"开放政府数据"运动兴起以来,大数据作为新的增长源泉对企业的盈利日益重要,特别是公众对于数据收集、储存、处理与披露可能带来的风险变得愈加敏感。

2016年联合国发布了以"电子政府成就我们希望的未来"为主题的《2016年联合国电子政务调查报告》,将开放政府数据定义为"主动公开政务信息,人人可以通过网络不受限制地获得、再利用和再分配这些信息"。根据世界银行的统计,已有超过250个各级政府实施了"开放数据行动计划"。"开放政府数据"运动反映了大数据时代,数据所有权在政府、市场与社会之间重新定位与分配的演变趋势,涉及了大数据在法律、道德与利益等领域的前沿问题。当前对开放政府数据的研究不仅局限在纯理论的探讨,还深入到了关于数据的使用、存储、传输和保护等领域的立法实践中。

"开放政府数据"运动的目标是提高政府透明度,让民众从社会和经济数据中获益。该运动认为,信息资源应该纳入公共领域,为社会提供更多包容性服务,为民众参与公共事务创造条件,同时还要允许第三方(例如个人、私营企业、公民组织)利用公共数据创造新产品,刺激经济发展。

一方面,"开放政府数据"运动提升了民众的公共参与意识。政府作为数据的最大持有者,要求政府开放更多数据意味着公众的责任意识和参与意识正在提升。政府开放数据以前,政府如同一个"黑匣子",公众无法获知里面的信息,开放数据以后,不仅政府的运行更加透明,还激发了公众对政府管理的参与意识。开放政府数据使社会和个人更了解国家和政府运行状况,要求政府更好、更精准提供服务的压力也自然会"水涨船高"。

另一方面,"开放政府数据"运动也带来了挑战,它使得数据权利的内涵更加复杂。数据作为一项资产,明确其所有权归属是对个人权利保护和数据自由流通的重要前提。然而,长期以来有关数据产权的问题一直处在争论之中,各国仍在积极探索之中,其中欧盟对数据所有权的规定影响尤为巨大,具有方向性的意义。

2018年正式发布的欧盟《通用数据保护条例》(General Data Protection Regulation,GDPR)已于2018年5月25日起正式施行,是对数据所有权的一次重大制度改革,在数据所有权的界定上大幅向个人倾斜,规定数据使用者必须以清楚、简单明了的方式向个人说明其个人数据是如何被搜集和处理,还特别强调了"被遗忘权",其核心内容是个人有权要求删除涉及自身的相关数据。

以欧盟为代表的主张扩展个人数据权利边界的要求已经成为当前探讨数据所有权的国际主导性话语之一,这无疑将大大增强政府和企业搜集、使用个人信息的难度和复杂性。

(三)数据信息过渡为数据产品

2012年12月20日《纽约时报》推出特别报道《雪崩》。该作品获2013年普利策新闻特稿奖。该奖评审委员会在颁奖词中丝毫不掩饰对于它的喜爱:"《雪崩》对遇难者经历的记叙和对灾难的科学解释使事件呼之欲出,灵活的多媒体元素的运用更使报道如虎添翼。"

案例 2-2

《纽约时报》融媒报道《雪崩》

数字化专题报道《雪崩》(Snow Fall)是《纽约时报》尝试以多媒体的方式进行全方位报道的成功案例。《纽约时报》王牌记者约翰·布朗奇(John Branch)耗时6个小时对华盛顿州喀斯喀特山脉隧道溪(Creep Tunnel)所发生的雪崩进行调查和信息采集,制作团队共同制作了一篇集合了文字、照片、视频等多媒体呈现方式的报道,讲述了6个惊心动魄的故事。

这是一件完全孕育于新媒体技术的新闻作品,它先在《纽约时报》网站

> 上发表,6天之内就收获了350万次页面浏览量,3天后才在印刷报纸中刊出。它以全新的多媒体报道方式(交互式图片、采访视频以及知名滑雪者的传记等)大获成功,并获全球数据新闻奖。

《雪崩》作为数字化专题报道是非常成功的,它将传统媒体强大的采编力量、策划能力和网络丰富的叙述手段(图片、视频、音乐)以及良好的互动性相结合,受得了受众瞩目。但从商业成本的角度而言,《雪崩》并不是一件好的数据产品,该专题共耗时6个月,最终成本25万左右,尽管出版了该题的电子书,但还是没有收回成本。

当今媒介格局和竞争模式已然变化,数据新闻必须跳出传统新闻业以"二次售卖"为主的盈利思路,充分借鉴新媒体的盈利思路,变"卖产品"为"卖服务",拓展数据新闻的增值链,利用数据新闻将媒体打造成数据中心(Data Hubs)。这也是数据新闻带来的理念变革中非常重要的一点。

其实,利用数据盈利已不是新兴行业,只不过以前的数据行业从业门槛较高,而今这一门槛已大为降低。《数据新闻趋势》(*Trends in Data Journalism*)报告认为,数据新闻的盈利模式包括:付费模式,让用户为更好的视觉体验付费;数据商店模式,将多种数据库连通,出售进入这些数据库的许可机会,并提供数据分析和可视化服务;数据服务模式,为机构和企业提供数据分析服务。当然,数据新闻的增值模式还有很多,如开展舆情监控与分析、行业发展分析、利用大数据进行预测分析等。媒体可利用长尾理论开发一些应用,瞄准一些利基市场。

数据不只驱动报道,还在驱动媒体。面临着"众媒"的竞争,媒体不再局限于生产信息,还存在多种发展路径,以下三种路径值得关注。

第一种是做优质报道提供商。"内容为王"的思路仍然影响着众多媒体和媒体人,但是媒体人也意识到内容与形式的结合很重要,必须通过新平台传播和扩散。这种路径的典型特征是依然保留传统新闻价值判断观念,在实践中仍以记者编辑为主导力量,并且追求生产和传播优质的新闻报道,做最出色的内容提供商。如《新京报》近年来除了推出多平台报道,还创建了"动新闻"等新栏目。

第二种是做垂直细分的数据媒体,这种路径反"大而全"的思路,以提供精准和深度的细分信息和服务为目标。图政数据工作室作为专门生产数据新闻的工作室,为不同媒体提供数据新闻稿件,尝试在平面媒体行业实现"制播分离"。图政数据工作室与大众媒体没有竞争关系,而是开拓了一个细分市场。这表明,专门的数据新闻生产机构应该为不同的媒体供稿,而不是专职于传统媒体的某个数据新闻部门。

第三种是做智能媒体平台。这种路径中渗透着"产品思维",媒体将转型为服务平台。这对媒体自身的数据化和信息化、媒体挖掘和处理数据的能力提出了更高的要求,将成为"数据驱动媒体",而不仅仅是"数据驱动新闻"。

数据新闻本身就是对传统新闻报道模式的创新,契合媒介融合的传媒转型语境,需要媒体在经营数据新闻时创新思维、改变思路,让新闻业进入一个真正以内容创意、视觉创意、技术创新为主导的新范式。

二、数据新闻的生产流程

数据新闻的生产流程是一个不断提炼信息的过程,在这一过程中,大体量数据所蕴含的有意义的信息被挖掘并呈现出来。

著名记者、数据新闻项目负责人米尔科·劳伦兹(Mirko Lorenz)提出了进行数据新闻报道的四个步骤:挖掘数据——过滤数据——数据可视化——新闻报道制作完成。国内有学者认为,数据新闻的生产不可忽视"讲故事"的环节,即将数据新闻生产流程概括为提炼新闻故事概念——获取数据——处理数据——视觉化呈现这四个步骤。其中,数据处理是核心,"故事化"是主线。[1] 无论国内外专家学者如何阐述数据新闻的生产流程,获取数据、处理数据、呈现数据都是数据新闻报道中不可或缺的三个阶段,最终成果以新闻故事的方式传播出去,使受众乐于接受和分享。

(一)数据搜集与处理

1. 获取数据

获取数据又包括搜集数据和阅读数据两个方面。一是搜集相关数据,海量数据是数据新闻报道的基础。二是阅读全部信息,理清脉络,挑选有用信息。

搜集数据是数据新闻生产流程的第一个环节,也是最重要的一环,直接影响后续阶段的可信性和有效性。随着数据分析和数据挖掘技术的发展,数据新闻分析的数据量远超传统新闻图表的数据规模。

数据新闻多采用网上公开、免费获取的数据,且搜集渠道多样:或由媒体自行调查或抓取的一手数据中搜集相关数据,对同类新闻或不同时期的相关新闻数据进行归类统计、整合比较,更为深入、立体、多元化地揭示新闻;或对网络搜索引擎、社交媒体内容、用户数据进行深度挖掘,揭示个别、分散行为中蕴涵的共同规律;或从政府、企业、机构等发布的公开数据中获取二手数据,寻找可作为新闻背景的有用信息;或通过网络观察、调查或众包的形式收集数据。对比之下,从政府、企业、机构等公开的数据库中获取的数据成本低廉且

---

[1] 于淼.数据新闻实践:流程再造与模式创新[J].编辑之友,2015(9):70.

可靠程度高,是目前最主要的数据来源。

央视新闻首次采用可视化大数据,播报国内春节人口迁徙情况。在国外的报道中,2016年美国总统大选期间,美国媒体通过各个州选民的选举将特朗普和希拉里在各个州的得票数准确呈现在美国地图上,让受众对两位总统候选人的得票情况一目了然。

2. 处理数据

数据新闻生产的第二个环节,就是利用大数据技术对所获取到的海量数据进行分析与处理。"大数据"是一个体量特别大,数据类别特别多的数据集,对这一相当大量级的数据进行收集、分析、挖掘与应用,并基于相关关系分析法进行未来趋势的预测,是大数据分析的核心。利用技术分析数据或者各类指标之间存在的相关性和关联性,并在这种关联性中发现新闻线索,是数据分析处理的结果和目的。

对于2011年8月伦敦市中心骚乱事件,时任首相卡梅伦认为骚乱不是由贫富差距造成的,《卫报》却通过大数据对骚乱者的地址与骚乱者的位置,还有贫困地区分布等数据进行处理与分析,反映出伦敦骚乱事件与贫富差距的关系。由此可见,数据处理就是分析数据之间的关联性,这种关联性就是大数据所创造出的新闻线索。

在数据处理过程中首先要辨别真伪,核对数据;其次要运用Excel、聚合图表、MySQL、Access数据库等软件归纳、整合处理数据,然后进一步筛选数据;再次对选中的数据进行再加工,把来源纷杂、格式各异的数据转换为统一格式;最后确定需要计算和制作成图表的数据。

事实上,数据本身并不是绝对客观的,用来解释这些数据的统计模型、挖掘技术也并非天然中立。因此,记者需对所搜集的数据保持怀疑的态度,并建立一整套数据处理的编辑准则。

(二)数据呈现与报道形成

1. 数据呈现

数据呈现是数据新闻生产的第三个环节。通过数据搜集、分析得出各类数据之间存在的关联性之后,就要对这种关联性或者叫作新闻线索进行可视化的呈现,让受众对所反映的信息更为明晰。

与传统新闻的呈现方式不同,数据新闻的呈现方式必须是动态的可视化的,并依托于专业技术将数据之间的联系挖掘出来。

与文字报道相比,信息图表能够化繁为简,并兼具形象化与趣味性,尤其适用于表达与地理、时间有关的数据信息。它可以提示新闻要点、解析事件进程、揭示各类关系、展现分布状态等。《卫报》对伦敦骚乱的报道、央视的"据说新闻"都是利用技术实现数据的可视化呈现。

> **案例 2-3**
>
> 央视晚间新闻"据说春运"特别节目
>
> 2014年1月25日、1月26日两天,在央视综合频道《晚间新闻》栏目中,一则名为"据说春运"的专题报道引发观众好评如潮。报道中,央视一改以往派记者在各大车站蹲点报道春运的形式,引入百度地图LBS(基站定位)大数据,在屏幕上直观地向观众展示全国范围内春运单日人员流动情况,结合新颖的大数据洞察让观众大开眼界。
>
> 30多年来,中国春运大军从1亿人次增长到36亿人次,我们很难想象这36亿人次在这么短的时间内如何迁徙的,但是通过大数据的收集、解析,并最终以可视化效果呈现在电视屏幕上,可以给每一个观众带来最直观的感受。
>
> 央视晚间新闻的"据说春运"特别节目一直持续到新年,首次播出就收获网友和业内人士的普遍好评,之后还给观众带来更多有趣的春运数据,通过数据发掘出春运故事。同时百度地图春节迁徙大数据的官方网站也在当天正式开放,可通过可视化大数据了解春运最新动态。

随着信息可视化技术的发展,"读图"时代的外延进一步扩展,从静态的新闻图片转变到互动性更强的信息图表。信息图表是对文本型和数值型信息形象化、互动化的呈现,包括图形、表格、地图等,用以展示数据、提示要点、梳理进程、揭示关系、表达观点等。

2. 形成报道

形成报道是数据新闻生产的最后一个环节。从数据获取到数据处理与分析,再到数据的可视化呈现,这一系列的生产过程以数据为内容,以大数据技术为依托。将数据可视化呈现出来之后,数据新闻报道的主体部分已经完成了,为了便于读者阅读,只需要在可视化的数据中配上文字说明或者相应的图标、指示性符号,制作成完整的新闻报道,数据新闻就可以呈现给受众,此时"数据获取——数据处理——数据呈现——形成报道"的生产模式就完成了。

三、数据新闻的生产创新

数据新闻的内容生产与生成实现了多方面创新,主要表现为以下4个方面。

(一)用户参与选题

传统的新闻选题主要是头脑风暴和任务分派的结果,而将大数据引入选题决策环节则使其更为客观、更有效率,并真正让用户参与到新闻生产流程中。

过去受众反馈渠道有限，受众分析也是以传统的抽样调查为主，样本量有限，而且获得数据的成本高、周期长，难以快速全面地反映受众市场，这样的数据调查也很难成为日常性工作来支持新闻生产决策。而在大数据技术的支持下，参与调查或分析的用户量动辄以百万计，通过网络向目标用户回收调查结果，或者直接从网络抓取热门搜索和舆情数据，效率较高和所需成本较低，编辑在日常工作中就可以做到迅速发掘热点并完成选题。

以腾讯《事实说》为例，制作团队基于腾讯新闻调查入口，同时自制多个H5[①]社交产品，通过了解用户近期的关注点，有针对性地选择议题、策划内容。再如，《纽约时报》每天要推送300篇文章，此前编辑需要花大量的时间阅读并判断和筛选出可能符合用户需求的内容。而基于大数据和机器学习的工具则把人力从大量的工作中解放出来。大数据在发现选题、判断舆论趋势以及发现用户感兴趣的内容上，往往比有经验的编辑更为有效和精准。

（二）信息来源多元

在传统新闻生产中，媒体采集信息的能力是有限的，除了事前策划和偶遇，记者很难亲眼看见事件的发生过程。在短时间内获取充分的素材，捕捉到新闻真相不是件容易事。[②] 而数据新闻改变了信息源的传统采集途径，在新闻源上不再依赖掌握权力和关键信息的社会精英，而开始转向普通民众的庞大数据，也能够利用大数据的分析结果满足网民的信息个性化要求。

根据用户需求提供个性化的大数据服务，是媒体未来的发展趋势。如今大部分媒体都致力于以用户的需求为中心，利用大数据诠释宏观社会现象对用户的影响，或者回答用户困惑的问题。媒体可以精准定位，经过后台计算，按照用户的接收习惯、工作习惯和生活习惯将服务推送到用户眼前。

（三）全景式新闻叙事

麦克卢汉曾说过"媒介即人的延伸"，数据新闻延伸了受众的视觉、听觉。可视化的呈现方式使受众从冰冷的文字中走出来，在视觉与听觉的延伸中了解新闻。

借由一定的可视化技术，将抽象的数据转变为具体的图像，新闻报道的直观性和趣味性大大提高。大数据新闻的报道方式能够在宏观上对某个事件看得更加清楚与全面，事件复杂的演进过程以及这个过程中的各个方面，都能被直观形象地描述。

数据新闻的呈现方式主要有三种：数据可视化、图解新闻和数据地图。数据可视化侧重于数字信息的统计与呈现；图解新闻是传统新闻报道的精华浓

---

① H5(HTML5)，指第5代超文本标记语言。
② 许向东.数据新闻[M].北京：中国人民大学出版社，2017：96.

缩和事物间关系的揭示;数据地图则通常以电子地图为背景,将多种信息整合其中。① 数据新闻不仅有图表、地图等静态形式,它往往还以图表和地图等静态形式为载体,利用技术在图表、地图上反映具有交互性的动态信息。

《卫报》对伦敦骚乱事件的报道,采用了可交互型数据新闻呈现方式,读者通过滑动其底部的时间条,可以动态获取骚乱发生时不同时段的主要事件,点击事件的图表,便可以看到该事件的详细报道和现场照片。显然,这种新的新闻呈现方式所具有的交互性,比静态的呈现方式更容易吸引受众的注意力,随着数据新闻的发展,新闻呈现方式正在发生着变革。

(四)预测事件走向

传感器和无人机应用于新闻生产领域,为数据新闻打开了新局面,提供了大量的数据来源。记者可以利用实时数据制作实时更新的动态图表,或者基于数据做预测性分析。

此外,传感器还开辟了许多过去由于数据不易获得而难以报道的领域,大数据能够预测社会和人们日常生活中的各个方面。通过挖掘大数据,可以制作出可视化、交互式的图表,告知很多事项。微观的如流行疾病来袭、交通拥堵情况;宏观的如经济指数变动、某种社会危机的来临等。

第三节 数据新闻的制作和传播

在大数据背景下,数据新闻的出现意味着新闻生产方式的变革。传统新闻的生产大致要经过这样一个程序:首先要经过选题策划,确定选题后,由专业的采编人员采写新闻,再经过校正修改、编辑排版,最后印制发行。

与传统新闻生产方式不同,数据新闻的生产主要依托于数据的搜集、分析处理和可视化呈现,最后形成完整的数据新闻报道。由于数据新闻的迅速发展,在新闻业界,利用大数据生产数据新闻已经成为一种新的新闻生产趋势,新闻生产方式正在经历着一场巨大的变革。

如今,人们所掌握的数据量相比从前来说已经是天文数字,无论是巨大的数据采集量,还是以新闻报道文字为主的表达形式,抑或个性化生产的可能性,大数据新闻都从根本上改变了新闻生产的思路与流程。② 大数据思维和方式正全面介入从内容采集到制作、分发的新闻生产全过程。

---

① 刘义昆.大数据时代的数据新闻生产:现状、影响与反思[J].现代传播(中国传媒大学学报),2014,36(11):103—106.
② 方洁,颜冬.全球视野下的数据新闻:理念与实践[J].国际新闻界,2013(6):33—34.

一、数据新闻的内容制作

（一）自动化写作

数据新闻制作的核心点就是数据的采集与运用。而在当前环境中，数据新闻很重要的生成方式就是以数据为中心、程序为辅助的计算机自动化生产方式。就计算机与新闻的结合历史来看，数据新闻的主要类别有自动化新闻（Automated Journalism）、算法新闻（Algorithmic Journalism）、计算机生成内容（Computer-generated Content）、机器人新闻（Robot Journalism）几种。[①] 其中以机器人新闻最为成熟和完善，并在当下的中外新闻媒体实践中得到了普遍运用。

机器人新闻是指通过计算机程序将一些数据融入结构化的语言，从而生成新闻报道或者个性化的文章。目前其主要应用领域是财经和体育两大类，因为机器人新闻写作的方式主要是先创设好模板，然后通过计算机程序获取数据后将其填入相关空格里。财经和体育等方面的信息比较程式化，自然成为机器人新闻率先介入的领域。Automated Insight 与 Narrative Science 是开发这类机器人的主要技术企业。据统计，Automated Insight 有超过 3 亿个模板可以供不同的新闻使用，它们在 2013 年当年就产生了 3 亿条新闻，比其他所有媒体所产生的加起来的还要多。

目前条件下，将机器人新闻写作运用到数据新闻领域依然有极大的局限性。比如，程序生成的新闻模板痕迹比较严重，且语法生硬；人类丰富的情感，程式化的机器人难以习得和模拟；最重要的一点，机器人新闻难以写出深度内容，想要挖掘数据背后更深刻的关系，除了将数据作为基础，还需要人工深入的采访调查。

（二）可视化呈现

大数据背景下的数据新闻中，数据成为新闻的本体，过去以文字为中心的新闻叙事方式被改变，为了顺应"读图时代"的受众需求，数据的可视化已逐渐成为目前数据新闻报道中不可或缺的重要环节。如果说数据新闻的内核是数据和与数据有关的故事，那么数据新闻的外核便是数据可视化。[②]

数据可视化的历史发轫于 19 世纪的统计图形，当时被统计学家用作统计工具的直方图、线形图、饼状图等如今已经被广泛运用于社会的各个行业中，并且成为数据新闻可视化的基础形式。而对于现代数据新闻的可视化，有学者将其定义为利用计算机图形处理技术，将数据转化为图形，并进行人机交互

[①] 彭兰. 移动化、智能化技术趋势下新闻生产的再定义[J]. 新闻记者, 2016, (1): 26—33.
[②] 张超, 钟新. 新闻业的数据新闻转向：语境、类型与理念[J]. 编辑之友, 2016(1): 76—83.

的过程,是数据表达、数据处理、数据分析等技术的综合运用。[①] 这个定义将数据可视化局限在信息图形中,认为数据处理中的数据图形才算是数据可视化,这就缩小了范围。

数据可视化和数据新闻上的信息图是处于从属关系的两个范畴,数据本身是无信息的,信息图是数据经过可视化后诞生的结果。[②] 即使我们日常使用的 Excel 办公软件,也是数据可视化的处理技术。因此,数据可视化是指运用各类视觉工具引发人的视觉形象思维的过程,数据可视化的关键在于巧妙建构视觉逻辑。

正因如此,可视化为我们提供了直观的数据分析结果,便于理解和想象复杂的数据结构,不同的数据结构适用于不同的可视化表达方式,数据与可视化的"嫁接"使枯燥的数据变得有趣,同时还带给用户视觉快感,适应了当下用户"懒阅读""趣阅读"的新闻消费习惯。

成立于 2012 年的商业新闻网站 Quartz,是一家关注全球最新经济资讯的数字化新闻机构,主要为移动端的平板电脑和手机而设计。除了重要的新闻事件报道之外,Quartz 经常会做一些大数据的可视化新闻。社交媒体是数据的富矿,因而相继出现了很多专门针对各类社交媒体的数据进行分析的网站和工具。有一些是帮助社交媒体用户了解自己账户情况的,也有一些针对大范围的数据进行分析与可视化呈现。针对推特的分析工具尤其多,如 Tweeps Map 就是一个非常适合用户分析和可视化自己推特网络的工具,Twitonomy 则是一个更为详细的分析用户推特博文的工具。

有的媒体认为,数据新闻的重头在于如何呈现数据,数据可视化是数据新闻最重要的环节,但实际上,数据可视化并不一定是数据新闻构成的必然选项。数据新闻意味着获取不曾给予的数据,从数据分析中发现新的洞察,可视化是最后的阶段。"数据可视化是叙事技术的有机组成部分,但是数据新闻可以是朴素的,或许最终生产一个并不复杂的图表。"[③]数据可视化的目的不在于单纯吸引注意力,追求"酷""炫",而是服务于数据新闻的叙事,服务于用户的体验。

(三)沉浸式体验

一篇好的深度数据新闻,除了能让读者读到好的内容,更重要的是与读者实现互动,让读者真正感到自己身处"新闻现场",最大限度地还原新闻事

[①] 刘杰.数据新闻可视化叙事初探[J].科技传播,2013,5(16):26—27.
[②] 江文灏.论数据新闻的产生与生产[D].长春:东北师范大学,2018.
[③] JULIETTE DE MAEYER, MANON LIBERT, DAVID DOMINGO, FRANÇOIS HEINDERYCKX, and FLORENCE LE CAM. Waiting for Data Journalism[J]. Digital Journalism,2015(3):10.

实本身。① 财新网的新闻报道《山东青岛中石化管道爆炸事故》摆脱传统的单向度思路,将记者拍摄的图集制作到可交互的地图页面中,让读者可以通过自由选择爆炸地点、街道和工厂位置了解现场,让读者产生一种找寻现场、挖掘新闻真相的共鸣。

值得注意的是,实现新闻交互,已经越来越被各式各样的数据新闻题材所认可。一方面,碎片化的阅读方式和有限的阅读篇幅,让制作者们可以将更多的数据内容"藏"起来,让读者摆脱信息负担的第一眼的沉重;另一方面,得益于 H5 技术的突破和进步,新闻交互的实现让读者的角色定位也从以前的被动接受者,转向信息主动选择者。

以 2019 年的"最佳数据新闻可视化奖"的作品为例,《粤剧文化博览》采用拟物化设计,首页建构出"庭院"景观,浏览网页的同时读者仿佛置身于实景中,运用符合主题的图片,暗示主题的配色,与主题相关的声效、视频等视听元素,能够很好地提升作品的沉浸感和浏览体验。

另外,提到数据新闻作品的沉浸式体验,不得不说"VR 数据新闻",它是利用虚拟现实技术(Virtual Reality,VR)的数据新闻,具有"沉浸—交互—构想"三个基本特征,能延伸读者的视觉功能,使用户仿佛置身于新闻事件现场。其有两种呈现形式:一种是 VR 应用和数据新闻组合在一起的产品,另一种则是利用 VR 技术进行数据可视化的产品。

VR 数据新闻主要指"依托于虚拟现实技术的一种新闻报道方式"②,其能够将新闻信息 360 度无死角地呈现给读者。目前数据新闻传播领域对于 VR 的使用主要在深度报道、突发报道和媒介事件三个方面。如,美国《纽约时报》2015 年推出了手机应用 NYTVR,并为订阅者邮寄发放了超过 100 万个谷歌纸盒式 VR 眼镜。2015 年 8 月,美联社与 RYOT 合作了《寻找家园》(*Seeking Home*)项目,描述法国加莱难民营的生活。为了进一步发展沉浸式新闻,美联社完全自主的 VR360 频道已经上线。

二、数据新闻的内容分发

新闻内容的分发本质在于"信息与人"的匹配。用户时间有限,要在海量信息中甄别有用或潜在感兴趣的内容很难,因而用户主动获取的信息只能是非常小的一部分。而移动互联网的发展使得推送越来越便利,大数据算法使得推送的内容越来越精准。目前,基于大数据的新闻内容分发产品已经非常

---

① 高亚峰.试析互联网时代深度报道呈现方式创新:基于国内数据新闻的观察与思考[J].中国报业,2018(16):67—68.
② 符绍强,夏落兰.基于媒体融合的 VR 新闻研究[J].传媒,2018(21):67—70.

多,但仍存在一定的差异。这一市场发展仍然处于初期,究竟哪种模式更有优势、更符合用户的需求还有待时间的检验。总体而言,目前的数据新闻内容分发产品根据算法的使用程度呈梯度分布:一是仰赖于与内容生产方合作或者编辑选择;二是人工与算法相结合的推荐方式;三是几乎完全依据算法推荐。

(一) 人工推荐为主

以人工推荐为主的数据新闻产品,主要仰赖于与内容生产方合作,比较典型的产品有脸书旗下的 Instant Articles 和 Notify,还有 Snapchat 旗下的新闻聚合产品 Discover。脸书先期推出了一款插件 Instant Articles,它允许新闻站点直接把文章发布到脸书上,为用户提供更好的文章阅读体验。Notify 则是脸书稍晚推出的一款独立的 App。用户可以在 Notify 上订阅各大新闻机构的内容,而且订阅可以精准到某个网站的某个专题。Notify 还会根据用户在脸书上的信息来推荐内容,用户就可以经此随时发现和添加新的站点。

Discover 是 Snapchat(一款"阅后即焚"的照片分享应用)旗下的新闻聚合产品。比起脸书,Snapchat 更注重入驻媒体的质量,所有媒体在 Snapchat 上发布的内容都是为这个平台量身定做的。以上几款内容聚合分发的产品,其内容主要还是来自各大新闻内容生产机构,通过编辑的选择和把关完成,用到大数据算法的部分相对较少。

(二) "人工+算法"

苹果公司 2015 年 9 月推出了新闻聚合应用 Apple News,该应用同样聚集了全球多家主流媒体,如纽约时报社、路透社、CNN(Cable New Network,美国有线电视新闻网)等。它与上述 Notify 等产品最大的不同在于,采用"人工+算法"的方式为读者推荐数据新闻。

该应用具有机器学习功能,可以通过记录用户搜索过的内容来为其推荐相同主题的信息。国产的信息聚合应用工具"即刻"则泛化了新闻的概念,所提供的内容整合不只是新闻,还有互联网上所有形态的信息。

用户自主选择订阅的不是某新闻网站下的某个专题,而是基于兴趣的信息"点",比如"豆瓣8.0分以上的新电影""最新国内融资事件""热门日剧同款穿搭"等通过大量机器抓取与人工编辑相结合,把互联网上的优质内容筛选出来,更为精准地推送给用户。

(三) 完全基于算法和机器学习技术

完全基于算法的内容聚合产品大致可以分为两种:一种是数据主要来自用户对产品的使用,如谷歌新闻(Google News)、今日头条和凤凰旗下的一点资讯;另一种则是依托于产品背后的大型社交媒体平台的行为数据。基于算法的个性化推荐虽然已成为大势所趋,但关于个性化的争议和反思一直存在。

不论是基于用户行为数据,还是基于社交媒体数据,大数据并不等于全数据，人们的兴趣、行为和需求之间的关系受到太多因素的影响，选取哪些因素进入算法会直接影响推荐的结果，而且算法本身也不成熟，推荐的精准性有待商榷。更为严重的则是这种方式所导致的"回声室效应"[①]，即根据个性化算法的推荐，人们接收到的信息都是自己感兴趣的和与自己类似的观点，人们的视野会越来越窄，接触到多元化信息的机会也越来越少，有人称之为"信息茧房"。

第四节 数据新闻的信息采集

尽管当前很多人认为媒体人将在新闻报道领域日渐式微，但我们重新审视媒体人充当的角色可以发现，媒体人仍可从新闻的视角对搜集的数据进行解读，找到报道的最佳选题角度。

随着大数据时代的来临，新闻开始与"数据"打交道，学会基本的数据分析方法将和掌握采访写作技能一样成为未来新闻人必备的基础技能之一。

一、查询和获取公开发表的信息

数据新闻中的"data"并不是指数字"number"。有人认为"data"泛指包括数字信息在内的一切资料，可以说"数据"不仅仅是一份表格记录，其源头来自其背后庞大的"信息"。广义上来说，这些信息包括一切人际交流信息、实物信息和文献信息，在各种记录手段越来越先进的当下，稍纵即逝的口语信息和肢体信息也可以被记录在案，并转化为数据以供媒体研究分析和报道。

国内外不同媒体在获取数据的来源和方法上有不同的倚重，总的来看，在制作数据新闻时，有的数据是已经公开发表的，媒体可以直接从相关渠道获取这类现成的数据用于报道；有的数据则不是公开发表的，必须采用一些特殊的获取方法才能得到。

对于已经公开发表的数据，获取的方法主要有三种：通过网络在线搜索获取、通过图书馆馆藏资源检索获取、运用工具自动采集数据。[②]

1. 通过网络在线搜索获取

互联网是一个拥有庞大数据的信息库，一般而言，其数据资源多以文件的形式存放。网站是展示网络资源的平台，是指在互联网上根据一定规则，基于HTML制作的用于特定内容的相关网页的集合。

网页既向其用户提供相关的网络服务，也为用户提供信息资源。在做数

---

① 指在一个相对封闭的环境里，一些意见相近的声音不断重复，并以夸张或其他扭曲形式重复，令处于相对封闭环境中的大多数人认为这些扭曲的故事就是事实的全部。

② 方洁.数据新闻概论[M].北京：中国人民大学出版社，2015：69.

据新闻时,一些信源网站是提供数据的宝库。这些网站具体包括政府网站、非政府机构网站、个人网站等。

2. 通过图书馆馆藏资源检索获取

图书馆是整理和收藏各种图书资料,供人阅览、学习、检索和查询的机构。按照建立单位、功能和服务对象的不同,可将我国的图书馆分为三类:公共图书馆、大学图书馆、专业(行业)图书馆(如国家科学图书馆、国家工程图书馆等)。

(1)公共图书馆。由国家中央或地方政府管理、资助和支持的、免费为社会公众服务的图书馆。提供非专业的图书(包括通俗读物、期刊和参考书籍)、公共信息、互联网的连接及图书馆教育。这类的图书馆也会搜集与当地地方特色有关的书籍和资讯,并提供社区活动的场地。中国国家图书馆是级别最高的公共图书馆,另外,所有县级以上地方政府都建有公共图书馆。

(2)大学图书馆。为大学所附属的图书馆,其主要功能在于支持大学的教学与研究两项活动。在某些国家,大学图书馆亦为该国的国家图书馆,整合国家的图书馆事业发展。

(3)专业图书馆。2000年,中国科学院文献情报中心、工程技术图书馆、中国农业科学院图书馆、中国医学科学院图书馆等专业图书馆根据国务院的批示而组建了一个虚拟的科技文献信息服务机构——国家科技图书文献中心(NSTL)。该中心提供大量的国内外科技专业数据、标准和专利数据。

3. 运用工具自动采集数据

互联网是一个数据的海洋,虽然这个庞大的数据库中包含很多数据,但是它们可能散见于不同的网页中,因此我们应对网页数据采集的基本步骤有所了解。

(1)确定要采集的数据内容。只有明确与选题相关的数据采集目标,做到有的放矢,才能避免时间资源和人力资源的浪费。

(2)寻找可采集的数据源。采集数据不是漫无目的地在网页上搜索,必须较为清晰地定位一些与欲采数据相关的网站。

(3)对数据进行评估,了解数据源的基本结构,这是为制定抓取策略打下基础。

(4)制定采集网页数据的策略。这一步要明确采用何种方法、何种工具进行网页采集。

(5)编写程序,进行网页采编。采集数据的方法就是用一些开发语言来采集网页HTML中的独立元素。在这个领域中较为知名的开发语言包括:Python、PHP、Java、C++等。

二、采集未公开发表的信息

对于尚未公开发表的数据，或是与报道主题相关的数据只是散见于不同的信息源中的情况，媒体无法直接通过上述方法获取完整的数据集，必须通过特殊的获取方法采集数据。这一部分数据在媒体采集的过程中就构成了媒体专属的"原创数据集"，它使媒体的数据报道更具个性化。

这类数据的采集方法主要有三种：通过采访或直接向有关部门、机构、个人索取来采集；组织对新闻事件或话题的问卷调查来采集；通过发起用户众包来采集。

1. 通过采访或直接向有关部门、机构、个人索取

（1）向政府部门申请信息公开

"信息权"已被国际上承认为一项基本人权。新闻记者以及媒体机构正在全球范围内逐步成为申请政府信息公开的主要力量。有学者曾统计《卫报》2012年全年发表在数据博客中的数据新闻，发现其中有18篇是该记者通过申请信息公开的方式获取数据进行报道的，英国的《信息自由法》规定申请对象包括国防部、伦敦大都会警察局等多个政府部门以及BBC这样的公立机构。

为了整合各级政府的信息，我国国家图书馆联合公共图书馆共同建设和推出了"中国政府公开信息整合服务平台"，由国家图书馆整合中央级的政府信息，省、市、区、县图书馆整合本行政区的政府信息，从而构建一个方便、快捷的政府公开信息整合服务门户网站，使用户能够一站式地发现并获取政府公开信息资源及相关服务。

媒体记者编辑可以公民个人或媒体机构的身份申请政府信息公开，申请的程序一般包括：第一步，明确所需的数据属于哪级政府部门或机构管辖的范畴，是中央级政府还是各级地方政府，并明确这些数据隶属哪个具体的政府部门或机构的业务管辖范畴；第二步，如果所需的数据隶属中央级政府管辖范畴，是国家级数据，可登录相应的国务院各部委、直属机构、直属事业单位或国务院部委管理的国家局所设立的网站；如果所需的数据隶属各级地方政府管辖范畴，属于地方级数据，则需要登录具体的地方政府政务公开网站申请；第三步，登录相应的政务公开的网站之后，首先可点击首页的"信息公开"或"政府信息公开"频道，了解所需的数据是否属于公开信息的范畴；第四步，根据所登录政府机构网站中的"信息公开指南"说明，下载各部门的信息公开申请表，以相关部门规定的方式提交申请后就可等待政府部门的回复了。

（2）向机构或个人索取数据资料

除了向政府部门申请信息公开，媒体还可以向机构或个人索取数据资料。

① 向商业机构购买数据资料

媒体可以向商业机构购买数据资料,或是与商业机构合作制作数据新闻。互联网技术公司、电子商务公司是最先认识到大数据商业价值的机构,他们推出了一系列基于大数据分析的产品与服务,拥有一般媒体所不具有的数据抓取技术和分析能力,建有庞大的数据中心。媒体可以考虑与类似的商业机构合作或向其购买数据资料。

② 向非商业机构索取数据资料

媒体可以向公益组织或学术科研组织等非商业机构索取数据资料,或是与这类组织和机构合作制作数据新闻。许多非商业机构都会开展一些相关领域的调查研究,这些调查研究的结果有时会公布在其官方网站上,有时却并不一定公开发表。媒体如果掌握了这样的信息线索,可以直接与相关组织或机构的人员联系,向其索取数据资料。

③ 向个人索取数据资料

如果媒体获知需要的数据恰巧在某个人手里,则媒体可以直接索取资料,或是向其购买资料。公民可以凭借《中华人民共和国政府信息公开条例》的规定申请政府信息公开,获得了回应,媒体可以直接和相关人士联系,将其获取的信息记录用于报道。

(3) 通过采访和人际追踪采集数据

数据新闻的兴起并不意味着传统的新闻采访方法失去了用武之地,采访和人际追踪仍然是采集数据中的一个重要方法,而这种方法在从事调查性报道中更具效率。在新闻报道中的被采访对象是报道的"消息来源",他们一般是当事人或知情人,身份可能是媒体的用户、"新闻线人"、记者的朋友或同行。记者应善于培养消息来源,使一些消息灵通人士和热衷于新闻的人成为其获取信息的重要渠道。

对记者而言,通过采访和人际追踪采集数据是对记者基本功的考验:第一,记者需快速定位,通过各种方法找到采访对象;第二,记者应能通过采访对象获取自己想要的资料;第三,记者应获取对方的信任,将部分采访对象培养成固定的信息来源;第四,记者还需注意"新闻线人"和处理"匿名信源"两个特殊问题。

2. 通过组织对新闻事件或话题的问卷调查

问卷是调查过程中用于搜集资料或数据的重要研究工具,它在形式上表现为一系列有机联系起来的问题表格,其目的是将调查主题转化为调查对象能够回答的具体问题,用于测量有关人们的特征、态度和行为的变量。

问卷调查成为新闻传播界的一套重要的研究方法,同时也是媒体获取资料的一大途径。其操作一般包含三步:第一是设计问卷,准备调查内容;第二是确定样本，选择调查对象；第三是搜集调查数据。

3. 发起用户众包

除了媒体人员主动索取和采集数据，还有一些数据新闻选题，涉及与互联网用户直接相关的话题，数据分布地域广泛，增加了获取的难度。这时可以运用新闻业新兴的"众包"方式来获取数据。

自2009年开始，个人记者在一系列重大新闻报道中的影响力日益显现，同时部分媒体也开始接纳"众包"的理念，并将之运用到一些重要题材的报道中。

众包服务使得新闻来源从专业记者向普通人发生了转变，过去由记者调查、搜集、分析信息的任务被转移到用户身上，而记者完成的是内容的再聚合，在这一过程中，新闻生产中的传播者和接收者的角色都被重构。

英国《卫报》的数据博客中有许多报道都是通过众包搜集信息的。比如在调查国会议员开销时，由于文件数量多达45万个，但时间有限，于是《卫报》决定向读者开放项目，让读者帮忙翻看资料，寻找数据中的异常，来发现有报道价值的故事。当记者面临大量的文件、统计数字或者报告需要核查时，采用众包的方式就成为一个非常明智的选择，它可以高效地帮助记者完成任务、降低成本、节约时间。

目前这种资料搜集与信息核实的众包服务在新闻领域还没有被频繁地应用，同时众包的公众平台与媒体之间还难以真正理解彼此的需要和责任边界，因而合作并不像想象的那么顺畅。

知识卡片

"众包"（Crowdsourcing）这个概念来自美国。2005年，《连线》杂志的编辑杰夫·豪（Jeff Howe）和马克·罗宾逊（Mark Robinson）在一次关于互联网商业模式的交流中首先提出了"Crowdsourcing"的概念。2006年6月，杰夫·豪在《连线》杂志发表文章《众包模式的兴起》（*The Rise of Crowdsourcing*），并在博客中发布了《众包：一个新定义》（*Crowdsourcing: A Definition*）一文，对这个概念做进一步阐释："众包指企业或机构通过公开招募的方式将工作外包给一群非特定的个人或团队，而不是像以往一样依赖于雇员完成。众包的形成有赖于公开招募形式的运用，且需要大量有能力完成此项工作的潜在劳动力存在。"

此后，"众包"作为专业术语逐步为业界所接受。在新闻界，媒体的"众包"尝试首先是推出一些公民记者的报道平台，将公民记者吸纳进内容生产环节。2006年8月1日，CNN正式推出"我报道"（iReport）平台，在其

> 主页的醒目位置设置 iReport 链接，观众可以通过"发送你的报道"（Send Your iReport）链接和电邮两种方式来发送自己采写的新闻。所发报道通过 CNN 编辑的审查之后可以在网上或者节目中播出。CNN 专门为参加者提供了一个工具包，提供基础知识和上传操作指导，并制定了详细的投稿指南，减少参与难度。
>
> 近年来，"众包"从创新设计领域切入，已经成为华尔街青睐的最新商业模式，被认为将掀起下一轮互联网高潮，并且有可能成为颠覆传统企业的创新模式。

三、编辑室内的数据分析

（一）对数据进行新闻价值的分析

在数据新闻中，数据就是新闻资料，它们也有类似新闻事件的 5 个"W"。但是不会解读数据的人无法让数据呈现其内涵，只有具有新闻敏感度的媒体人，才能从数据中解读出具有新闻价值的内容。

前《卫报》数据博客编辑，现推特（Twitter）数据新闻编辑西蒙·罗杰斯认为，数据记者应该了解数据新闻的"5W"要素。第一，数据的提供者（Who）。为了使读者相信数据，记者应当将数据源头告知读者，让数据透明。许多国家政府都提供开放数据，但开放透明并不意味着数据一定准确。数据记者在报道时应注意对数据进行核实，可以试着披露更多的数据，将数据分组，对其进行检验。第二，想用数据表达的内容（What）。好的数据新闻能够简单清晰并迅速地告诉人们要点在哪里，人们应该关注什么，而不是让人们迷惑于数据要表达的内容。第三，数据采集的时间（When）。一些数据记者采用众包和网页采集等方式搜集最新数据，诚然，新数据有其新的价值和挖掘意义。但将不同时间段的数据加以对比分析，可以看到某个实践的趋势变化。第四，事件发生的地点（Where）。地理位置也是数据搜集中常用的分类，统计事件发生的地理位置，横向展示出某一事件发生的国家、省份和地区，纵向对比出不同地区的情况，成为组织数据新闻报道的维度。第五，数据的意义（Why）。数据的意义可以有描述性和解释性两个层面，前者告诉人们发生了什么，后者通过数据之间的相互关系，发现事件之中的原因和结果。

以上 5 个"W"是所有数据记者编辑在制作数据新闻时首先需要对数据所做的分析和解读，但具体到不同类型的新闻选题，其解读数据和进行新闻价值分析的角度也略有差别。

1. 事件性选题中的"数据"

事件性选题具有清晰的时间逻辑，因而可以将新闻放到时间轴上进行思考,但是与事件发生发展的逻辑相反,这类选题在解读数据时往往先从现状切入,然后再回顾历史。

数据新闻首先从"现状"的维度切入,是因为新闻的第一要义是告诉大家发生了什么。这时主要考虑的是:事件的核心信息与数据是否相关;当事人具有怎样的特征,事件有没有发生在其他人身上的可能性;事件发生的地域以及事件在对应的特殊行业、领域是否有蔓延趋势,并积极寻找相应数据。

很多新闻虽然在发生时看起来是一件单一事件,但实际上,一旦我们将事件中的人物和地域与数据相联系,则可能出现意想不到的惊喜。所以我们有必要找出事件相关的某一元素在更广的范围内对不同地区的影响程度,这样才能使读者意识到别人身上发生的事有可能转变为"我"身上发生的事,从而唤起读者对该事件的关注和参与兴趣。如2014年8月,埃博拉病毒从非洲传播开来,肆虐全球。为了展现全球受埃博拉病毒的影响,《纽约时报》网站刊发了不断更新的专题报道,其中一篇《有多少埃博拉病毒患者在非洲以外接受治疗?》的报道在世界地图上以清晰的标识注明了这些患者接受治疗的所在地,并在地图下方以文字形式标注了各国治疗的患者的数量、身份及其治愈情况,让更多的读者关注到了埃博拉病毒的影响。

在分析"现状"的基础上,再从"历史"的维度解读数据。媒体应注重搜集新闻中的历史数据,并以一定的形式去呈现历史变化。比如空难、病毒传播、恐怖袭击这样的选题,从历史的角度能搜集到很多具有参考价值的数据,向人们展示事物是如何一步一步发展到现在的程度。

2. 话题性选题中的"数据"

对于话题性选题的新闻,我们有必要对其中的数据进行剖析和解读,虽然在某种程度上也可借鉴事件性选题的做法,以"时间"维度切入解读,但除此之外,还可运用逻辑思维方法对之进行分析,其有四个角度:寻找数据和新闻话题间的"因果逻辑";开掘"常规话题"中的新鲜内容;展现"民生话题"的横向分布;推出针对"热门话题"的预测新闻。

关于话题的新闻报道,媒体常采用的做法有:以采访的事实对话题进行分析论证;经过采访报道不同人士的看法形成观点的集纳。话题新闻如果要用数据新闻来呈现,需找到与话题相关的核心数据,将数据视为"观点"或"事实",通过数据的逻辑架构起报道的"逻辑"。

在人们耳熟能详的常规话题中,没有太多吸引用户的新要素,但是一旦媒体在关乎用户利益的民生话题中,通过对相关数据的分析,找到容易被人忽视的规律,则会让阅读报道的人感到一种打破常规的"惊喜",并且增加媒体新闻开掘的价值。例如,新华社推出的《钱去哪儿了?》系列报道在确定选题时,就充分考虑到话题与用户的贴近性,找到与用户利益相关的话题,并从中发现那些"非常态"和"反常规"的数据,从而更能吸引用户的注意。

"民生话题"除了找到新鲜的数据做支撑,给用户耳目一新的阅读感之外,还可以反映该话题在不同地区、领域、行业的横向分布状况。这样的数据新闻能够让人们看到在更广阔的地区、领域或行业中生存的人们都处在怎样的状况,或是对这个话题作何感想,从而产生一种全面了解该话题的阅读感受。

在大数据时代,许多互联网科技企业和电商在掌握了大数据及其分析技术的基础上,正推出越来越多面向消费者的预测产品,这说明对数据进行解读分析,还能透视一个话题背后存在的规律,甚至据此预测未来。

(二) 数据分析前的预处理

对数据进行新闻价值的分析之后,一些只需要分类呈现数据的报道可以进行可视化操作了,还有许多报道需要进一步进行数字分析。数据处理的过程有许多种定义模式,这里取通俗的一种即从数据本身出发,从数据来源获取数据→对数据进行大数据预处理→数据存储→数据处理→数据表达。

1. 数据预处理的过程

大数据时代对于数据的精度和有效性要求更为苛刻,现实世界中数据大体上都是不完整,不一致的"脏数据",无法直接进行数据挖掘,或挖掘结果不太令人满意。而高质量的决策必须依赖于高质量的数据,没有高质量的数据,就没有高质量的挖掘结果。因此数据的预处理过程必不可少,只有经过科学规范的预处理过程,形成适合数据分析的样式,才能使数据分析深层挖掘的结论更为合理可靠。

数据的预处理是指对所搜集数据进行分类或分组前所做的审核、筛选、排序等必要的处理,我们将之视为数据分析的前期准备。

大数据的预处理过程比较复杂,主要包括:数据清洗、数据集成、数据归约、数据变换以及数据的离散化处理。目的是对不能采用或者采用后与实际可能产生较大偏差的数据进行替换和剔除。

数据清洗是对"脏数据"采用分类、回归等方法进行处理,使采用的数据更为合理。数据的清洗是数据新闻制作中最关键的一步,数据本身是不会开口说话的,而清洗过程就是发现数据与所要报道的主题之间的关联,从而将无意义的数据变成一个有血有肉的故事。数据本身是遵循着一定的科学逻辑而存在的,而新闻则是遵循着一定的人文逻辑而存在的,数据新闻就是二者的统一。它是追求科学严谨与浪漫松散的结合,是从事物的现象中去挖掘事物的本质。数据的清洗有两个关键步骤,即提取要素和逻辑建构。

数据的集成、归约和变换是对数据进行更深层次的提取,从而使采用样本变为高特征性能的样本数据。而数据的离散化处理则是去除数据之间的函数联系,使拟合更有置信度,不受相关的函数关系的制约而产生复合性。

2. 数据预处理的重点对象

重点对象是问题依据,主要包括重复数据、噪声数据和缺失数据。

(1)重复数据的预处理

重复数据即指多次出现的数据,对于整体样本所占权重比其他数据大,更容易产生结果的倾向性,因此对于重复数据常用的方式是剔除,或者按比例降低其权重,进行数据的重新布局从而形成概率分布。对于一般数量可控的重复数据,通常采用的方式为简单的比较算法剔除。对于重复的可控数据而言,一般通过代码实现对信息的匹配比较,进而剔除不需要的数据。在大数据云处理这样的模式背景下可以完成相关操作,但是对于存储空间和运行速度的要求非常高,因此个人 PC 端操作不再适用。

(2)噪声数据的预处理

噪声数据是指严重偏离其他数据的数据信息,其主要表现为离群点。解决这个问题的常用方法是回归和分箱方法。

离群点分为三大类:全局离群点、集体离群点和情景离群点,全局离群点和集体离群点是往往特别需要关注的信息。离群点的主要检测手段是基于统计的离群点检测、基于密度的离群点检测、基于距离的离群点检测和基于偏差的离群点检测。纵观整个离群点的检测方式,用代码识别容易的便是基于距离的离群点检测,这里可以通过简单的计算代码和云计算的方式结合得到大数据时代常用的离群点检测手段。

回归方法是指根据大多数数据拟合的近似函数来对数据偏离总体较严重的样本进行替换的方式,其最主要的方式是线性回归。分箱方法通过考察数据的"近邻"来光滑有序数的值,将有序值分布到一些桶或箱中。由于分箱方法考察"近邻"的值,因此是对数据进行局部光滑处理。

(3)缺失数据的预处理

在数据处理的背景中还存在着另外一种无法直接运用的数据——缺失数据。缺失数据即数据不完整,因信息丢失,而无法完成相关的匹配和计算的数据,例如信息统计中的年龄和性别丢失的情况。缺失数据的处理主要有四种方式:均值补差、利用同类均值补差、极大似然估计、多重补差。[①]

本章小结

本章主要对数据新闻进行相应介绍,梳理了数据新闻的发展历程,以及数据新闻带给新闻业的巨大变革。"数据新闻"虽然是一个新兴的概念,但是在新闻发展的历史中,人们很早就开始尝试用数据解读事件、现象和问题,所以

---

① 周泉锡.常见数据预处理技术分析[J].通讯世界,2019,26(1):17—18.

理解当下的"数据新闻",不能割裂其发展的历史。数据新闻的制作与分发有别于传统新闻报道的流程,其以对数据的处理为核心,通过数据发现新闻事件和话题背后的切入点,找到新闻分析的角度后,用可视化方式呈现数据。数据的查询和获取是一个复杂的话题,本章仅介绍最基本的方法,并将其引入新闻生产中编辑室内数据分析环节,新闻报道应当不拘泥于使用某一类数据,综合运用多个信息源的数据做分析,以丰富报道内容。

思考与练习

1. 你如何看待数据新闻与精确新闻报道的差异?
2. 你认为媒体开展数据新闻实践可能会遭遇哪些困难?
3. 找一个数据新闻案例,通过采访深入了解数据新闻的制作流程。
4. 找一个使用多种方法搜集数据的媒体案例,并对之进行分析评价。
5. 你认为我国的数据新闻实践和西方有何不同?沉浸式体验如何注入中国传统文化元素?
6. 试析我国数据新闻的发展现状及面临的问题。

参考文献

[1] 喻国明,等.新闻传播的大数据时代[M].北京:中国人民大学出版社,2014.
[2] 许向东.数据新闻[M].北京:中国人民大学出版社,2017.
[3] [美]菲利普·迈耶.精确新闻报道:记者应掌握的社会科学研究方法[M].肖明,译.北京:中国人民大学出版社,2015.
[4] 杨雪莹,闫潇.大数据时代的新闻生产:数据新闻对新闻发展的创新[J].传播力研究,2018,2(34):42.
[5] 刘义昆.大数据时代的数据新闻生产:现状、影响与反思[J].现代传播(中国传媒大学学报),2014,36(11):103—106.
[6] 方洁.全球视野下的数据新闻:理念与实践[J].国际新闻界,2013(06):33—34.
[7] 彭兰.移动化、智能化技术趋势下新闻生产的再定义[J].新闻记者,2016(1):26—33.
[8] 张超,钟新.新闻业的数据新闻转向:语境、类型与理念[J].编辑之友,2016(1):76—83.
[9] JULIETTE DE MAEYER, MANON LIBERT, DAVID DOMINGO, FRANÇOIS HEINDERYCKX, and FLORENCE LE CAM. Waiting for Data Journalism[J]. Digital Journalism,2015 (3):10.
[10] 符绍强,夏落兰.基于媒体融合的VR新闻研究[J].传媒,2018(21):67—70.

第三章 数据新闻的可视化

> **学习目标**
> 1. 通过对数据可视化基本概念的学习,掌握并理解其具体定义。
> 2. 通过对数据可视化基本功能的学习,掌握其工具性特征。
> 3. 了解数据可视化相关类型,掌握各类别的特点和优势。
> 4. 通过对数据新闻可视化的新闻叙事方式的学习,了解其具体应用。
> 5. 比较中外数据新闻可视化发展进程,了解存在的不足和发展对策。

第一节 数据可视化的类型和功能

在计算机学科的分类中,利用人眼的感知能力对数据进行交互的可视化表达以增强认知的技术,称为可视化。它将不可见或难以直接显示的数据转化为可感知的图形、符号、颜色、纹理等,增强数据的识别效率,传递有效信息。[①]

作为一种信息传播的新兴技术,可视化充分放大了人类相较于文字认知能力更富效率的图像识别能力,以对图像的识别、认知、记忆代替了对文字的认知和记忆,规避了在文字记忆中常见的枯燥、易遗忘等问题。中外学术界、业界对数据可视化都非常重视。

数据可视化是一种不断演进的关于数据视觉表现形式的技术,它利用图形、图像处理,计算机视觉以及用户界面,通过表达、建模以及对立体、表面、属性以及动画的显示,对数据进行可视化解释。数据新闻的可视化,则是基于对新闻素材进行数据的统计、分析与挖掘,经过滤后再以形象化、可视化方式呈现的产物,是数据可视化在新闻传播领域的分支,是新技术潮流下新闻传播领域边界的扩展。在此背景下,新闻传播迎来了变革。

一、数据可视化的兴起

目前通行的可视化(Visualization)概念发源于英语单词"visual",意为"视

---

① 陈为,沈则潜,陶煜波,等.数据可视化[M].北京:电子工业出版社,2013:2.

觉的、形象的",指"一种利用计算机图形学和图像处理技术,将数据转换成图形或图像在屏幕上显示出来,再进行交互处理的理论、方法和技术"[①]。但实际上,任何抽象的概念、事物以静态、动态、交互性图形、影像等可视化元素展现的信息传达过程,都可以被纳入可视化的范畴。应当指出的是,可视化的重点不在于将信息进行可视化后的图形、影像等视觉成果,而在于帮助我们更好地把握对信息、过程和规律的总结与感知。这实际上是一个促进人们形成图形化感知,以更好地进行理解和认知的手段和过程。

近年来,随着数据仓库技术、网络技术、电子商务技术等的发展,可视化技术意涵边界进一步拓展。对于"数据可视化",有学者给出定义:将大量数据组合构成数据图像,同时将数据的各个属性值以多维数据的形式表示,使人们能够以更直观的方式从不同的维度观察数据及其结构关系,发现数据中隐含的信息。

作为一种新颖的信息传播范式,数据可视化常被用于梳理、总结、归纳信息的要点并以图形、图像方式进行直观生动的表达。这一类视觉化的信息表达以更直观、更形象、更有效的方式使得信息的传播和授受变得更切合人们的认知习惯。数据可视化是一个处于不断演变之中的概念,其涵盖的技术方法十分广泛,运用的边界也在不断地扩大。尤其在大数据时代,"数据可视化"也被视为一种应用技术,与数据挖掘、数据管理、数据分析等技术密切相关。如今,可视化技术涉及计算机图形、图像处理,计算机视觉,人机交互等多个领域,研究数据表示、数据处理和决策分析等一系列问题。它不但广泛应用于如医学、生物、地理等领域的科学计算,在金融、通信、网络等行业中信息处理方面的应用亦是如火如荼。

新闻与传播行业是社会大众最能亲身感受可视化技术魅力的行业。20世纪80年代,"信息爆炸"一词业已出现。信息爆炸是指现代出版信息或数据数量的急速增加,以及因此而带来的重大社会影响,在医疗保健、超市以至政府机关等各行各业都可观察到数据量大增的情形。有统计表明:20世纪80年代,全球信息量每20个月就增加近一倍。进入90年代,信息量更以几何级别增长,到90年代末,伴随着第四媒体——互联网的出现,"信息爆炸"更为显著。

2013年被称为大数据元年,随着大数据时代的到来,信息的多元与海量更甚。新闻媒体无不使用新技术、新范式来主动化解受众接受信息的困难,寻求信息展示的新颖性和趣味性。其主要解决方案,就是推出以数据可视化为主要展现手段的新闻栏目,设法争取受众的注意力。如财新网的数据新闻栏

---

① 刘勘,周晓峥,周洞汝.数据可视化的研究与发展[J].计算机工程,2002(08):1-2,63.

目《数字说》,网易旗下的数据新闻栏目《网易数读》。

当然,任何一种技术都是物理基础与社会动因共同作用的产物,大数据技术亦然。当今时代无处不在的数字化处理器、微处理器,以及数字技术、桌面互联网技术、移动互联网技术、物联网技术、云计算技术,包括承载着这些技术的各种终端,无一不是数据产生、保存和传播的节点、渠道,也是大数据技术的物理基础。同样,数据可视化在传媒业界的兴起不只是媒体在新常态下的创新和突围之举,还与其他诸如社会发展的历史背景和变革,特别是最常见的、最活跃的用户行为演变有着相当密切的关系。

(一) 媒体融合的持续和深入

近年来,网络技术、数字技术、移动通信技术的蓬勃发展,为新媒体的产生和发展营造了良好的环境。以移动互联网为载体的新媒体以其迅猛的发展速度和规模打破了人们的认知边界,消解了报纸、广播、电视等传统媒体的影响力,改变了信息流通、授受的方式和媒体格局。在此背景下,传统媒体不得不与各种新媒体进行合作,乃至融合,一系列横跨地区、行业、媒介的大型传媒集团相继诞生,着力推进媒体融合的广度和深度。在这样的浪潮涌动之下,新技术的跨界应用频现,可视化如今被广泛应用于新闻传播领域,媒体融合起到了至关重要的作用。

(二) 受众信息接受行为的演变

大数据时代,海量数据导致受众的信息授受行为也发生了一定变化。文字以其精确性与规范化,成为长久以来我们最为依赖的主要信息传播手段。社会的发展随着信息传播进入大数据时代,也迎来全新面貌。人们生活节奏变得较以往更快,日常生活的闲暇时间碎片化,受众对长篇累牍式的文字似乎失去了耐心和兴趣。但图像式的信息传播却规避了这一问题,其信息传播的效果非常直观、形象且便捷。不仅如此,较之文字阅读,图像认知几乎没有门槛。大数据时代信息传播多元化,图像传播日益展示其魅力,受到人们青睐。正因如此,可视化带来的"图像展示+文字说明"的阅读方式正在逐渐取代文字在信息传播中的使命和地位。

(三) 新闻传播理念和范式的革新

蒂姆·哈罗尔(Tim Harrower)在其著作《报纸装帧设计者手册》中曾有名言:"当我们想了解信息时,我们常说'展示给我'而不是'告诉我'(Show me, do not tell me)。"这句话明确告诉我们,受众感兴趣的信息是具象展示而非抽象叙述。[①] 新闻从业者的使命和任务就是为受众提供及时、准确、快捷的信息,而可视化技术则能十分恰当地展现复杂的各类数据,形象地表达隐含在

---

① 许向东.数据新闻可视化[M].北京:中国人民大学出版社,2018:44.

数字与术语之后的具体内涵。

一些西方国家甚至为可视化报道的生产,成立专门的新闻编辑室和相应的职位。即使规模相对较小、实力较弱的媒体,记者和编辑们也被大力鼓舞既做文字报道,也为信息的可视化展现而学习挖掘、整理和分析数据,以迎合受众需求。

二、数据可视化的类型

可视化技术的应用方式,往往因媒介的不同(如报纸、电视、互联网等)而选择完全不同的展现方式。依据视觉呈现方式的不同,数据可视化在新闻传播领域的应用可细分为如下几个类别。

(一)数据地图

地图,是按一定的比例运用线条、符号、颜色、文字注记等描绘显示地球表面的自然地理、行政区域、社会状况的图形。随着科技的进步,地图的概念是不断发展变化的,如将地图看成是"反映自然和社会现象的形象、符号模型",地图是"空间信息的载体""空间信息的传递通道"等。移动互联网中用户定位技术的广泛应用,使得对空间地理数据的挖掘和分析成为可能,而"在哪发生"恰恰正是传播学先驱哈罗德·拉斯韦尔(Harold Lasswell)提出的新闻要素"5W+1H"中的一个方面,且与新闻中的事件、人物、地点、事件、起因和方式等密切相关。

数据地图(Data Map)是在新闻报道的数据可视化中独树一帜的应用类型。简单来说,数据地图就是把数据直观展现于新闻事件发生的某一区域地图上,展现地理位置与数据以及相应的新闻事件之间的宏观联系。相对文字报道的抽象描述和新闻照片,受众难以形成空间概念,但数据地图则可以将地理位置的数据与新闻信息高度融合,在传达与展现新闻信息的同时,将空间的变化和盘托出。

(二)时间轴

时间轴(Time Axis),依据时间顺序,将过去发生的事件串联起来,形成相对完整的记录体系,以图文的形式呈现给受众。时间轴能够应用于多个领域,其最显著的功能是将事物系统化、完整化、精确化。数据可视化中的"时间轴"应用类型,同样基于这一基本思想。

从新闻写作的叙事视角来看,大多数叙事方式都遵循事件发生、发展的时间序列,但这样的叙事方式在当今信息爆炸的时代逐渐显得力不从心,因为当事件发展的跨度较长,或是期间次生事件过多,以文字为载体的传统文本叙事手段便无法胜任。但如果应用可视化手段,这一问题便迎刃而解。

以时间为依据对相关内容进行整合并揭露事件整体的演变过程是"时间

轴类"可视化技术的最主要特点和功能。因此,"时间轴"类型的可视化技术往往不只在单一、微观、短期的新闻报道中应用,而主要应用于事件跨度大、演变过程较为复杂的宏观事件中。如果说数据地图是从空间维度来展现事件,那么时间轴则是从时间维度来展现事物变化的轨迹,这在一定程度上扩充了数据地图的功能。[①] 当数据地图与时间轴相结合时,受众就能够获得有关新闻事件全景式的详细信息。

(三)气泡图

气泡图(Bubble Chart)可用于展示三个变量之间的关系。它与散点图类似,绘制时将一个变量放在横轴,另一个变量放在纵轴,而第三个变量则用气泡的大小来表示。排列在工作表的列中的数据(第一列中列出 x 值,在相邻列中列出相应的 y 值和气泡大小的值)可以绘制在气泡图中。气泡图与散点图相似,其不同之处在于:气泡图允许在图表中额外加入一个表示大小的变量进行对比。另外,如果将颜色也视作一个变量,那么气泡图便能够传达四个维度的数据和信息。

与其他可视化图形相比,例如箱线图、散点图、折线图、柱状图等,气泡图更为简约,视觉效果更加突出,能够承载的信息更多。独特的呈现方式使气泡图不仅能够以静态展现的方式制作,更能以交互的方式动态呈现,对激发用户的兴趣与积极性有一定帮助。

(四)社会网络关系图

在新闻传播的报道实践中,与新闻事件相关的复杂人际关系往往随着部分事实的渐次显露而逐步浮出水面。当面对事件跨度长、空间跨度大的特别事件,其间乱麻般的社会网络关系是单纯的文字报道所无法厘清的。纵使记者文字功底优秀、叙事能力出众,作为初次了解某一事实的受众阅读起来需要耗费一定的心智成本,受众也许因此失去继续阅读的兴趣。社会网络关系图就是用来专门解决这一类问题的。

社会网络关系图能够帮助受众梳理新闻人物之间的各种纠结关系,并以清晰的方式呈现,成为近年来新闻报道中越来越受欢迎的一种呈现方式。这种呈现方式能够用一种全面、直观且易于理解的方式来展现新闻中的关系,对受众理解事件的全貌大有裨益。

(五)词云图

词频(Term Frequency,"TF")指的是某一个词语在该文件中出现的次数。词频统计是一种用于情报检索与文本挖掘的常用加权技术,用以评估一个词对于一个文件或者一个语料库中的一个领域文件集的重要程度。对文本

---

① 焦阳,张欣.数据可视化:数据新闻的呈现之道:以财新网"数字说"为例[J].视听,2015(11):122.

中的高频关键词进行统计,然后以可视化云图展现出来的图形即词云图。

词云图能够将文本信息转化为形象的图形,并按频次进行加权调整,出现频次越高的词语,在词云中展现出来的字体更大、视觉效果更突出。对于引导人们关注新闻报道中的重点信息来说,有一定益处。但由于词云图能够承载的数据较少,能够展现的信息维度单一,且制作简易,因此在新闻报道中的应用较少,一般用于分析政府部门的工作报告和学术研究中。

三、数据可视化的功能

数据可视化并不仅仅是一种技术,而更是一种让信息更有效传播的媒介、手段,是一种传播信息、展示客观数据的方式。

数据可视化技术为新闻媒体的专业化生产提供了解决方案,也优化了传者与受者之间的沟通渠道,提升了沟通的效率。新闻从业者借助这一技术,能够唤醒和重构沉睡已久的历史数据,对公共数据和原始数据进行整合,完成对数据的二次售卖,最大限度地凸显数据的价值。不仅如此,它在连接新闻信息与当下的事实主体,预测和把握未来的信息走向方面同样值得期待。植根于可测量事实的数据,糅合美学因素,理性揭示问题、展现事实,而不囿于形式上的美感,这就是数据可视化的魅力。这种既植根于事实,又极富美感的信息传播手段,能够帮助受众以全新的视角来重新审视社会、环境和自己。总的说来,数据可视化有如下 5 个方面的功能。

(一)聚焦新闻要点,提高传播效率

在受众媒介使用时间碎片化的当下,以数据作为最重要、最基本的叙事要素,辅以可视化的方式将抽象的数据和信息整合,并以富有视觉吸引力的样式直观、形象地呈现给受众,减少了受众理解各种抽象概念的时间和心智成本。这种直达要害的信息传播手段,对受众迅速接近新闻的要点和事实的核心,具有相当显著的作用。直观、清晰地呈现数据是数据可视化的价值与核心竞争力。删繁就简、直击要害,更是数据可视化最独特、最突出的魅力。

(二)积极整合数据,讲述背后故事

数据可视化对新闻的数据整合,指的是在应用数据可视化的过程中,将数据分析的结果制作成各种直观、清晰的可视化图表、交互图形,向受众呈现并解读新闻内容中的核心信息,揭露新闻实践背后更有价值的关系和内涵。

哈罗德·拉斯韦尔 1948 年提出了新闻要素"5W",即人物(Who)、事件(What)、时间(When)、地点(Where)、原因(Why)。后来发展为"5W+1H",增加了事件发生的过程(How),构成了当今被广泛认可的新闻要素。人物、事件、地点及时间等要素构成了一个事件的基本信息,而如何解读与传达事件发生的原因与事件发生的过程则成为新闻要素中最具价值的部分。数据可视化

技术依赖于数据挖掘技术,对公共数据和原始数据的整合,则是数据挖掘的重要前提。数据可视化与生俱来的宏观视角和全局思维,能够理顺新闻信息中隐含的逻辑和内在联系,讲出新闻事件背后的故事。

(三) 挖掘深层关系,连接事实主体

数据可视化不是对数据分析结果的简单呈现和展示。从整体来看,一幅数据可视化作品的诞生,往往伴随着对多维数据的搜集和分析,以及对数据背后所蕴含的逻辑关系、具体内涵进行全景式的深入调查和挖掘的过程。数据新闻记者并不仅仅是简单展示个案或者特例,而是在海量的数据中,揭露新闻事件真正的价值;并且以可视化为切入点,寻找符合技术向度与受众口味的叙述视角,全面、清晰且直接地传达信息。

(四) 预测未来趋势,凸显服务本质

媒体的服务属性将在数据新闻与数据可视化技术进一步发展之后而更加成熟。在互联网普及的大环境下,网民早已改变了传统媒体时代被动接受的状态,开始主动寻找信息和新闻事件与社会潮流的未来走向。新闻媒体主动迎合这一趋势,推动新闻生产方式的变革,侧重于数据驱动的深度报道和区域预测性新闻,彰显媒介在社会生活中的服务属性,为受众的日常生活提供切实便利,这些将在未来成为数据新闻和数据可视化技术的重要功能。

(五) 尊重认知规律,建构高效模式

设计精良的数据可视化产品能够迅速地给受众留下深刻的印象,并帮助受众穿过纷繁的表象直击事实的要害。数据可视化的价值表面上是将枯燥的数据和信息转化成了直观形象的可视化作品,并借此吸引了受众的眼球,而实质上则是改变了受众的认知模式。

数据可视化的价值就是更好地传递信息,可视化技术与信息的关系可以被理解为形式与内容的关系。人脑中 50% 的部分是用来处理视觉信息的,当数据可视化的生产者为用户提供信息时,实际上是提供了直抵认知的最宽路径,大大提高了受众的认知效率。数据可视化也因此迎合了受众作为人类所特有的生理结构和认知行为模式。

四、数据可视化的新闻叙事

随着技术的不断迭代以及新闻传播理念的发展,人们不再仅仅满足于单一的静态文字信息,记者拍摄的极富现场感的实景照片似乎也越来越难以满足受众强烈的参与感与信息需求。近年来,新闻报道视觉化效果渐渐得到了重视和加强。这不仅体现在新闻记者对新闻实践报道中的形象化、立体化描写,带给读者身临其境的参与感,而且体现在新闻报道具备了前所未有的视觉化叙事力量。数据可视化在新闻叙事上的创新,主要体现在以下 3 个方面。

(一) 革新了传统主流新闻叙事模式

传统新闻报道中以线性文字模式为主的重逻辑、重因果的报道模式,逐渐失去了原本的鲜活色彩。大数据时代数据可视化技术对数据的抓取、挖掘和分析,已经能够将抽象的文字信息进行具象处理,进而展现出信息和数据之间所固有的相关性。视觉化的新闻不仅承载很多信息和数据,而且具有欣赏价值。

视觉化新闻文本具有了高度参与性和交互性,使受众能够以动态、直观、参与的形式获取新闻事件和信息背后的深层意义,这是数据可视化叙事的突出优势。这种叙事模式不仅增强了文本的交互性、内容的易读性,还加强了传受双方的互动性,为受众检验和学习数据新闻中所包含的信息提供了更加便捷的渠道。[1]

(二) 弥补了传统主流新闻叙事的短板

传统主流新闻叙事模式存在一项显著的短板:为追求新闻故事化的感染力和说服力,往往注重人物形象的建构和细节描写,其目的则是典型的追求以小见大、树立典型。但这样的叙事手法却极易误入新闻失实的陷阱。从统计学角度来分析,以小样本中的个案来说明整理社会实际,试图得出具有普适性的一般规律,已经不符合大数据时代信息海量化的社情。数据可视化的叙事是建立在对信息和数据进行深度挖掘的基础上的,具有一定的宏观解释力。

(三) 逆转了以文字为中心的叙事模式

在新闻事业发展的百余年历史中,文字一直站在历史舞台的正中央。新闻报道的范式发展到计算机辅助新闻的 20 世纪 90 年代,数据和图表仍然只能辅助文字进行说明。但随着大数据时代的到来,数据的重要性逐步被社会各界接受,数据可视化作品不仅拓展了新闻报道中信息的范畴和边界,更颠覆了传统的新闻叙事模式,逆转了以文字为中心的叙事手法。

从某种程度来说,数据可视化叙事对于传统文字叙事模式的这一逆转,不但提升了信息整合的效率和高度,提升了信息传播的美学价值,而且在解读文本、揭露事物内在联系与相关关系方面更加清晰和有效。

目前数据可视化中主要的叙事模式有:①直线型叙事,指选择某一角度切入报道客体,对其发展变化进行追踪,直至其告一段落的叙事模式。这种模式注重新闻事件的完整性、时间轴的连续性和逻辑的严谨性。②组合型叙事,指具有一种让受众自主进行选择性阅读的新闻生产理念的叙事模式,称其为"组合型"是因为若干相对完整的故事模块存在,受众可根据兴趣自行选择阅读。③互动型叙事,是一种完全开放的叙事模式,受众能够从中获得良好的阅读体

---

[1] 刘杰.数据新闻可视化叙事初探[J].科技传播,2013(16):26.

验,延长阅读时间,增强传受双方之间的黏性。值得一提的是,直线型、组合型和互动型三种叙事模式并不是相互独立的,在实践中往往被交叉运用。对叙事模式的选用关键在于数据新闻记者对于数据挖掘的力度,对受众心理和阅读行为的把控,以及对所使用平台(网页、移动端等)和可视化技术的掌握程度等诸多因素。

第二节 数据可视化的工具和流程

　　数据可视化并不是数据的简单堆砌,而是通过对大量数据的统计和分析来描述事实的全景样貌,反映某一新闻事件的整体脉络和发展逻辑,挖掘隐藏在新闻事件和表象之下的新闻价值和深层关系,最终尽可能地为受众呈现事实的真实样貌。数据可视化是把采集到的各类数据进行整理后,应用丰富的、交互的可视化效果展现新闻事实,把数据与社会、数据与个人之间的复杂关系用可视化手段向公众展示出来,以客观、易于理解的报道方式激发公众对公共议题的关注与参与。换句话说,数据可视化的作用就是沟通抽象的数据与具体的现实,以帮助受众更好地理解新闻和信息。

一、可视化数据的类型

　　数据是指未经过处理的原始记录。一般而言,数据缺乏组织及分类,无法明确地表达事物代表的意义,它可能是杂志、报纸、会议记录或是病人病历。简单来说,数据是一种抽象的、可识别的符号,是针对某一事物进行观察、实验或计算后得出的结果。数据是可视化生产的起点,是用来表示客观事实的、尚未经过加工的原材料。当然,也并非所有的数据类型都能够在数据可视化生产中得以应用,在目前的新闻生产实践中,以下几种数据类型属于主流数据。

(一)分类数据

　　分类数据(Categorical Data)是按照现象的某种属性对其进行分类或分组而得到的反映事物类型的数据,又称定类数据。例如,按照性别将人口分为男、女两类;按照经济性质将企业分为国有、集体、私营、其他经济等。"男""女","国有""集体""私营"和"其他经济"就是分类数据。为了便于计算机处理,通常用数字代码来表述各个类别,比如,用1表示"男性",0表示"女性",但是1和0等只是数据的代码,它们之间没有数量上的关系和差异。[1]

　　在常用的图表类型中,折线图是最能够体现分类数据特征的。其优势在于能够在有限的空间内呈现出多个不同变量,一定时间段内发生的趋势变化,

---

[1] 朱喜安.统计学[M].武汉:湖北科学技术出版社,2014:4.

且各个变量之间的对比效果非常明显,蕴含的信息量相当大且较为易读。

(二)时序数据

时序数据是指时间序列数据,是同一指标按时间顺序记录的数据列,其价值在于帮助构建时间序列模型,进行样本外预测。举例来说,某省从 1940 年至 1999 年各个年末的人口数是由 50 个时点数组成的时序数列,而各年的粮食产量数则是由时期数组成的时序数据列。

> **知识卡片**
>
> 美国多个机构的研究人员曾提出了一种基于人工智能的新方法,能够有效预测病人即将发生的肾功能损伤。相较于传统方法,这种新方法可以提前一到两天检测出大部分病人的肾脏损伤的发生风险。
>
> 由于肾脏损伤往往在最后阶段才被察觉,此时肾脏已经发生不可逆的损害,严重时将会留下需要暂时或长期透析的后遗症,甚至引起病人的死亡。对于肾脏损伤的早期检测方法将为有效的临床治疗赢得宝贵的时间。
>
> 在这一研究中,研究人员利用深度学习的方法来检测急性肾损伤。训练深度学习方法需要大量的数据,研究人员搜集了超过 70 万例成年病例的数据(2011—2015 年)。这些经过匿名处理的数据为研究人员提供了人口统计信息、电子健康档案、化验结果、药物处方和过往治疗记录等数据。之后从数据中整理出了约 60 亿个数据点和 60 多万个记录特征,使用深度学习方法来处理时序数据并对计算机进行训练,这种方法在深度学习领域被证明非常适合处理时序数据。

对时序数据进行可视化生产,其目的在于向受众传达基于时间脉络的事物发展过程。告诉人们,某一事物过去、现在甚至将来的样子,展示不同时期事物是否发生了变化,这样的变化是好是坏。在对时序数据进行可视化生产的过程中,数据新闻记者能够采用不同的数据细粒度来呈现数据的宏观或微观变化。当数据粒度细化程度高时,呈现的是微观的、清晰的变化;当数据粒度细化程度较低时,呈现的则是宏观的、趋势型的变化。

(三)空间数据

空间数据又称几何数据,它用来表示物体的位置、形态、大小分布等各方面的信息,是对当今世界中存在的具有定位意义的事物和现象的定量描述。空间数据的可视化往往是借助数据地图实现的。在实践中当数据与地名有关时,虽然也能用 Excel 图表来表现,但如果能将数据和地图结合起来,就会收到更好的信息传达效果,也更利于受众理解和接受。

二、数据可视化的工具

目前常用的可视化工具,大多具备易上手、数据格式多样化、作品生成速度快的特点。这是可视化技术的特性与新闻事业的行业特点实现有效对接后所呈现出来的特点。大部分新闻从业者缺乏数学与统计基础,更不懂可视化技术依赖的计算机编程技术,如果可视化工具集成程度不高,那就不能满足其主要用户群体的使用需求。现有的数据可视化工具大致可以分为三类。

(一)初级工具:以 Excel 为代表

Excel 是微软公司的一款电子表格软件。直观的界面、出色的计算功能和图表工具,再加上成功的市场营销,使 Excel 成为最流行的个人计算机数据处理软件。1993 年,升级到 5.0 版之后,Excel 能够进行多种数据的处理、统计分析与可视化呈现。

其插件数据透视(Power Pivot)能够帮助用户快速处理大型数据集;数据透视和数据查询(Power Query)等功能更能够帮助用户整合庞杂、海量的数据,进行数据挖掘;数据视图(Power View)能够进行可视化作品的制作,可制作的图表类型涵盖了大量常用图表类型,包括饼图、环形图、折线图、柱状图及气泡图等。

(二)中级工具:以各种轻型可视化工具为代表

1. Tableau

Tableau 是大数据可视化的市场领导者之一,在为大数据操作、深度学习方法和多种类型的 AI 应用程序提供交互式数据可视化方面尤为高效。Tableau 可以与 Amazon AWS、MySQL、Hadoop、Teradata 和 SAP 协作,使之成为一个能够创建详细图形和展示直观数据的多功能工具,可协助高级管理人员和中间链管理人员进行决策。

2. Google Chart

Google Chart 是大数据可视化的最佳解决方案之一,谷歌公司为其提供技术支持。Google Chart 提供了大量的可视化类型,从简单的饼图、时间序列一直到多维交互矩阵。图表可供调整的选项很多。如果需要对图表进行深度定制,可以参考其详细的帮助部分。

3. Data Wrapper

Data Wrapper 是一款移动友好的数据可视化工具,可在几秒钟内创建图表和报告。其免费版本适用于单个用户,支持每月制作 10000 个图表视图。通过该工具,用户可以创建不同类型的可视化作品,如条形图、分割图、堆积图、点图、箭头图、面积图、散点图、符号图和等值线图,且不要求任何编码或设计技能。

4. Many Eyes

Many Eyes 是 IBM 公司的一款在线可视化工具。自 2006 年发布以来，受到可视化学术界和大众媒体的广泛关注。每天都有人在 Many Eyes 的网站上发布自己的可视化作品，并进行互动交流。Many Eyes 是面向社会大众普及可视化技术的一个早期工具，具有丰富的公共数据集、多样的数据展现方式以及完善的用户评分反馈机制，其操作简单，上传数据后，该工具可自动生成可视化作品。主要功能包括单词树（Word Tree）、标签云（Tag Cloud）、短语网络（Phrase Net）以及词云生成器（Word Cloud Generator）。

（三）高级工具：基于计算机编程语言的各种可视化模块

数据可视化在新闻传播领域应用的目的，是更清晰地传达信息，迎合受众的可视化需求。分析并塑造抽象的信息和数据，使其更易被受众接受。所以，新闻从业者必须铭记，可视化作品并非越复杂、越花哨，水平就越高。

1. ggplot2

R 是统计领域广泛使用的一门编程语言，其最大优势在于海量的、由个人开发并上传的扩展包。ggplot2 便是其中一个专注于可视化的 R 包。与改变函数参数的命令式绘图不同，ggplot2 真正实现了图层叠加的绘图概念，也因此成为编程语言中功能最强大的可视化模块之一。简单来讲，ggplot2 能使用户在更抽象的层面上控制图形，其类似 Photoshop 的工作逻辑，以图层化的设计方式，让可视化设计更便捷、更灵活、更美观。

2. D3

D3（Data Driven Documents）是支持 SVG 渲染的一种 JavaScript 库。D3 能够提供大量线性图和条形图之外的复杂图表样式，如 Voronoi 图、树形图、图形集群和词云图等。D3 能够以鲜活的方式展示可视化效果，并实现实时交互。

3. Processing

Processing 是数据可视化的招牌工具，只需要将几行简单的代码编译成 Java 便可实现。Processing 几乎能够运行于现存的所有主流平台。经过数年发展，Processing 社区已经积累了大量实例及其具体代码。

三、数据可视化的设计原则

（一）功能原则

数据可视化设计的重要原则之一是形式应该受制于所展示的功能。作为新闻从业者必须铭记的是，无论技术的形态怎样嬗变，其最根本的宗旨都是为了更好地传递信息。在如此快节奏的生活状态下，受众对新闻和信息传播形式的要求，早已从可读性发展到了悦读性与速读性。在短时间内迅速抓住受众的眼球，吸引受众的注意力，这是积累受众最快的手段之一。

功能性原则是在可视化工具设计过程中最重要的原则。出于对新闻传播过程中信息传递和意义建构方面的考量,一般认为,功能性的实现需要满足三个条件,即目标受众群体、传播主旨、可视化技术类型,且应当兼顾三者之间的相互平衡与协调。

举例来说,关注民生新闻的,往往是普通市民。这一受众群体与民生新闻本身的主题和内容具有天然的对应关系。同时,普通市民群体的整体受教育水平决定了他们的大体认知能力和解读能力,就此标准来选择可视化技术的类型也必定是有章可循的。在一定程度上,也影响着数据挖掘的深度和对数据的分析与解读程度。为更好地发挥数据可视化的功能性原则,在选择可视化技术的类型与应用程度时,必须与目标受众群体与传播主旨联系起来,进行综合决策。

(二) 美学原则

为了实现数据可视化的传播有效性,适当的美化修饰是必要的。像艺术及其交流一样,可视化设计如果枯燥乏味也是一种威胁。思维与眼睛需要刺激与惊喜。[①] 一张精心设计的数据图表通常是最简单也是最有效的。[②] 数据可视化技术总是利用最少的空间,对繁杂的数据进行高效的视觉化处理,将人类更具优势的视觉认知能力代入新闻与信息的传播授受中。

数据可视化对新闻与信息传播的美化与修饰,并不是应用的唯一目的,可视为锦上添花。新闻从业者在设计或应用数据可视化工具时,必须牢记这一点。数据可视化的主要任务,是完成技术驱动下新闻与信息传播方式的改革与升级。过于复杂、炫目的可视化效果,往往会干扰受众的信息获取而非促进它。

(三) 启发原则

在数据可视化设计中,启发原则的核心意义在于对新闻与信息中的数据进行深入解读,帮助受众理解抽象的、复杂的数据。基于这一原则,数据可视化承担的具体任务,即帮助受众消化文字、数字、图形、符号等承载信息的载体,直抵它们所蕴含的意义。

根据认知科学的原理,人类对事物注意的方式可被划分为有意注意和无意注意。注意,本质上是一个互动的过程,只有潜在的被注意客体与作为人的注意主体之间发生接触,这一互动过程才能被触发。但触发这一过程的前提是,被注意的客体必须具备刺激主体的独到之处。数据可视化对信息传播效

---

① CAIRO A. 不只是美:信息图表设计:原理与经典案例[M]. 罗辉,李丽华,译. 北京:人民邮电出版社,2015:59.

② KRUM R. 可视化沟通:用信息图表设计让数据说话[M]. 唐沁,周优游,张璐露,译. 北京:电子工业出版社,2014:4−5.

率的提高,符合这一原则。数据可视化作品中,精良的制作、绚丽的色彩等,都是刺激着受众作为注意主体发起"注意"这一行为。换言之,数据可视化技术的使用者,使用任何新颖的、奇特的形式,都可能在某种程度上提高这一过程被触发的概率。

使用某种能够提高受众作为注意主体,与新闻与信息作为注意客体之间发生互动概率的方法和手段,无论这种手段是新颖的样式、夺目的色彩、富有趣味的互动方式,抑或是其他更具创意的奇思妙想,都是符合认知科学原理的。基于启发原则与作为互动过程的"注意"原理,应当理解可视化生产者为实现启发目标,在形式上的别出心裁是有必要的。

四、数据可视化的生产流程

美国学者邱南森(Nathan Yau)在其著作《数据之美:一本书学会可视化设计》中,将数据可视化的过程归结为如图3-1所示的四个主要步骤。

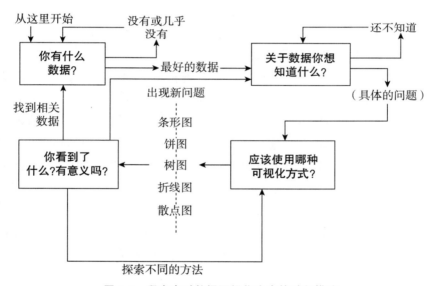

图3-1 邱南森对数据可视化生产的过程描述

(一)你有什么数据?

在实际应用过程中,数据新闻制作者往往在脑海中先行构思可视化的呈现方式,或者直接去寻找一个可供参考甚至直接模仿的例子。但到了真正实践的步骤,有两个非常重要的问题可能会出现:一是制作可视化作品所需的数据不足,二是所拥有的数据并不符合拟定的可视化呈现类型。

这是一个在可视化作品制作过程中频现的逻辑失误,即先确定视觉形式,再找数据。但实际情况是,拥有合适的数据是可视化恰当实现的前提。正确的思维与实践逻辑应当是先有数据,再进行可视化。

(二)关于数据你想知道什么?

在进行数据可视化的设计时,面对大量数据,从哪里入手、发力,往往也是困扰设计者的主要问题之一,即要明确数据分析的目的。因为数据可视化不仅是生产和制作图表,还是进行知识表示的价值体现。应对和解决这一问题最好的方式,是在进行可视化设计之前,先问问自己:关于数据,我们想知道什么。答案越明确,可视化设计的方向就越清晰。举几个例子来说,想知道数据集里的各个变量哪个最好、哪个最差,就可以排序的形式进行可视化设计;如果数据集中包含时序数据,就可以进行时间轴形式的可视化设计,向受众呈现随着时间推移,发生了什么变化,什么情况改善了,什么情况更糟了。

针对数据提出的问题,不仅能够帮助我们对数据进行宏观了解和把握,还能够帮我们找到设计中具体的出发点和立足点。从数据中发现问题,并使这些问题变得具体、明确,选择恰当的针对这些问题的可视化呈现手段,这都将会是可视化设计中行之有效的发力点。从实操层面来说,我们需要对数据进行清洗、处理和变换,为下一阶段可视化映射做准备。常见的数据处理方法包括数据降维、聚类和切分,以及一些统计学和机器学习的方法。

(三)应该使用哪种可视化方式?

在可视化设计的过程中,有许多图表和视觉暗示的组合可供使用,但为数据选择正确的可视化方式,重要的是从不同的角度来观察数据,以宏观的视角来审阅我们拥有的数据。首先,制作多个图表时,应当将所有的变量纳入比较范围之内,以这样的方式来探究是否遗漏了具有进一步研究价值的观点和视角。其次,把目光转移到具体的分类和独立的数据点,进行更具体的思考和设计。

观察和审阅的过程,也是验证视觉形式的好机会。尝试使用不同的标尺、颜色、形状和大小,也许就能够得到值得进一步探索的可视化设计思路。在可视化设计的进程中,大可不必一味坚持某种最精确抑或最容易被受众接受的视觉暗示,这样做往往会顾此失彼。保持灵活的视角与思维,目标数据发生变化,选择也随之改变。可视化映射是整个数据可视化流程的核心,是对数据进行清洗、去噪之后,按构建可视化的目的,将处理后的数据信息映射成可视化元素的过程。此外,是否在此阶段加入人机交互的元素,例如可视化作品的滚动缩放、颜色映射和数据细节层次的控制,也是一个值得思考的问题。

(四)你看到了什么?有意义吗?

实践可视化设计的过程中,也许会收获一些有趣的、意外的启发或新的视角,这种情况出现的时候,就需要问问自己:"它有意义吗?为什么有意义?"人们时常出现这样的思维定式:数据就是事实,因为数据是不可能变动的。但需要明确指出的是,数据是具有不确定性的。每一个数据点都是对某一瞬间发生事件的快速捕捉,至于其他内容,大多是我们基于此推断而来的。①

邱南森先生对数据可视化生产流程的总结和思考,主要集中于思维和逻辑方面,对于具体的实践与应用环节似乎缺乏指导力。但数据可视化并非简单地应用某些软件进行图表、图形绘制,受众作为信息接收者,在当今具有相当高的地位。因此,可视化生产既要体现创作者的思维逻辑,也要重点思考如何让受众感知这些思维逻辑。在进行大体量的数据分析时,如果缺乏明确的逻辑思考和受众感知,可视化设计应有的作用也就无从谈起了。

从实际操作层面来说,数据可视化产品的生产流程可总结为:确认问题和数据来源、数据获取与清洗、可视化映射与人机交互元素的使用,最后到受众感知的过程,而这一生产流程的最终目的,则是向受众传播隐藏在数据之下的知识、信息与灵感。

五、数据可视化产品的类型

数据新闻的可视化产品,指基于数据挖掘技术,以数据为核心、以信息为支撑、以可视化为载体,作为商品提供给受众使用、消费,并满足受众多种信息需求的跨媒体新闻产品。根据可视化产品的呈现效果,我们认为当前的可视化产品分为三类:报表型可视化产品、交互型可视化产品和场景型可视化产品。

(一)报表型可视化产品

报表型可视化产品是数据新闻可视化产品的初始形态。顾名思义,此类产品主要关注数据本身及其呈现效果,借助可视化工具,对所获数据进行二维可视化处理。但其呈现形式多停留在描述性统计层面,忽视了深挖数据背后隐含的"真相"。随着受众对可视化产品和数据价值的了解不断加深,其需求也朝着精细化、多元化方向迅速转变,单纯的报表型可视化产品很难继续满足受众需求,成为当前数据新闻制作团队面临的困境。

(二)交互型可视化产品

交互型可视化产品是注重用户互动潮流的产物,是报表型产品的进一步演进,能缓解有限的可视化空间与数据量过载之间的矛盾,例如对高维数据,可以利用分组、降维等形式大幅降低呈现难度,便于受众理解。从受众参与和交互形式来看,现阶段的交互型可视化产品多以单图和仪表盘形式呈现。通过点击、滑动等用户行为,实现如数据选择、过滤、关联、对比等常见的产品交互效果。

---

① 邱南森.数据之美:一本书学会可视化设计[M].张伸,译.北京:中国人民大学出版社,2014:129—134.

(三)场景型可视化产品

沉浸体验是场景型产品的首要特征。场景型可视化产品以更先进的技术手段和更富创意的呈现形式,实现了受众对新闻事件的虚拟"在场",三维场景的创建极大地丰富了受众的参与形式。在5G技术商用后,场景型可视化产品无疑将借助虚拟现实等技术手段迎来发展高潮。

第三节 数据可视化的传受分析

数据新闻工作者需具体分析数据可视化产品传播效果、使用动机和用户画像,对可视化产品从受众角度进行一定意义上的审视,这样可以不断优化产品的市场适应力、延长产品的生命、提高产品的影响力,并达到实时满足受众需要的终极目标。

一、数据可视化产品的传播效果

在传统新闻的传播领域,受众仅作为信息的接收者,对信息的传播和授受完全没有自主选择的权利,只能单向地被动接收媒体传播的新闻和信息。这种缺乏反馈过程的信息传播模式,存在新闻失实的风险。

随着全媒体和大数据时代的到来,美观、高效的数据可视化产品满足了受众在大数据传播时代对于新闻和信息的个性化需求。特别是近年来,新闻从业者制作的可视化产品越来越丰富,它们改变了受众对于新闻事件的认识结构,取得了良好的传播效果。

作为将符号学理论用于视觉传播领域的先驱,罗兰·巴特在《图像的修辞》中指出,在视觉传播中,图像符号比文字符号更深入人心。数据新闻与传统新闻在信息来源、生产制作、传播方式上有很大差异,大量的符号运用对新闻传播的效果也有很大影响。[①] 衡量数据可视化产品的传播效果,主要有传播效度和传播效率两个衡量指标。

(一)传播效度

传播效度,指可视化报道方式对于受众的认知层面、心理和态度层面以及行为层面三个层次的影响。

数据新闻的可视化报道方式,能够精准地聚焦新闻的要点,并且以更加遵循人类认知规律的视觉形式呈现给受众。中国人民大学许向东教授通过眼动实验发现:相比于阅读文字材料,受众往往对数据可视化作品的喜爱度、记忆

---

① 张梦丽.数据新闻可视化呈现方式及其传播效果研究综述[J].新闻研究导刊,2018,9(13):90、92.

度和参与度更高,但在理解度、信任度上差异不显著。① 这表明,数据可视化作品可以取得更好的传播效果。信息的表达形式与受众阅读信息时的喜爱度、记忆度和参与度存在正相关,可视化的叙事方式不仅降低了受众的获知成本,还提高了受众对信息要点的记忆效率和分享欲,这就为新闻信息的广泛传播和再传播提供了参考。

(二) 传播效率

传播效率,指数据可视化报道,相较于传统的文字报道方式,对受众心智和时间成本的大量节省。另外,数据新闻的可视化报道作为一种直观的呈现方式,更易于用户接受和解读。新闻和信息传播维度也由单向受众传播到交互传播转变。可视化技术以其更加符合人类认知规律的信息授受方式改变了传统新闻传播领域一成不变的识别和理解文字的单一认知模式。这种对于传统新闻与信息传播模式的逆转,对于人类认知习惯和模式的改变,具有更深远的影响。

二、数据可视化产品用户的使用动机

从整体上看,受众是一个接受新闻媒体信息传播的社会群体,但受众又能体现出个性化和多样化的分众式特点。解释某些受众接触某种媒介的使用动机,这样的接触行为又产生了什么后果,需要以受众的心理因素和行为特征为主要指标进行综合考察。

使用与满足理论由 E. 卡兹(Elihu Katz)等学者于 1974 年在《大众传播的使用》一书中整合并首次提出。这一理论强调受众与媒介之间的自愿性和选择性的关系,受众在社会地位、心理结构与媒介接近程度等条件的限制下,持续使用和接触某一传播媒介及其传播内容的行为,以及对其所需要传播情境的主动选择,实际上是具有功利性和目的性的。

20 世纪 80 年代中期,由于各种新技术、新媒介的出现,学者们意识到使用与满足理论与这些新事物的联系,并努力探究受众在接触这些新技术、新媒介时是否会产生不同的使用动机、行为以及能否获得满足。虽然新技术、新媒介的出现赋予了受众更多的信源选择,但媒介作为"事物之间发生关系的介质"这一本质并未发生任何改变。这一理论的前提与假设,即受众是主动且具有目的性的,会主动选择、接触并使用某种媒介及其内容来满足他们的需求,这一点也没变。

从使用与满足的视角来审视可视化技术在新闻报道中的应用,能够发现,相较于传统媒体,数据可视化产品不但具有相当高的可选择性,在满足受众需

---

① 许向东. 数据可视化传播效果的眼动实验研究[J]. 国际新闻界,2018,40(4):162-176.

求的层面,更是不可同日而语。以其新颖的呈现方式、高效的认知模式、出色的聚焦功能、数据整合功能、内容挖掘功能,使得数据可视化产品日益成为更多用户的选择。

数据可视化产品用户的使用动机具体表现在理解性、参与性和预测性。

(一) 理解性

理解性,主要指受众在选择可视化报道时,希望以更直观、更清晰和更易于理解的方式来了解有关新闻和信息。信息爆炸时代,大量无用的垃圾信息流在信息传播的各种渠道内横行。得益于可视化报道出色的要点聚焦功能、数据整合功能,理解性这一需求方能得到充分满足。

首先,从数据可视化制作者的视角来看,制作者如果无法甄选有价值的信息,其数据挖掘、整理和分析等前期准备工作,都将成为无用功,换言之,可视化报道的内容,都具有一定新闻价值;其次,从受众的层面来看,可视化报道对抽象数据和信息的高度整合,大大减少了理解某一新闻事件与信息的成本。在媒介使用时间碎片化的当今社会,可视化报道的新闻要点聚焦能力和数据整合能力,使得新闻信息以更易理解的方式呈现。

(二) 参与性

新闻传播领域应用的所有新技术、新媒介,无不强调一定程度上的互动性和参与感,也就是信息的传受双方能够沟通,尤指作为信息接收方的受众在信息授受活动中的更多参与。参与性存在的意义不仅仅在于开辟受众的反馈渠道,更重要的是,参与感往往能够激发受众的使用欲望。

交互式的可视化新闻不仅使受众通过点击查询到更详细的新闻信息,还使受众在这一形式中找到属于自己的新闻叙事与具体个人的联系纽带,这是传统媒体所不能及的传播境界。随着技术的发展,交互的技术方式将越来越多样化,受众的参与性、互动性和趣味性会得到进一步加强。

(三) 预测性

大数据时代,数据可视化产品的价值并不仅仅在于趣味性的视觉化呈现,其最重要的价值,是利用大数据的核心竞争力实现的预测功能。利用大数据来预测事物的未来发展动向,可满足受众的新闻期待。

预测,作为大数据的核心力量,早已经被多次证明。谷歌公司通过对搜索关键词的统计分析,比政府检测部门提前两星期预测到了禽流感分布和流行的区域,并事先提供了精准的预测服务;洛杉矶警方也已经使用犯罪预测系统,计算某些区域发生犯罪的概率、犯罪类型,以及最有可能发生犯罪的时间段,这直接使洛杉矶山麓地区的盗窃案减少了25%。

三、数据可视化产品的用户画像

舍恩伯格认为,大数据的简单算法比小数据的复杂算法更有效,大数据让人们不再期待精准性,而是混杂性。就数据可视化产品的生产者而言,怎样从混杂的大数据中挖掘有价值的数据并转化成更具有价值的信息,是必须思考的问题。由此,与大众传播学研究的五大领域之一——"受众分析"密切相关的用户画像理念应时而生,而为用户做清晰的画像是大数据时代的重要任务之一,更是数据可视化产品取得长足进步的重要推力。

(一)何谓"用户画像"

用户画像,即针对用户行为的分析,是对用户信息的标签化,是所有真实用户的虚拟代表。用户画像所形成的用户角色是基于具体的产品和市场所构建出来的,因此也最能够反映某一产品的主要目标用户群体。其意义在于更好地了解用户,可以对用户的现有需求和潜在需求进行推导,在此基础上可以精准地对既有用户群体特征进行提取,并挖掘潜在的用户群体,帮助企业和广告主充分认识到消费者的差异化特征并寻找可能的营销机会。

可以从六个方面对用户消费行为及心理进行考察,这六个方面[①]分别是:从用户日常生活行为和心理研究推导群体特征;判断用户购买产品时的品牌偏好或倾向;分析用户购买产品时对品牌的认知度;研究用户获知、了解产品的渠道;调研用户购买产品的途径;解释用户对增值行为的感兴趣程度。从以上六个方面考察用户,能够很好地梳理出用户的个人特点、消费心理和消费共性,进而准确地描述产品的主要消费群体,以此为基础绘制数据新闻可视化产品的用户画像。

(二)大数据时代用户画像的必要性

实施精准营销能够帮助企业和广告主更好地满足消费群体的差异化需求,提升消费者对品牌的忠诚度,相对传统营销手段,精准营销能够大幅降低营销的成本,且能提高营销效果。

而实现精准营销的前提就是准确地识别产品的目标消费者,清晰地了解消费者和潜在受众的需求、购买行为和购买心理,用户画像就是这一问题的最优解。在数据新闻可视化产品的生产中,用户画像的必要性,表现在以下三个方面。

1. 使可视化产品的精准营销成为可能

综合分析海量数据和多维数据,企业可以准确地找到目标消费者,并能

---

① 董莉莉.剖析大数据时代下用户画像及媒介策略[J].传媒,2016(2):82-83.

够清晰地了解消费者,从而帮助企业实施精准化营销。[①] 数据新闻可视化产品生产者能够在大数据的帮助下更好地了解用户购买行为、购买意向、满意度,并对用户购买行为作出一定预测,借助对用户画像的数据分析,构建最佳的宣传和营销渠道,从而有效减少营销成本。

2. 帮助生产者了解受众异动

在传统的营销策略和手段中,企业也会对客户的行为进行分析,但这一类分析往往是静态的,在产品有限的生命周期和快速变动的市场需求中,不足以应对一系列潜在的动态变化。产品往往就是在这一过程中,失去了对市场的占有率或占领市场的先机。而以用户画像方式对既有、潜在的消费者的分析,就能够进行实时的受众分析,帮助企业和广告主能未雨绸缪地做出事前预警甚至即时的反馈。

用户画像是基于大数据技术对用户进行分析的一种技术,即时性和数据维度多样性是这一技术的最大特点。对数据新闻可视化产品的生产者来说,动态发现受众需求的变动,并在产品有限的传播周期内发现问题,在后续产品中采取合适的手段进行产品升级、调整,是用户画像技术对数据新闻可视化产品的可期奉献之一。

3. 精准营销与精准推送并举

用户画像技术普及之后,数据新闻可视化产品的受众不再以整体的形态呈现,不同特征的受众群体,甚至针对每一位受众的精准画像都可能出现。掌握了不同受众的具体特征、偏好和需求之后,就能够对产品进行更精准的推送,这样做不仅降低了营销的成本,在信息爆炸的当今时代,还能够避免对非目标用户的骚扰,构建更好的用户体验,形成更好的品牌形象。

(三) 用户画像的一般流程

对互联网产品而言,用户画像有着重要的战略意义。基于用户画像,能为内容和产品运营团队创造完善的分析平台,解决产品定位、竞品分析和营收分析等层面的战略制定,能够为内容和运营团队提供明确的决策支持和事实依据。在产品的运营和优化中,根据用户画像能够深入用户需求,从而设计出更适合用户的产品,提升用户体验。通俗来讲,用户画像的第一步也是核心工作就是为用户"打标签",对构建用户画像的方法进行总结归纳,其一般流程可以分为目标分析、标签体系构建、画像构建三步。

1. 目标分析

明确构建用户画像的目的,如精准营销、销量增幅、改进产品或完善体验,是建立完善用户画像体系的首要工作,更是设计标签体系的基础。进一步讲,

---

[①] 郝胜宇,陈静仁. 大数据时代用户画像助力企业实现精准化营销[J]. 中国集体经济,2016(4):61-62.

目标分析又划分为业务目标分析和原始数据分析,前者设立用户画像的具体指向,即用户画像的最终评估群体,预设评估标准;后者明确用户画像使用的数据,是进行用户画像的原材料。需要说明的是,用户画像的目标分析需建立在对数据进行深入分析的基础上,脱离数据而制定的画像目标和具体过程没有意义。

2. 设计标签体系

如图 3-2 所示,单纯的目标分析不足以支持画像构建工作的完成,设计标签体系是完成用户画像工作的中继环节。但在标签体系构建层面,单纯的新闻业务知识也略显单薄,用户行为数据如用户浏览、搜索和点击等一系列行为轨迹的获取、整合、清洗和提取还需要计算机技术(如爬虫技术)的支持。一个完善的标签体系,往往涵盖了人口统计属性、社会属性、行为偏好、消费习惯等多种标签,因此需要新闻从业者和专业技术人员的通力协作。此外,参考借鉴业界成熟标签体系,特别是电商平台等技术可行性较高的标签体系,也能够扩充思路,协助解决问题。但需要明确的是,标签体系不是一成不变的。随着新闻业务的发展,标签体系也会随之变化。

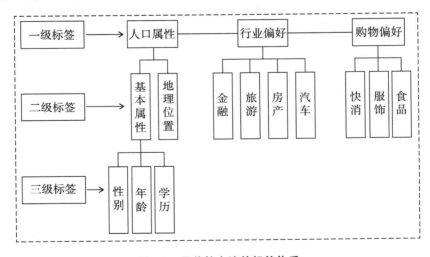

图 3-2 目前较主流的标签体系

3. 画像构建

用户画像的最后一步是通过数据统计、机器学习和自然语言处理技术,基于用户基础数据和构建好的标签体系,将数据导入模型中进行运算,形成最终画像。用户标签的刻画和标签体系的维持是一个长期的工作,需要不断扩充、优化。在构建过程中,如果数据维度过多,可能导致目标不明确、需求相互冲突、构建效率低等问题。因此,实践中可以将用户画像工作分成多个阶段进行,每个阶段只确定一个标签。此外,模型预测可帮助获得预测标签,对用户的未来行为进行一定程度的预测。

第四节 数据新闻可视化的中外比较

国内外在数据新闻可视化的数据获取、呈现方式以及传播渠道等方面都具有明显差异。这种差异不仅受到政治、经济、文化和技术等宏观社会因素的制约,也受到具体的传媒发展水平、媒介体制等微观因素的影响。比较中外数据新闻可视化,可以为尚处于探索阶段的我国数据新闻和可视化报道提供借鉴。

一、数据新闻可视化的发展环境

可视化报道最早起源于欧美新闻业。欧美数据可视化技术的应用和发展推动了西方媒体行业的革新,数据新闻团队进驻媒体编辑部被业内形容为"推倒新闻编辑室的那面墙"。哥伦比亚大学最早推出了新闻、计算机的双学位硕士的培养方式。数据新闻可视化的发展,不仅推动了行业内的革新,对整个新闻人才培养体系也有一定的刺激作用。我国数据新闻可视化的发展,一开始主要借鉴欧美的发展经验。近年来出现了一些优秀的数据新闻栏目,如财新网的《数字说》、新华网平台的《数据新闻》和网易公司旗下的《数读》栏目。

不论将数据新闻可视化视作一种新技术、新媒介,还是当作一种传播新闻信息的新形态,它必然受到政治、经济和文化等环境因素的影响。

(一) 技术环境

云计算是整个大数据技术发展的关键所在,以云计算技术为核心,大数据发展迅速。从技术上看,云计算指将庞大的计算处理任务,自动分拆成多个较小的子任务,再把这些子任务分配给由多部网络服务器所组成的系统进行处理,并将处理结果反馈给用户。利用这项技术,在短时间内能够完成复杂的远程云端信息处理,实现可与超级计算机效能媲美的网络服务。

开源运动,同样是近年来的重要趋势。开源即开放源代码。市场上开源软件层出不穷,其最大的特点是开放,也就是任何人在版权限制范围之内,都可以得到软件的源代码,并可加以修改学习,甚至重新发放。开源的理念是"追求自由、分享"。新闻从业者使用免费易得的开源软件,可有效地降低新闻生产的成本。近年来,人工智能、机器学习推荐算法等技术加快了可视化报道的发展进程,技术因素的影响和作用,也必将进一步显现。

(二) 行业环境

互联网的发展加速了 Web 3.0 时代的到来,社会化媒体迅速兴起。新媒体赋能使得人人都能在互联网上发声,社会进入了"人人都有麦克风"的时代,专业化媒体面临挑战。

随着大数据的发展和云计算技术的推动,可视化技术为专业媒体的发展提供了新的契机。专业化媒体有资格通过政府获取数据,并有着较为先进的新闻生产流程。这无疑使专业化媒体在数据的挖掘、整理、生产与呈现方面更加权威与专业。

可以说,大数据和云计算技术在一定程度上化解了专业媒体受到的冲击。可视化报道作为一种依托新技术的新闻报道方式,也将在新闻专业化进程中取得一席之地。

(三)政策环境

数据可视化的生产实践需要以大量数据为基础,进行整理、分析和呈现。随着互联网的发展,西方各国政府逐步开放一些原本只对政府内部人员开放的数据文件。数据的开放和可获取,大大推动了西方数据新闻可视化的发展。

我国目前尚未出台有关大数据、政府数据开放的相关具体法律条文。但在2015年,我国政府颁布的《促进大数据发展行动纲要》提出,要加快政府数据的开放与共享、加快法规制度建设和健全市场发展机制,建立标准规范体系。国家统计局也建立了类似的国家开放数据平台——"国家数据"。对于数据新闻而言,有价值的数据大多集中在政府部门与互联网巨头的数据库内,这些数据只有向社会开放,才能真正实现它们的价值。

(四)法律环境

大数据时代,新闻媒体必须更加注重隐私和知识产权保护。新闻行业应当将数据新闻可视化的生产过程纳入法律体系的考察范围之内,在遵守法律的前提下进行数据新闻可视化操作和生产。无论欧美还是中国,都在积极推动大数据相关产业和体系的规范化和标准化发展。通过立法或者一些行政条文来推动大数据行业的健康、可持续发展。媒体行业人员应该妥善保存使用过的数据,也应该遵守基本的法律和职业道德。

二、欧美数据新闻可视化的模式与经验

数据新闻可视化发端于欧美等西方国家,对它们数据新闻可视化的模式和经验进行考察与探讨,不仅有利于我国数据新闻事业的进步与可视化报道水平的提升,也能帮助广大新闻从业者了解最新的国际前沿发展趋势。

(一)欧美数据新闻可视化的发展模式

欧美各国的新闻传播行业根据本国社会的发展状况和具体特点,发展出了符合自身情况的几种模式:

1. 数据新闻可视化项目

进行数据新闻可视化生产的工作人员,在日常的工作当中隶属不同部门,每当确定一个数据新闻可视化的选题时,就会以项目组的模式把工作人员聚

集在一起。这种灵活的组织管理模式有助于优化人力资源的配置,但也会造成项目组团队成员之间配合不默契、沟通不足等问题。

2. 数据新闻可视化团队

数据新闻可视化团队成员主要以技术人员为主,他们在与记者、编辑的合作互动中,发现有价值的可视化报道选题。数据新闻可视化团队融入新闻编辑部门,有利于加深技术人员与专业的新闻编辑、采写人员之间的合作、交流和沟通,使新闻与技术能够更好地融合。《纽约时报》的工作团队便是采用这种组织模式。在2014年3月的《创新报告》中,《纽约时报》管理层提出了对传播媒体组织架构的改革,即要脱离过去采编部门独立于其他部门的情况,加强与技术、设计、产品和市场等相关部门的互相合作,记者与编辑也要参与到数据新闻可视化生产与内容推广的过程中。简而言之,就是要把各部门进行融合,让数据团队进驻新闻编辑部。[1]

3. 独立的数据新闻可视化生产部门

不同于上述两种模式,这种模式要求建立独立的数据新闻可视化生产部门。目前,美国国家公共广播电视台(National Public Radio,NPR)和英国广播公司(British Broadcasting Corporation,BBC)的数据新闻部门就采取这种模式。这种模式更有利于数据新闻可视化团队的稳定,成员间的沟通和协调因此也更加高效。同时,这种模式也可以保证从选题到数据的整理、挖掘再到最后的可视化的生产呈现,都具备独立性。

在考察上述几种模式之后,可以看出:要使工作团队呈现高效、精干的特点,比拼的不是采访力量和团队规模,而更看重具有新闻敏感性的人、具有数据挖掘和分析能力的人以及数据可视化呈现的人之间的相互合作。[2]

(二)欧美数据新闻可视化的实践经验

随着数据新闻可视化的不断发展,欧美新闻业的一些数据新闻可视化团队也逐渐成熟、专业,如《卫报》的《数据博客》《纽约时报》的《结局》。这些团队的可视化数据新闻的生产也逐渐标准化,具有一定的特点。

1. 主要特点

(1)在选题上以社会、政治、经济等相关问题为主

在欧美国家,数据新闻可视化团队更多地关注社会、政治、经济等相关硬新闻选题。运用大数据技术对海量的数据进行搜集、筛选和整理以及呈现。应用数据新闻可视化的方式,报道和揭示社会中存在的一系列问题。

---

[1] 喻国明,李彪,杨雅,等.新闻传播的大数据时代[M].北京:中国人民大学出版社,2014:73—74.
[2] 王斌.大数据与新闻理念创新:以全球首届"数据新闻奖"为例[J].编辑之友,2013(6):17.

（2）数据新闻可视化作品呈现形式多样化

数据新闻可视化作品呈现形式多样，不仅有静态图表的呈现，还有时间轴等交互式可视化作品。

（3）数据来源多样化

酝酿已久的数据开放运动为欧美国家的数据新闻可视化团队提供了良好的外部条件，新闻媒体能够从政府和互联网公司获得有价值的数据。这些数据的来源包括各种社会化媒体和搜索引擎。多样的数据来源、庞大的数据量，为欧美数据新闻可视化团队在数据上的深耕创造了理想的前提。它们的选题范围更广，内容的质量和深度也有鲜明特色。

（4）植根于成熟的传统媒体平台

虽然存在诸如 ProPublica"专业发布"的新闻调查网站，但欧美的数据新闻可视化发展潮流仍由主流传统媒体引领。传统媒体积蓄多年的渠道资源与社会能量，都成为助推数据新闻可视化的强大动力。英国的《卫报》、BBC与美国的《纽约时报》《华盛顿邮报》都是数据新闻可视化生产领域的佼佼者，它们利用旗下不同媒介的特性，生产不同类型的数据新闻可视化作品，将可视化报道与主流传统媒体宣发渠道进行了良好的结合。

2. 可借鉴经验

从欧美国家数据新闻可视化的发展经验来看，其独特的发展模式和专业化的标准生产体系都有很多值得借鉴和学习的方面。

（1）挖掘新闻与信息的深层联系，强化受众黏性

对新闻选题与受众联系的加强，主要表现在数据新闻可视化能将新闻以更加直观、简洁的方式呈现给受众。一则新闻要得到受众的关注，其重要性、接近性、趣味性等是重要的影响因素，数据可视化技术能够将这些因素进行完美融合。在数据新闻可视化技术的加持下，新闻媒体能够通过数据挖掘展现新闻与信息背后的逻辑联系，呈现受众所关注的深层价值，从而加强受众黏性。

（2）以技术手段实现受众"悦读"体验

数据可视化技术运用的目的在于直观地向用户呈现新闻与信息。数据新闻可视化的生产技术手段在增强用户交互、加强用户阅读沉浸感方面起到了重要作用。

（3）以趣味性加强吸引力

可视化技术的初衷是以富有趣味的形式让受众更快地认识到新闻事件的要害。在实践中，要尽量避免数据可视化新闻的呈现变得枯燥。从本质上看，数据的可视化就是将新闻故事的可视化，讲好故事是数据新闻可视化的最终目的，可视化技术只是一种实现手段。

（4）构建社交媒体合作平台，拓展分发渠道

对数据新闻可视化生产者而言，与社会化媒体的合作，不仅能够获得更多的数据来源，还能够拓展自身的分发渠道。这种在社交媒体上的二次传播更加有利于可视化产品的推广，更加有利于数据新闻可视化生产者自身品牌形象的构建。总的来说，这是一种应对互联网时代用户媒介接触行为片面化的有效策略。

三、我国数据新闻可视化技术应用的问题

2015年，《促进大数据发展行动纲要》出台以来，我国大数据事业蓬勃发展。数据新闻可视化技术在我国新闻传播领域的应用取得了长足进步。然而在快速发展中，我国的数据新闻可视化的发展还存在着一些问题和不足之处。

（一）数据挖掘缺乏深度，问题意识不足

一些数据新闻可视化产品的数据多是来源于某些机构业已进行整理的，而非主动搜集而来的。使用这一类数据，虽然简化了数据搜集的过程，降低了新闻的生产成本，但这样做的弊端却非常明显。一方面，使用这一类数据，新闻生产团队就无法对数据的来源、搜集、整理的过程进行必要的了解，这在一定程度上阻碍了他们对数据进行深层次的理解。另一方面，基于这一类数据的数据新闻可视化产品往往比较肤浅。这是因为前期的数据搜集整理并不是由新闻生产团队来执行，使数据挖掘的深度难以达到所预期的程度。这样一来，可视化产品呈现的信息也难以让受众产生深度思考。

数据新闻可视化团队参与执行数据挖掘是非常重要的。带着问题意识去进行数据挖掘，往往才能在选题上有所突破，挖掘到深层次的数据。因此，对于我国目前的数据新闻可视化生产团队来说，提升数据挖掘、搜集、整理和分析的业务水平是刻不容缓的。

（二）可视化作品制作简单，同质化现象严重

我国的数据新闻可视化的呈现显得有些单薄，大部分属于常见统计图表的静态呈现。对可视化产品的关注重点，往往集中于添加装饰性的图形和色彩，忽略了数据的深层意义，以及忽略更深层次的不同数据维度间的复杂关系，对可视化作品的交互性、沉浸感等技术应用不足。

国内大部分的数据新闻可视化的产品，在呈现效果上的同质化现象也非常严重。大部分可视化产品虽然在排版上略有不同，大体的设计、图表的使用和信息的罗列分布、重点信息的标注等方面新意不足。

（三）缺乏传受互动环节，影响用户阅读体验

国内大部分数据新闻可视化产品传受互动功能较为简单，通常只有一些简易的用户参与功能。对于用户来说，这样的体验是缺乏交互性的。实际上，

交互感、互动理念的融入是非常重要的。在数据新闻可视化产品的制作过程中,融入更多的交互技术,增强互动性,鼓励受众根据自身需求参与到数据新闻可视化产品的互动中来,这才是数据新闻可视化正确的发展方向。

(四)存在盲目追求视觉效果的误区

数据新闻的可视化报道,其目的在于能够以更直观、简洁的方式向受众传播信息。从而提高信息授受的效率。目前,数据新闻可视化在制作、设计上盲目追求炫目的视觉效果,忽略了数据信息的重要价值和意义,这导致数据可视化产品的实用性不足。这样的设计思维必然造成可视化产品虚有其表、华而不实。

(五)受众意识不足

大数据技术对于新闻传媒行业的重要意义之一是通过数据分析来对用户进行画像,精准把握每一个受众的阅读行为习惯,从而针对不同的用户画像推出个性化产品。受众意识的不足,必然会阻碍我国数据新闻可视化事业的发展脚步。"内行看门道,外行看热闹","看门道"的受众更加重视数据和信息背后的深层价值,"看热闹"的受众则更倾向于可视化效果焕然一新的信息传播方式。如何依据这一受众特点在自身产品和发展方向上做出抉择,是媒体绕不开的必答。

四、我国数据新闻可视化的发展策略

数据新闻可视化尽管存在一些问题,但是在新闻传媒行业中已展现独特魅力,我国数据新闻可视化一定大有可为。主要发展策略可作如下思考。

(一)从媒介融合看数据新闻可视化

随着技术的不断革新,媒介融合已成为我国新闻传媒行业的重要发展趋势。大数据技术在新闻传播行业的应用,为媒介融合增加了新的可能性,使得媒介融合变得更加多样。数据可视化这种新的新闻和信息传播形式,是一种运用量化方法对新闻传播呈现模式的创新。数据新闻可视化产品的传播,可以应用于多种不同媒介形态的传播平台,具有融合报道的特征。在跨媒体、跨平台传播成为主流传播模式的今天,将数据新闻可视化的发展纳入媒介融合的发展规划之中,不仅能够加速数据新闻可视化事业的发展,对媒介融合来说也同样意义匪浅。

(二)传感技术和混合现实技术提供新的思路

近年来,借助传感器技术获取数据的做法风行,这一做法有助于我们调查无法看到、听到或触摸的事物,这些传感器为我们提供了获取数据的新工具、新思路。目前,传感器应用于新闻生产之中主要有以下三种模式:根据自身需要设计原型传感器来生产数据;利用市面上成熟的设备设计出适合需求的传

感系统；从已经存在的传感器资源中获取数据。

纽约公共广播电台在2013年初通过监测土壤温度预测一种蝉虫的生长。这是一种会随着温度的回升同步生长的蝉虫，雄虫在羽化后为了吸引雌虫，将连续数星期发出独特的嗡嗡声。纽约公共广播电台以"蝉虫追踪"为项目，邀请听众利用传感器测量自家后院土壤的温度，并观察蝉虫的出土情况。整个报道团队最后在网络上公布了所有的传感器安装步骤及搜集到的数据。

将传感器用于采集数据可以从更多人类感知不到的领域获取更多类型和维度的数据。此外，传感数据能够在计算机上直接进行读取和分析，甚至直接用于可视化产品的制作，这大大简化了整个可视化作品的制作流程。

传统的数据可视化展示方式主要借助图形、动画等手段对信息进行展示。混合现实技术的出现及其在可视化报道中的应用，有效提升了数据可视化的效果，为用户搭建起现实与虚拟的交互和反馈回路，并以此带来更真实的用户体验。混合现实技术在数据可视化中的应用，实现了3D模型展示，消弭了可视化的空间限制，建立了数据与用户间的交互渠道等。

（三）互动是数据新闻可视化的生命

交互指的是一种交流互动，使用户不仅可以获取信息还可以参与到信息的传播活动中，与媒体之间形成交流互动的关系。新媒体的赋权，让每个人都可以在互联网上"发声"，这使交互性对受众越来越重要。

传受互动环节的薄弱，是制约我国数据新闻可视化进一步发展的桎梏之一。在信息社会的大背景下，互动已经成为新闻传播的一个发展方向。技术的成熟早已能够将互动引入数据新闻可视化的生产中来。更重要的是，新闻从业者必须看到互动对于用户体验的重要提升，以及对用户使用兴趣和欲望的刺激。互动有利于实现真正的用户赋权，强化传受互动，赋予受众是否接受、如何接受某一新闻或信息的权力。这意味着，受众在信息传播活动中的自主权获得极大提升，能够完全依据自身需求来进行选择。

用户体验成为媒体决出胜负的关键所在。良好的用户体验，意味着能促动用户产生大量的"转发""点赞"等跨平台的再传播行为，这种再传播的力量能够在短时间内打造爆款。肯定受众的力量，重视数据新闻可视化产品的交互性，这不仅影响用户的阅读体验，也直接决定媒体自身的品牌影响力和美誉度。

（四）社交媒体＋数据新闻可视化

Web 3.0时代是社会化媒体的时代。社交平台逐渐成为人们日常交流、获取信息的重要平台。《纽约时报》报社、CNN、路透社、《卫报》报社等欧美知名的媒体巨头，纷纷在推特、脸书等社交媒体平台上建立账号，其间也不乏我国一些媒体的身影；我国的新华社、《人民日报》报社等一系列传统主流媒体也在新浪微博、微信公众号等平台上开通了账号。数据新闻可视化是这些媒体进行社交媒体渠道构建的重要推动力量。相应地,这些主流媒体的社交媒体账号也成为数据新闻可视化产品的重要传播渠道。

传统主流媒体"式微"的主要原因就是忽视了作为社会个体的受众之间存在着的交往需求,同样没有清晰地认识到这种"交往"蕴含的巨大能量。社交媒体重视用户"交往"关系的构建,媒体平台上的信息经由受众认可后,便可大规模再传播。这种再传播的力量,对数据新闻可视化产品而言,无疑意味着更多的传播渠道和更强的传播力。

(五)多元且可行的营收模式

我国的新闻事业遵循"一元体制,二元运作"规则,在保证社会公共利益至上的原则下,如何获取更多的经济效益是媒体必须面对的问题。数据新闻可视化的深入发展,必须考察产业发展中的盈利问题。

从国内外的实际情况来看,数据新闻可视化作品仍然没有走出高投入、低产出的困境。为应对这一问题,欧美媒体在摸索中积累了一些值得借鉴的经验:首先,进行数据库二次售卖。数据新闻可视化的生产立足于大量的数据搜集、整理、存储以及分析,数据是发展数据新闻可视化的基点。媒体大可将使用过的数据存入数据库,分类整理,进行二次售卖。其次,提供数据分析服务。数据分析技术发展迅速,不仅媒体行业需要数据分析人员,其他行业同样需要,利用先发优势提供跨界数据分析服务同样是可行的盈利途径。最后,开发数据新闻应用。数据新闻可以通过开发小游戏和小程序来激发用户的参与兴趣,在带给媒体流量的同时,也能在一定程度上提升数据新闻可视化产品的服务功能,创造一定利润。

数据新闻可视化是近年来新闻媒体行业探索的一个全新领域,其产业链的构建和商业价值的创造,是新闻媒体必须考虑的重要议题。只有在产业链上实现健康可持续的发展,数据新闻可视化产品才能持续推进新闻生产模式的进一步变革。

本章小结

当前,互联网技术和数字技术高速发展,数据呈爆炸式地增长,大数据正悄无声息地影响和改变着我们的生活和工作方式。如何更好地处理信息、利用信息,成为各行各业面临的问题。应用大数据做新闻报道成为一种全新的报道模式,新闻的报道内容、呈现方式和生产流程,受众的主体地位和阅读方式,媒体记者的培养和角色定位,都在发生着变化,这是对传统新闻的一种全新的变革。我们应当积极结合国内外经典案例,对数据新闻可视化的概念、发展现状、演变过程进行梳理总结,从应用大数据做新闻报道的特点、功能、生产方式、存在的问题等方面,多维度地深入剖析,并借鉴国外应用大数据进行新闻报道的探索经验,为我国数据新闻报道构建可行的发展路径。

思考与练习

1. 什么是数据可视化?
2. 能否举出你了解的数据新闻团队,以及他们的代表作品?
3. 你认为国外著名数据新闻制作团队的核心竞争力是什么?
4. 作为受众,你认为国内数据新闻可视化的短板何在?
5. 你希望国内数据新闻可视化如何发展、如何改变?
6. 用户画像实践中的用户数据商品化和隐私风险导致新闻伦理问题,你怎样看?
7. 简要介绍国内某个数据新闻团队的发展策略。

参考文献

[1] [英]西蒙·罗杰斯.数据新闻大趋势:释放可视化报道的力量[M].岳跃,译.北京:中国人民大学出版社,2015.

[2] 刘义昆,董朝.数据新闻设计[M].,姜军,吴宝强,译.桂林:广西师范大学出版社,2015.

[3] 方洁.数据新闻概论[M].北京:中国人民大学出版社,2015.

[4] 方洁,颜冬.全球视野下的"数据新闻":理念与实践[J].国际新闻界,2013,35(06):73—83.

[5] 文卫华,李冰.大数据时代的数据新闻报道:以英国《卫报》为例[J].现代传播(中国传媒大学学报),2013.35(05):139—142.

[6] 喻国明,李彪,杨雅,等.大数据新闻:功能与价值的初步探讨[J].南方电视学刊,2015(2):39—41.

[7] 章戈浩.作为开放新闻的数据新闻:英国《卫报》的数据新闻实践[J].新闻记者,2013(6):7—13.

[8] 徐锐,万宏蕾.数据新闻:大数据时代新闻生产的核心竞争力[J].编辑之友,2013(12):71—74.

第四章 数据来源与挖掘技术

> **学习目标**
> 1. 理解"大数据挖掘"的概念,熟悉其基本流程。
> 2. 了解数据挖掘相关的数据类型与主要的实现技术。
> 3. 认识数据挖掘的主要问题,并思考可能的解决路径。

第一节 数据挖掘的概念

1967年,美国东北部工业重镇底特律发生黑人暴动,时任《底特律自由报》(*Detroit Free Pree*)记者菲利普·迈耶将社会科学中的抽样调查方法引入新闻报道中,通过计算机分析437名黑人访问结果,得出"骚乱参与者并非都是文化程度低的南方人"的结论,以此创作的系列报道《十二街那边的人们》(*The people beyond 12 th street*)以精确数据和充分论证向读者展现了骚动的真相,斩获1968年的普利策新闻奖。这是社会科学研究方法首次用于新闻报道,也是所谓"精确新闻报道"的开端。

传统的统计学研究方法中的随机抽样方法中有一条经验法则:即采样分析的精确性随着采集随机性的增加而增加,但与样本数量的增加关系不大。样本的采集和分析是大多数社会科学研究的基础。但随着计算机技术的发展和大数据技术的出现,数据搜集和数据处理能力早已不可同日而语,样本数据集的采集比例不再是万分之一、千分之一、百分之一,而是"全样本"和"总体数据"。新闻传播学在研究方法的选择上也以问卷调查法、内容分析法和实验法为主流,且其中的问卷调查法和内容分析法均以随机抽样和样本分析为基础,大数据技术的问世,使得全样本分析和总体分析不再是天方夜谭,而基于大数据技术所得到的研究结论也必将更加完善、严谨。

一、数据挖掘的界定

数据挖掘(Data Mining)又称数据库中的知识发现(Knowledge Discover in Database,KDD),是目前人工智能和数据库领域研究的热点问题,所谓数据挖掘是指从数据库的大量数据中揭示出隐含的、先前未知的并有潜在价值的信息的过程。数据挖掘是一种决策支持过程,它主要基于人工智能、机器学习、模式识别、统计学、数据库、可视化技术等,高度自动化地分析企业的数据,做出归纳性的推理,从中挖掘出潜在的模式,帮助决策者调整市场策略,减少风险,做出正确的决策。简单来说,从数据挖掘的功能出发,数据挖掘是从大量数据中挖掘有趣模式和知识的过程。

(一) 技术角度的定义

数据挖掘就是从大量的、不完全的、有噪声的、模糊的、随机的实际应用数据中,提取隐含在其中的、人们事先不知道的、但又是潜在有用的知识的过程。这个定义包括好几层含义:数据源必须是真实的、大量的、含噪声的;发现的是用户感兴趣的知识;发现的知识要可接受、可理解、可运用;并不要求发现放之四海皆准的知识,仅支持特定的发现即可。

何为知识?从广义上理解,数据、信息也是知识的表现形式,但人们更倾向把概念、规则、模式、规律和约束等看作知识。人们把数据看作是形成知识的源泉,好像从矿石中采矿或淘金一样。原始数据可以是结构化的,如关系数据库中的数据;也可以是半结构化的,如文本、图形和图像数据;甚至是分布在网络上的异构型数据。发现知识的方法可以是数学的,也可以是非数学的;可以是演绎的,也可以是归纳的。发现的知识可以被用于信息管理,查询优化,决策支持和过程控制等,还可以用于数据自身的维护。因此,数据挖掘是一门交叉学科,它把人们对数据的应用从低层次的简单查询,提升到从数据中挖掘知识,产生决策支持依据。在这种需求牵引下,不同领域的研究者,尤其是数据库技术、人工智能技术、数理统计、可视化技术、并行计算等方面的学者和工程技术人员,投身到数据挖掘这一新兴的研究领域,使之形成新的技术热点。

(二) 商业角度的定义

数据挖掘是一种新的商业信息处理技术,其主要特点是对商业数据库中的大量业务数据进行抽取、转换、分析和其他模型化处理,从中提取辅助商业决策的关键性数据。简而言之,数据挖掘其实是一类深层次的数据分析方法。

数据分析本身已经有很多年的历史,只不过在过去数据搜集和分析是用于科学研究。但由于当时计算能力的限制,对大数据进行分析的复杂数据分析方法受到限制。现在,由于各行业业务自动化的实现,商业领域产生了大量的业务数据,这些数据不再是为了分析的目的而搜集的,而是由于纯粹的商业运作而产生。分析这些数据主要是为商业决策提供真正有价值的信息,进而获得利润。但企业数据量非常大,真正有价值的信息却很少。深层分析大量的数据,从而获得有利于商业运作、提高竞争力的信息,这个过程就像从矿石中淘金一样,数据挖掘也因此而得名。

因此,数据挖掘可以描述为:按企业既定业务目标,对大量的企业数据进行探索和分析,揭示隐藏的、未知的或验证已知的规律性,并进一步将其模型化的先进有效方法。

(三)数据挖掘的功能

数据挖掘通过预测未来趋势及行为,做出前瞻的、基于知识的决策。数据挖掘的目标是从数据库中发现隐含的、有意义的知识,主要有以下五类功能。

(1)自动预测趋势和行为。数据挖掘自动在大型数据库中寻找预测性信息,以往需要进行大量手工分析的问题如今可以迅速直接由数据本身得出结论。一个典型的例子是市场预测问题,数据挖掘使用过去有关促销的数据来寻找未来投资中回报最大的用户,其他可预测的问题包括预报破产以及认定对指定事件最可能作出反应的群体。

(2)关联分析。数据关联是数据库中存在的一类重要的可被发现的知识。若两个或多个变量的取值之间存在某种规律性,就称为关联。关联可分为简单关联、时序关联、因果关联。关联分析的目的是找出数据库中隐藏的关联网。有时并不知道数据库中数据的关联函数,即使知道也是不确定的,因此关联分析生成的规则带有可信度。

(3)聚类。数据库中的记录可被划分为一系列有意义的子集,即聚类。聚类增强了人们对客观现实的认识,是概念描述和偏差分析的先决条件。聚类技术主要包括传统的模式识别方法和数学分类学。20世纪80年代初,阿扎德·米哈尔斯基(Rrszard Mchalski)提出了聚类技术的概念,其要点在于划分对象时不仅考虑对象之间的距离,还要求划分出的类具有某种内涵描述,从而避免了传统技术的某些片面性。

(4)概念描述。概念描述就是对某类对象的内涵进行描述,并概括这类对象的有关特征。概念描述分为特征性描述和区别性描述,前者描述某类对象的共同特征,后者描述不同类对象之间的区别。生成一个类的特征性描述只涉及该类对象中所有对象的共性。生成区别性描述的方法很多,如决策树方法、遗传算法等。

(5)偏差检测。数据库中的数据常有一些异常记录,从数据库中检测这些偏差很有意义。偏差包括很多潜在的知识,如分类中的反常实例、不满足规则的特例、观测结果与模型预测值的偏差、量值随时间的变化等。偏差检测的基本方法是,寻找观测结果与参照值之间有意义的差别。

(四)数据挖掘的一般流程

从数据本身考量,数据挖掘的一般流程通常包括信息搜集、数据集成、数据规约、数据清理、数据变换、数据分析、模式评估和知识表示8个步骤。

(1)信息搜集:根据确定的数据分析对象,抽象出在数据分析中所需要的特征信息,然后选择合适的信息搜集方法,将搜集到的信息存入数据库。对于海量数据,选择一个合适的数据存储和管理的数据仓库是至关重要的。

(2) 数据集成:把不同来源、格式、特点性质的数据在逻辑上或物理上有机集中,从而为企业提供全面的数据共享。

(3) 数据规约:在尽可能保持数据原貌的前提下,最大限度地精简数据量。数据规约技术能够通过属性选择和数据采样,得到样本数据集的规约表示。在大致保证原始数据集完整性的前提下,规约后的数据挖掘更有效,并能产生几乎相同的分析结果。

(4) 数据清理:在数据库中的数据有一些是不完整的(有些属性缺少属性值)、含噪声的(包含错误的属性值)、不一致的(同样的信息不同的表示方式)。因此需要进行数据清理,将完整、正确、一致的数据信息存入数据仓库中。

(5) 数据变换:通过平滑聚集、数据概化、规范化等方式将数据转换成适用于数据挖掘的形式。有些实数型数据,可通过概念分层和数据的离散化而转换数据。

(6) 数据分析:根据数据仓库中的数据信息,选择合适的分析工具,应用统计方法、事例推理、决策树、规则推理、模糊集,甚至神经网络、遗传算法等方法处理信息,得出有用的分析信息。

(7) 模式评估:从专业角度,由专家来验证数据挖掘结果的正确性。

(8) 知识表示:将数据挖掘所得到的分析信息以可视化的方式呈现给用户,或作为新的知识存放在知识库中,供其他应用程序使用。

数据挖掘流程是反复循环的,每一个步骤如果没有达到预期目标,都需要回到前面的步骤,重新调整并执行。值得注意的是,并不是每一项数据挖掘的工作都需要这里列出的每一步,例如在某个工作中不存在多个数据源的时候,"数据集成"步骤便可省略。"数据规约""数据清理""数据变换"又合称数据预处理。在数据挖掘中,至少六成费用可能要花在"信息搜集"阶段,而至少六成以上的时间、精力都将耗费在数据预处理过程中。

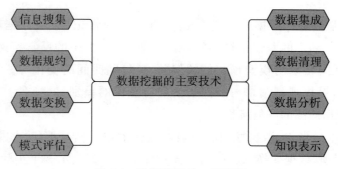

图 4-1 数据挖掘的一般流程

全球通信网络每天处理的数据传输量级在数万兆兆级别,而产生数据的数据源更不胜枚举。数据的爆炸式增长且广泛可用使我们所处的时代蜕变成了真正意义上的数据时代。在这样的背景下,我们需要一种功能强大的工具,以便从海量数据中发掘有价值的数据,再把这些数据转化成有组织的信息,甚至知识。这种需求就是数据挖掘应时而生的原因。这个年轻、生机勃勃的领域,必将在我们大踏步进入大数据时代的宏伟进程中,做出历史性贡献。

二、数据挖掘是技术发展的必然产物

数据挖掘可以被视作信息技术的自然进化。数据库和数据管理产业在一些关键功能上取得了发展和突破,如数据搜集和数据库创建、数据管理(包括数据存储和检索、数据库事务管理)和高级数据分析(包括数据仓库创建和数据挖掘)。每一个发展阶段的技术都为下一阶段打下了必要基础,就像早期出现的数据搜集和数据库创建机制成为稍后数据存储和检索、数据库事务管理机制的有效铺垫。时过境迁,以数据存储和检索、数据库事务管理为代表的数据管理技术已经变得司空见惯,高级数据分析自然名正言顺地成为新发展阶段的技术。

高级数据分析起源于20世纪80年代后期。之后计算机硬件不断迭代,计算机设备的性能越来越强大、数据搜集装置和存储介质也推陈出新。毫无疑问,这在很大程度上推动了数据库和信息产业的发展,使大量数据库和信息存储库能够应用于事务管理、信息检索和数据分析。

进入20世纪90年代,万维网和基于Web的数据库开始出现。比如万维网和各种数据库等构成的全球信息库已经出现并在信息产业中担任重要角色。时至今日,已经完全能够依据数据类型的不同建立不同的数据库和信息存储库。

如此丰富的数据,也必定催生了对数据分析工具的需求,这种窘境被当时的业界称为"数据丰富,但信息匮乏"。体量巨大且不断产生的数据被存放在各式各样的数据库中,在没有强有力工具的情况下,对这些数据进行梳理和理解已经远远超出了人类的能力范畴。数据成为信息的过程变得越来越难,二者之间的鸿沟越来越宽。因此,数据挖掘工具的出现是技术发展的必然产物。

三、数据挖掘是经济发展的有效手段

数据挖掘的发展,一直伴随着市场营销、企业经营和市场竞争中的广泛应用,两者相互促进,相得益彰。

(一)数据挖掘解决的典型商业问题

数据挖掘技术从一开始就是面向商业领域应用的。数据挖掘所能解决的典型商业问题包括:数据库营销、客户群体划分、背景分析、交叉销售等,以及客户流失性分析、客户信用记分、欺诈发现等。

(二) 数据挖掘在市场营销中的应用

数据挖掘技术在企业市场营销中得到了比较普遍的应用，它是以市场营销学的市场细分原理为基础，其基本假定是"消费者过去的行为是其后消费倾向的最好说明"。

搜集、加工和处理涉及消费者消费行为的大量信息，确定特定消费群体或个体的兴趣、消费习惯、消费倾向和消费需求，进而推断出相应消费群体或个体下一步的消费行为。然后以此为基础对所识别出来的消费群体进行特定内容的定向营销，这与传统的不区分消费者对象特征的大规模营销手段相比，大大节省了营销成本，提高了营销效果，从而为企业带来更多的利润。

商业消费信息来自市场中的各种渠道。例如，每当我们用信用卡消费时，商业企业就可以在信用卡结算过程中搜集商业消费信息，记录下我们进行消费的时间、地点、感兴趣的商品或服务、愿意接受的价格水平和支付能力等数据。当我们在申办信用卡、办理汽车驾驶执照、填写商品保修单等其他需要填写表格的场合时，我们的个人信息就存入了相应的业务数据库。企业除了自行搜集相关业务信息之外，甚至可以从其他公司或机构购买此类信息为自己所用。对这些来自各种渠道的数据信息，利用云计算、并行处理、神经元网络、模型化算法等信息处理技术进行数据挖掘，从中得到商家用于向特定消费群体或个体进行定向营销的决策信息。

(三) 数据挖掘构筑竞争优势

在市场经济比较发达的国家和地区，许多公司都开始在原有信息系统的基础上通过数据挖掘对业务信息进行深加工，以构筑自己的竞争优势，扩大自己的营业额。美国运通公司(American Express)有一个用于记录信用卡业务的数据库，数据量达到54亿字符，并仍在随着业务进展不断更新。运通公司通过对这些数据进行挖掘，制定了"关联结算(Relation ship Billing)优惠"的促销策略，即如果一个顾客在一个商店用运通卡购买一套时装，那么在同一个商店再买一双鞋，就可以得到比较大的折扣，这样既可以增加商店的销售量，也可以增加运通卡在该商店的使用率。

基于数据挖掘的营销，常常可以向消费者发出与其以前的消费行为相关的推销材料。卡夫(Kraft)食品公司建立了一个拥有3000万客户资料的数据库，数据库是通过搜集对公司发出的优惠券等其他促销手段做出积极反应的客户和其消费记录而建立起来的，卡夫公司通过数据挖掘了解特定客户的兴趣和口味，并以此为基础向他们发送特定产品的优惠券，并为他们推荐符合口味和健康状况的卡夫产品食谱，进行定向营销。

第二节 数据挖掘的数据来源

数据挖掘是一种通用技术,可以用于任何类型的数据。但在实际的数据挖掘过程中,可供挖掘的最基本数据形式一般为数据库数据、数据仓库数据和事务数据库数据三种类型。当然,数据挖掘也能够应用于数据流、序列数据、图片数据、网络数据以及空间数据、文本数据和多媒体数据等。随着技术的不断迭代,未来即使出现新的数据类型,也必将能够为数据挖掘所用。

一、关系型数据库

数据库,简而言之可视为电子化的文件柜,用户可以对文件中的数据进行新增、截取、更新、删除等操作。所谓"数据库"是以一定方式储存在一起、能与多个用户共享、具有尽可能小的冗余度、与应用程序彼此独立的数据集合。数据库系统,也称作"数据管理系统(DBMS)",由一组内部相关的数据(即数据库),一组管理和存取数据的软件程序组成。

关系数据库是表的合集,每个表都独立命名。每个表包含一组属性(常被称为"列、字段或变量"),且同时存在大量元组(常称为"行、记录或观测")。这种表中的每一行都表示一个独立的对象,被赋予唯一的"关键字"用以识别、区分,并且被一组由数个属性值组成的属性合集描述。

在关系数据库中,数据库表是一系列二维数组的集合,用来代表和储存数据对象之间的关系,如图 4-2 所示,在一个有关作者信息的名为 authors 的表中,每列包含的是所有作者的某个特定类型的信息,比如"姓氏",而每行则包含了某个特定作者的所有信息:性别、住址等。关系数据可以通过 SQL 这样的关系查询语言进行查询,抑或借助于图形用户界面进行操作。关系型数据库是凭借其作为数据挖掘最常见且最丰富的数据源,成为现阶段数据挖掘技术中的一种主要数据形式。

authors			
姓氏	性别	住址	年龄
张三			
李四			
王五			
赵六			

图 4-2 数据表的基础类型

知识卡片

关系型数据库与非关系型数据库的区别

数据库类型	特性	优点	缺点
关系型数据库：SQLite、Oracle、MySQL	1. 关系型数据库，是指采用了关系模型来组织数据的数据库； 2. 关系型数据库的最大特点就是事务的一致性； 3. 简单来说，关系模型指的就是二维表格模型，而一个关系型数据库就是由二维表及其之间的联系所组成的一个数据组织。	1. 易理解：二维表结构更易理解； 2. 使用方便：通用的SQL语言使操作非常方便； 3. 易维护：丰富的完整性（实体、参照和用户定义的完整性）降低了数据冗余和数据不一致的概率； 4. 支持SQL，可用于复杂的查询。	1. 为了维护一致性所付出的代价就是其读写性能比较差； 2. 固定的表结构； 3. 高并发读写需求。
非关系型数据库：MongoDb、redis、HBase	1. 使用"键值对"存储①数据； 2. 分布式； 3. 一般不支持"ACID"②特性； 4. 非关系型数据库严格上不是一种数据库，应该是一种数据结构化存储方法的集合。	1. 无须经过SQL层的解析，读写性能很高； 2. 基于键值对，数据没有耦合性，易扩展； 3. 存储数据的格式：NoSQL（NoSQL泛指非关系型数据库）的存储格式是"键值性"形式、文档形式、图片形式等，而关系型数据库则只支持基础类型。	1. 不提供SQL支持，学习和使用成本较高； 2. 无事务处理，附加功能、报表等支持能力弱。

二、数据仓库

数据仓库的出现和发展，是计算机应用到一定阶段的必然产物。经过多年的计算机应用和市场积累，许多商业企业已保存了大量原始数据和各种业

---

① "键值对"存储是数据库中最基本的组织形式。"键"是存储的值的编号；"值"是存放的数据。
② ACID 指原子性（Atomic）、一致性（Consistency）、隔离性（Isolation）和持久性（Durability）。

务数据,这些数据真实地反映了商业企业主体和各种业务环境的经济动态。然而由于缺乏集中存储和管理,这些数据不能为本企业进行有效的统计、分析和评估提供帮助。也就是说,无法将这些数据转化成企业有用的信息。20世纪70年代出现并被广泛应用的关系型数据库技术,为解决这一问题提供了强有力的工具。从80年代中期开始,随着市场竞争的加剧,商业信息系统用户已经不满足于用计算机仅仅去管理事务数据,他们更需要的是支持决策制定过程的信息。80年代中后期,出现了数据仓库思想的萌芽,为数据仓库概念的最终提出和发展打下了基础。

在计算机领域,数据仓库是用于报告和分析数据的系统,被认为是商业智能的核心组件。数据仓库是来自一个或多个不同源的集成数据的中央存储库。数据仓库将当前和历史数据存储在一起,用于为整个企业的员工创建分析报告,是为企业所有级别的决策制定过程提供所有类型数据支持的战略集合。90年代初期,地尔·因蒙(W. H. Inmon)在其里程碑式的著作《建立数据仓库》(*Building Data WareHouse*)一书中所提出的定义被广泛接受:数据仓库是一个面向主题的、集成的、相对稳定的、反映历史变化的数据集合,用于支持管理决策。如图4-3所示,商业数据仓库的一般架构。

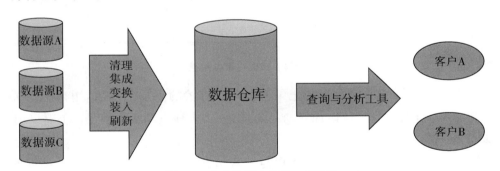

图4-3 商业数据仓库的一般架构

所谓"面向主题",指操作型数据库的数据组织面向事务处理任务,各个业务系统之间各自分离,而数据仓库中的数据是按照一定的主题域进行组织的。"集成的",指数据仓库中的数据是在对原有分散的数据库数据抽取、清理的基础上经过系统加工、汇总和整理得到的,必须消除源数据中的不一致性,以保证数据仓库内的信息是关于整个企业的一致的全局信息。"相对稳定的",指数据仓库的数据主要供企业决策分析之用,所涉及的数据操作主要是数据查询,一旦某个数据进入数据仓库以后,一般情况下将被长期保留。也就是数据仓库中一般有大量的查询操作,但修改和删除操作很少,通常只需要定期加载、刷新。"反映历史变化",则指数据仓库中的数据通常包含历史信息,系统记录了企业从过去某一时点(如开始应用数据仓库的时点)到目前的各个阶段的信息,通过这些信息,可以对企业的发展历程和未来趋势进行定量分析和预测。

值得一提的是,数据仓库中的数据基本都围绕某一"主题"进行组织,"主题"包括客户、商品、供应商或销售渠道、商业活动等。其数据存储从历史的角度以汇总的形式提供信息。举个例子来说,数据仓库并不存放每个销售事务的细节,而是存放每家商店、每一种商品的销售事务的集合,或者汇总的层次更高,即每个销售区域、每类商品销售事务的汇总。

三、事务数据库

通俗地讲,事务数据一般指事务数据库中记录的每一次"事务",例如顾客的一次商品消费行为,人们出行时订购的一张机票、火车票,或者是上网浏览信息时的一次轻快点击。一般情况下,一次事务通常包含一个独立的事务标识(trans_ID)与组成事务的所有项(如交易中的商品清单)的列表。如图 4-4 所示。

trans_ID	商品列表
A	t1、t2、t3、t4
B	t2、t5
…	…

图 4-4　销售类事务数据

事务数据库中有时也存在记录与"事务"有关的附加信息表,用来记录关于事务的其他必要信息,诸如对商品的描述、销售地点和卖出商品的具体工作人员等。

如果事务数据库中存放的数据与销售情况有关,那么数据分析人员就能够使用"购物篮数据分析"原则来制定更合理的销售策略,分析哪些产品一起销售能够创造更好的营收,以制定捆绑销售策略。例如,将计算机与打印机一起销售,向购买指定品牌高端计算机的消费者,提供购买打印机的折扣甚至免费打印机,能大大提高计算机的销量。这样的"购物篮数据分析"在传统数据库中是无法进行的,而针对事务数据库的数据挖掘则能够轻松完成。

四、其他数据源

可应用数据挖掘技术的,除关系型数据库、数据仓库和事务数据库之外,还有许多其他类型的数据源。例如与时间相关的序列数据(如网站的历史纪录、股票交易记录等)、数据流(常来自监控与传感器设备,它们不间断地传输数据)、空间数据、超文本和多媒体数据(文本、图像、视频和音频数据)等。

这些数据挖掘可以获得各种具有一定价值的知识。挖掘与时间相关的序列数据,比如,可以通过对银行款项存取和顾客流量的数据挖掘,制定更合理的工作人员安排,减少人力资源的浪费;挖掘空间数据,比如,能够以城市与主要交通路线的距离情况来描述城市之间的经济发展趋势,可以用来改善交通网络的建设计划,以交通带动经济发展;挖掘文本数据,比如,针对某一领域学术研究进行深入的数据挖掘,能够探究这一领域一段时间内的研究热点、趋势的演进过程。

数据类型和数据来源的多样化趋势,虽然对数据挖掘的机制、数据的检索、存储和更新等各方面,提出了更高的技术要求,但从另一方面来说,这也为数据挖掘技术发展提供了肥沃的土壤,让数据挖掘技术能更快地应用到社会生活的方方面面。

第三节 数据挖掘的主要技术

作为一个应用驱动型的技术领域,数据挖掘技术包括统计学数据分析、机器学习技术、数据库系统与数据仓库技术、信息检索以及可视化技术等多个领域的先进技术。

由于数据挖掘技术从众多领域吸取了种类庞杂的技术,在这里仅以其中最具代表性和影响力的几种技术作为范本,进行相应介绍。

图 4-5 应用到数据挖掘领域的各种技术

一、统计学数据分析

统计学是应用数学的一个分支,主要利用概率论建立数学模型,搜集所观察系统的数据,进行量化的分析、总结,进而进行推断和预测,为相关决策提供依据和参考。它被广泛应用在各门学科,从物理学、社会科学到人文科学,甚至被用于工商业及政府的情报决策。统计学主要分为描述统计学和推断统计学。数据挖掘技术与统计学存在着天然的强联系,但并非是一个涵盖另一个。

统计学数据分析是小样本的数据分析，最终目的在于推测总体的特征；而数据挖掘则是从尽可能大的样本数据中直接寻找特征。在应用方法上，数据挖掘多用于主动发现，而统计学数据分析多用于被动验证。

在大量的商业项目实践中，数据挖掘探索与统计学数据分析很多时候结果是一致的，但数据挖掘的结果往往更优于统计学数据分析的结果。其原因可能在于，数据挖掘分析的数据比统计学数据分析的数据量更大，因此数据挖掘得到的模型可能更精确些。因此，统计学数据分析时常应用于对数据挖掘结果的评估和验证。

不管是统计学数据分析还是数据挖掘技术，其应用方式都是构建由一组数学函数构成的统计模型，以随机变量及其概率分布的密度来反映目标对象的行为。统计模型是以概率论为基础的，常用的统计模型有一般线性模型、广义线性模型和混合模型。统计模型的意义在于对大量随机事件的规律性做推断时仍然具有统计性，因而称为统计推断。常用的统计模型软件有 SPSS、SAS、Stata、SPLM、Epi-Info、Statistica 等，这些都是使用数据和统计模型进行预测和预报的工具。

二、机器学习

机器学习是人工智能的一个分支。人工智能的研究历史有着一条从以"推理"为重点，到以"知识"为重点，再到以"学习"为重点的自然、清晰的脉络。显然，机器学习是实现人工智能的一个途径，即以机器学习为手段解决人工智能中的问题。机器学习在近几十年已发展为一门多领域交叉学科，涉及概率论、统计学、逼近论、凸分析、计算复杂性理论等多门数学学科的分支。机器学习主要是设计和分析一些让计算机可以"自动学习"的算法。换句话说，这是一类从数据中通过自动分析获得规律，并利用规律对未知数据进行预测的算法。因为学习算法中涉及了大量的统计学理论，机器学习与推断统计学联系尤为密切，机器学习也被称为统计学习理论。机器学习专门研究怎样模拟人类的学习行为来获取新的知识，且重组既有的知识结构并使之不断完善。举一个简单但相当典型的例子，我们在为计算机编制程序之后，使其从一组实例中进行学习，之后它就能自动识别邮件上的手写邮政编码。

> **知识卡片**
>
> 广州市妇女儿童医疗中心和加州大学圣地亚哥分校合作研究，利用机器学习和自然语言处理等人工智能技术，联合研发出一款全新的 AI 诊断工具。这款工具和人类医生一样，当填写完患者口述和医生体查文本型病

历之后,工具可直接阅读医疗病历,自动分析患者病情,智能给出推荐诊断。

这是该团队在《细胞》杂志封面发表有关 AI 图像诊断的论文后,不到一年时间里,在 AI 技术实施应用于医疗方面取得的另一个重要里程碑。该项研究成果已发表《自然》子刊 *Nature Medicine*(《自然医学》)。

(一) 机器学习的主要类型

在算法设计方面,机器学习理论关注可以实现的、行之有效的学习算法。很多推论问题属于无程序可循难度,所以部分的机器学习研究是开发容易处理的近似算法。现阶段,机器学习已广泛应用于数据挖掘、计算机视觉、自然语言处理、生物特征识别、搜索引擎、医学诊断、检测信用卡欺诈、证券市场分析、DNA 序列测序、语音和手写识别、战略游戏和机器人等领域。机器学习技术主要有以下四类。

1. 监督学习(Supervised Learning)

监督学习,指利用一组已知类别的样本调整分类器的参数,使其达到所要求性能的过程,也称为监督训练或有教师学习。这种机器学习的类型基本上是分类的同义词,而学习中的监督则来自训练数据集中的实例。以邮政编码为例,用一组手写邮政编码图像与其对应的转换物(计算机可识别)作为训练中的实例,来监督分类模型的学习。

知识卡片

在刊登于《美国国家科学院院刊》(*Proceedings of the National Academy of Sciences*)的一篇论文中,华盛顿大学医学院的研究人员研究了 205 个受试者大脑的 PET 扫描影像,以确定其脑内的氧气和糖类物质含量。

他们利用机器学习算法来探寻大脑代谢和年龄的相关性,然后用女性受试者的大脑代谢数据来估算其大脑的生理年龄。算法发现:通过女性受试者大脑代谢数据估算出的年龄,比其实际年龄平均年轻 3.8 岁;对于男性,通过大脑代谢估算的年龄比实际年龄平均老 2.4 岁。

2. 无监督学习(Unsupervised Learning)

根据未被标记且类别未知的训练样本解决模式识别中的各种问题称为无监督学习。无监督学习本质上是聚类的同义词,聚类的目的在于将相似的东西聚在一起。它的学习过程是无监督的,也就是没有实例可供参考。简单地说,通过无监督学习,我们能够发现数据中隐含的类别。聚类算法一般认为有五种方法,其中又分为分割(或称划分)聚类算法和分层(或称层次)聚类算法。典型的分割聚类算法有 K-means 算法、K-medoids 算法、CLARANS 算法;典型的分层聚类算法有 BIRCH 算法、DBSCAN 算法和 CURE 算法等。

3. 半监督学习(Semi-Supervised Learning)

半监督学习,可以将其理解为监督学习和无监督学习相结合的一种机器学习方法。在这种机器学习的方法中,半监督学习既使用标记的实例,也使用未被标记的实例。其中,标记的实例用来学习类模型,未被标记的实例用来改进类边界,这种学习方式的目的在于进行模式识别。由于这种学习方法对人力资源的耗费较少,其准确性又相当令人满意,因此,半监督学习越来越受到业界的重视。

4. 主动学习(Active Learning)

这种机器学习方法让用户在学习过程中扮演比较主动的角色。主动学习要求用户对一个可能来自未被标记的实例集合或者由学习程序合成的实例进行标记。主动学习的目的在于通过主动地从用户那里获取知识来提高模型质量。主动学习的关键任务在于设计出合理的查询策略,即按照一定的准则来选择被查询的样本。目前的方法可以大致分为三种策略:基于信息量的查询策略、基于代表性的查询策略以及综合多种准则的查询策略。

谷歌地图能够提供准确的地图服务,实际上也采用了主动学习技术。其强大的算法会根据卫星图、航拍图以及街景车拍摄的图片提取出相关的特征并提供较为准确的服务。但是仍然会出现错误的地方,这时需要人工进行标注。特别是对于车无法到达的路外地点,人工标注提供了重要的帮助。

(二) AI、机器学习与深度学习

在人工智能的发展历程中,出现了三个主要的发展阶段——AI、机器学习和深度学习,AI 大爆发就是由深度学习(Deep Learning)促成的。

1. AI:让机器展现出人类智力

1956 年,在达特茅斯会议上,AI 先驱们的梦想是建造一台复杂的机器(由当时刚出现的计算机来驱动),让机器呈现出人类智力的特征。这一概念就是我们所说的"强人工智能",也就是打造一台超棒的机器,让它拥有人类的所有感知,甚至还可以超越人类感知,它可以像人一样思考。诸如著名好莱坞系列电影《星球大战》中由主角之一阿纳金·天行者制造的礼仪和服务机器人 C-3PO 和美国影星施瓦辛格主演的"终结者"系列电影中大杀四方的未来机器人 T1、T600、T800、TX 等。还有一个概念是"弱人工智能(Narrow AI)"。简单来讲,弱人工智能可以像人类一样完成某些具体任务,有可能比人类做得更好,例如,Pinterest(全球最大图片社交分享网站)服务用 AI 给图片分类,脸书用 AI 识别脸部,这就是弱人工智能。

弱人工智能的应用已经体现了一些人类智力的特点。它们怎样实现的？这些智力来自何处？这是机器学习的范畴。

> **知识卡片**
>
> 　　脸书 AI 研究院和以色列特拉维夫大学（Tel Aviv University，TAV）的研究人员提出一种歌声转换的深度学习方法。这种方法所设计的神经网络不依赖文本或音符，能够在 5 到 30 分钟的时间内，将一个歌手的声音转换为另一个歌手的声音。它采用了反向翻译技术，如果它与原始样本不匹配，就将其翻译回来并调整进行下一次尝试。这种方法甚至可以在背景音乐存在的情况下执行声音的转换。
>
> 　　同时，由于这些科学家采用了无监督的、创新的训练方案和数据增强技术，这意味着它能够执行未分类、未注释数据的转换。研究人员通过评估证明，人声转换能够生成与目标歌手高度吻合的自然歌声。

2. 机器学习：抵达 AI 目标的一条路径

简单来讲，机器学习就是让计算机利用算法解析数据、不断学习，然后做出判断和预测。机器学习这个概念是由早期的 AI 研究者提出的，在过去几年里，机器学习出现了许多算法，包括决策树学习、归纳逻辑程序设计、聚类分析（Clustering）、强化学习、贝叶斯网络等。AI 很难真正达到"强人工智能"的终极目标。到目前为止，采用早期机器学习方法，"弱人工智能"的目标也远没有达到。这种办法虽可行，但实际价值并不高。在过去许多年里，机器学习的最佳应用案例是"计算机视觉"，要实现计算机视觉，研究人员仍然需要编写大量代码才能完成任务。

3. 深度学习：实现机器学习的技术

人工神经网络（Artificial Neural Networks，ANN）是另一种算法，人工神经网络的构想源自我们对人类大脑的理解——神经元的彼此联系。人工神经网络依赖于有根据的推测和权重给出"概率向量"。例如，抽取一张图片，将它剪成许多块，然后植入神经网络的第一层。第一层独立神经元会将数据传输到第二层，第二层神经元也有自己的使命，一直持续下去，直到最后一层，并生成最终结果。每一个神经元会对输入的信息进行权衡，确定权重，确定所执行任务的关系，最终的结果由所有权重来决定。例如，将停止标志图片切割，供神经元检测，根据形状、颜色、字符、尺寸、细节等，神经网络经过判断给出结论——它到底是不是停止标志。

知识卡片

　　来自马萨诸塞州的科研人员发表研究成果,该团队利用深度学习算法检测颅内出血量,具有较高的准确率。

　　研究人员使用扫描的数据集训练 AI 系统,其中包含 40 张不同角度拍摄的患者头部的 X 射线图像的数据。接着由专家组进行标记,确定五种出血亚型。为了提高深度学习系统的准确率,该团队还模仿放射科医生分析图像的方式,调整对比度和亮度、滚动相邻的 CT 扫描切片,以排除在单个图像上出现伪像的情况。

三、数据库系统与数据仓库

　　数据库系统和数据仓库对数据挖掘技术的实现有重要作用。数据库系统与数据仓库不仅是数据挖掘技术的数据来源,更是数据挖掘技术的重要实现路径。目前,计算机界已经建立了完善的、公认的数据库系统运行原则,其中包括数据建模、查询语言、数据的索引及存取方法。对于许多需要处理大型数据集,甚至是实时的数据流的数据挖掘任务,数据库系统能够以其强大的伸缩性应对自如,具备相当高的效率。

　　此外,多样的数据挖掘任务又不断对数据库系统的综合提出了更高的要求,这对其技术发展有着一定倒逼作用。不断进步的数据库系统技术,在满足高端用户,诸如大型互联网企业和连锁零售巨头复杂的数据分析需求方面,作用非常突出。

　　数据仓库较之数据库系统,能够集成来自多样化数据源的不同数据,这种技术通过在多维空间中进行数据合并,形成部分物化的数据立方体。数据立方体不仅有利于数据库的在线分析处理,在一定程度上还推动了多维数据挖掘技术的发展。

知识卡片

　　在线分析处理(Online Analytical Processing,OLAP)在广义上泛指一切不对数据进行输入等事务性处理,而基于已有数据进行分析的方法。但更多情况下 OLAP 被理解为狭义上的概念,即与多维分析相关的,基于立方体(CUBE)计算而进行的分析。OLAP 能弹性提供积存(Roll-up)、下钻(Drill-down)和透视分析(Pivot)等操作,呈现集成性决策信息的方法,多用于决策支持系统、商务智能或数据仓库。其主要功能是进行大规模数据分析及统计计算,对决策提供参考和支持,与之相区别的是在线交易处理(Online Transaction Processing,OLTP)。

> OLAP需以大量历史数据为基础,结合时间点的差异,对多维度及汇整型的信息进行复杂的分析。OLAP需要用户有主观的信息需求定义,因此系统效率较佳。

四、信息检索

信息检索(Information Retrieval)是信息查询和获取的主要方式,是查找信息的方法和手段。简单来说,信息检索就是搜索文档或文档中信息的科学。传统意义的信息检索与数据库的信息检索之间存在较大差别:传统的信息检索所搜寻的数据是无结构的,且主要使用关键词检索,不存在较为复杂的结构,这与数据库所使用的 SQL 检索是完全不同的。

概率模型是信息检索中应用的典型方法,例如,可以将某一文档(主要以文本构成)视为一个由不同的词组成的"包",也就是一个文本中出现的词的集合。由这个文档生成的语言模型是文档中词的概率密度函数(这是一个数学概念,连续型随机变量的概率密度函数是一个描述这个随机变量的输出值,在某个确定的取值点附近的可能性的函数)。两个文本文档之间的相似度,则可以使用对应的语言模型来进行测量。对于文本文档的主题,则可以使用相应词汇出现的频次进行概率分布建模,这种操作过程被称之为"主题模型",如 LDA 主题模型。一个文本文档通常情况下涉及多个主题,通过数据挖掘技术和信息检索技术的综合应用,我们就能够找出一个文档中的一个或几个主要主题,对文档集进行聚类分析。

数据开源运动的发展,诸如数字图书馆、数字政府以及数字卫生系统等应用的迅速发展,积累了大量文本、多媒体数据,对这些数据进行数据挖掘,就必须应用强大的搜索和分析技术。

第四节 数据挖掘中存在的主要问题

发现数据挖掘技术应用和研究中存在的问题,对我们学习相关知识同样具有价值。本节主要分析其中最重要、最受关注的三个方面的问题。

一、数据挖掘的方法技术问题

尽管研究者们已开发了形态多样的数据挖掘方法技术,但仍存在现有方法技术难以处理的问题。

(一)如何在多维空间中进行挖掘

处理大型数据集时可能会遇到多维数据问题。所谓多维数据,也就是数据的不同抽象层的多维组合。

比如,一个典型的商品销售数据库,记录了商品销售的详细情况,我们可以从几个方面分析销售数据:从产品的角度,按产品的类别、品牌、型号来查看产品的销售情况;从客户的角度,可以按客户的类别、所处地区等来查看产品的购买情况;从时间的角度,可以按年度、季度、月份等来观察产品销售的变动情况。其中产品、客户、时间分别是三个不同的维度,每个维度都从不同方面体现了销售数据的特征,而每个维度又可按粒度的不同划分成多个层次,称为"维度成员"。

在不同抽象层中的多维组合内搜索有趣的模式,称之为"多维数据挖掘"。在一般情况下,多维数据挖掘可以聚集数据,抑或帮助我们以多维数据立方体的形式认识数据(如图4-6所示)。在多维数据空间中挖掘知识能够显著提高数据挖掘的效率和灵活性。多角度结合分析的方法,可发现独立维度分析无法发现的某些问题,比较、细分不同属性而进行分析所获得的结果更有价值。如何整合各种分析方法,发展高效的多维数据挖掘技术,是未来数据挖掘领域的一个重要议题。

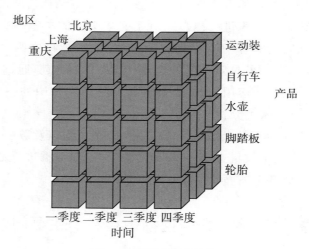

图 4-6　多维数据立方体

(二) 如何处理不确定性、噪声和不完全数据

通常情况下,数据的噪声、缺失、错误、不确定性等问题是数据挖掘进程中的常见问题。不论是哪一种问题,都有可能干扰数据挖掘的过程,降低建构模型的准确性和说服力。数据清理、数据预处理和离群点检测(主要是对极大值、极小值的检测,一般情况下使用数据可视化技术中的"箱线图"进行定位)以及不确定推理等技术,可以增强建构模型的稳定性与说服力,需要与数据挖掘技术高度集成。

(三)如何致力于数据挖掘的跨学科发展

数据挖掘技术的强大能力是建立在多学科融合的基础上的,进一步集成来自其他学科的新思维、新方法,能够增强数据挖掘技术的能力。例如,在新闻与传播领域中常用的文本挖掘(数据挖掘的一种应用)技术,就融合了信息检索技术和自然语言处理技术(Natural Language Processing,NLP,是计算机科学与语言学中关注计算机与人类语言转换的领域)。随着数据挖掘技术的迅速发展,如何继续积极地将多学科的技术和知识融入这一领域,影响着数据挖掘技术的未来发展。

二、数据库的复杂多样化问题

数据库类型的多样化发展也是数据挖掘技术需要积极应对的重要问题之一,在现阶段的实践中,这个问题集中体现在以下两个方面。

(一)复杂多样的数据类型

从以关系型数据库和数据仓库这一类为主的结构化数据到半结构化数据、无结构数据;从静态的数据库到实时不间断传输的动态数据流;从简单的单一数据对象到时序数据、传感器数据、空间数据以及多媒体数据、程序代码和社会网络数据,实际应用的多样化发展催生了形态迥异的新型数据集。如此复杂多样的数据类型,寄希望于某个系统发展出"全盘通吃"的数据挖掘能力,在现阶段是不切实际的。目前,数据挖掘领域一个非常活跃的研究分支,就是致力于为多样化的应用构建有效的数据挖掘工具。

(二)动态虚拟的全球数据库

国际性的互联网、移动通信网、卫星将各种数据源联结在一起,编织了一张庞大的、广泛分布的、异构的全球信息网络系统。从不同地区中具有不同数据语义的不同数据源发现和挖掘知识,是数据挖掘技术面对的一大难题。较之相对孤立的数据库或小范围的数据集,对这种全球性的信息网络进行数据挖掘,不论对于数据挖掘技术的长足进步,抑或从全新的视角发现闻所未闻的模式和知识,都有着极大的裨益。因此,全球视野下的互联网数据挖掘、多源数据挖掘和信息网络数据挖掘等在数据挖掘领域中极富挑战且备受瞩目。

三、隐含的社会风险问题

数据挖掘具有强大、广泛且速效的数据获取能力,公民的隐私应当如何被保护?数据挖掘对人们的生活又有什么实质性的益处?这些都是值得深入探讨的问题。

(一)数据挖掘的滥用问题

数据挖掘技术被互联网公司广泛使用,而相应的互联网隐私保护意识还没有完全建立起来,业界对用户隐私的保护机制缺乏重视。2018年5月25日,欧洲里程碑式的个人隐私保护法案《通用数据保护条例》是全球第一个正式生效的数据隐私保护法案。这项法案旨在通过更严格的法律保护欧盟所有公民的数据隐私安全,并加强对公民个人信息利用的监管。但现阶段怎样防止数据挖掘技术被滥用,并在此前提下最大限度发挥这一技术的作用,是亟须关注的研究领域。

(二)用户隐私问题

数据挖掘的确为科技、经济和文化的发展进步创造了一定利好。然而,伴随而来的却是个人数据隐私安全问题,业界对以隐私保护为前提的数据发布和挖掘技术正在研究之中,其根本目的在于进行大规模数据挖掘的同时,提高对隐私的敏感性,保护个人的数据安全。但在"千人千面"的互联网时代,放弃对用户个人行为数据的挖掘,又如何实现精准营销和信息的个性化推送?

我们可以寄希望于技术的未来发展能够实现二者的平衡,但对现阶段身处互联网虚拟世界的每一个人来说,主动加强自身对个人隐私的保护,是更具有现实意义的选择。

用户在淘宝、京东之类的电商平台浏览感兴趣的商品之后,这些互联网巨头往往会"贴心"地为他推送类似的商品和信息,这种基于个人浏览记录实现的精准推送,就是数据挖掘技术在普通人日常生活中的一种应用体现。越来越多的系统、平台开始纳入数据挖掘技术组件,这让人们不需要掌握任何有关数据挖掘技术的知识,只需动动鼠标就实现了对数据和信息的挖掘。智能搜索引擎和电商巨头无时无刻不在搜集用户的浏览数据、空间数据甚至声音数据(在用户开启收集麦克风权限的前提下)。这种将数据挖掘技术植入移动终端的行为极大便利了用户的日常生活,也让我们的生活更加智能化。技术本身是中性的,但我们必须避免对技术的"贪欲"。

本章小结

各种应用中数据量的急剧增长,使数据挖掘技术迎合了当今社会对这些数据进行灵活的、可伸缩的数据分析的迫切需要。数据挖掘技术是信息技术的自然进化,是相关学科和实践领域的交汇点。作为一种知识发现的过程,数据挖掘是从海量数据中发现有趣知识的技术方法,它通常包括信息搜集、数据集成、数据规约、数据清理、数据变换、数据挖掘实施过程、模式评估和知识表示8个流程。

只要数据对于目标来说是有意义的,数据挖掘技术便可以应用于任何类型的数据,如数据库数据、数据仓库数据以及事务库数据和其他一些类型的数据;作为一个应用驱动的新兴领域,数据挖掘技术吸纳和挖掘了一些源自其他领域的技术,这些领域包括但不仅限于统计学数据分析、机器学习、数据库及数据仓库、信息检索。数据挖掘技术研究与应用的多学科特性,反过来加速了这一技术的发展和广泛普及。

当然,作为一个新兴领域,数据挖掘技术自身也存在一些问题。这些问题主要以技术对隐私侵犯为主,这在一定程度上决定了数据挖掘技术对于社会存在相当重要的影响,而这种影响随着这一技术的更广泛普及、应用,势必会变得更加突出。

思考与练习

1. 什么是数据挖掘?
2. 数据挖掘需要议程设置吗?如何在数据挖掘过程中体现挖掘主体的策划意图?
3. 当你把数据挖掘看作是一种知识发现时,请描述数据挖掘涉及的流程。
4. 数据仓库与数据库有何不同?有何相似之处?
5. 与传统的有限样本研究相比,数据挖掘进行的海量样本研究的主要挑战是什么?
6. 你能否给出一个例子,说明数据挖掘对于企业的成功是至关重要的。
7. 你能否举出一个或多个数据挖掘技术可能导致的问题?
8. 你认为数据挖掘技术应当受到什么样的规制?

参考文献

[1] JIAWEIHAN, MICHELINE KAMBER, JIAN PEI, et al. 数据挖掘:概念与技术[M]. 北京:机械工业出版社,2012.
[2] WITTEN I H, FRANK E, HALL M A, et al. Data Mining:Practical machine learning tools and techniques[M]. Morgan Kaufmann Publishers,2016.
[3] 夏火松. 数据仓库与数据挖掘技术[M]. 北京:科学出版社,2004.
[4] 包倩宇. 大数据视阈下西方政府开放数据与个人隐私保护研究[D]. 西南政法大学,2018.
[5] 张凤. 校园用户时空数据挖掘与隐私保护[D]. 北京邮电大学,2019.
[6] 王雅轩,项聪. 数据挖掘技术的综述[J]. 电子技术与软件工程,2015(8):204-205.
[7] 何清,等. 大数据下的机器学习算法综述[J]. 模式识别与人工智能,2014,27(4):327-336.
[8] 陈凯,朱钰. 机器学习及其相关算法综述[J]. 统计与信息论坛,2007,22(5):105-112.
[9] 孙志军,等.深度学习研究综述[J]. 计算机应用研究,2012,29(8):2806-2810.
[10] 姚丽华,于广州. 关系型数据库信息资源检索结果分类方法仿真[J]. 计算机仿真,2019(1):92.

第五章　大数据舆情

> **学习目标**
> 1. 学习大数据舆情的基本概念，了解大数据舆情的特征。
> 2. 了解学习大数据舆情的特点，明白大数据舆情与传统舆情的区别。
> 3. 通过学习大数据媒介观，了解大数据舆情主要爆发于哪些媒体。
> 4. 通过对大数据舆情研判标准的学习，了解有效进行大数据舆情预防和疏导的相关知识。

第一节　大数据舆情的概念与特征

舆情，是多种情绪、意愿、态度意见的综合。其所呈现的形式是"文本"，其实质归根结底则是社会公众关于社会公共事务的观点组成的言论。言论和人类的关系，表面看是语言学的问题，实则是一个政治问题。语言学研究的是言论表达的语言形式，即演说的规律。政治学关注言论，探究的是言论的限度，其最终目的是要给言论定规矩。新闻传播学对言论的重视程度可能超过任何一个学科。新闻传播学研究者关注的是民众和媒体表达的权利。

舆情的发展经过传统社会舆情和互联网时代舆情的发展，迎来了其大数据时代。本节是围绕舆情的发展阶段来探讨的。

一、大数据舆情的概念

在汉语中，舆情最开始是以"舆"出现的，在《广雅》中被解释为"多也"，后来才出现了"舆人之意"等词语，表示的是一般百姓的意见。直到我国唐代之时，才彻底出现了舆情一词，在唐绍宗的一封诏书中有这样一句话："朕采于群议，询彼舆情，有冀小康，遂登大用。"通过对于这个词语的使用，我们可以总结出，"舆情就是民众的情绪以及民众的意见和愿望"[①]。

[①] 刘海明.网络舆情预警伦理研究[M].北京:中国社会科学出版社,2018:11—15.

(一) 互联网前时代的舆情

在互联网出现前,公众的言论表达形式、表达途径虽然千差万别,但有一点可以肯定:公众对于传播媒介的运用缺乏主动权,他们只能间接地利用社会机构的信息平台表达自己的观点和利益诉求。因此,舆情传播跨度大,传播的规模和速度都相对缓慢和滞后。

此时,舆情的表达往往是通过文人墨客的作品反映出来;而舆情的传递,有被动的传递,也有主动的信息搜集。[①] 由于彼时民间信息流通不畅、记录手段匮乏,上层统治阶级被动接受舆情信息的情况更为普遍,其处置方式通常带有暴力、镇压属性。

我们可以通过以上这段文字总结出传统社会舆情的几个显著特征:

1. 传统社会舆情的舆论表达不是通过百姓直接表达的,往往是通过当时文人墨客或者官位显赫之人代为表达的。

2. 传统社会舆情的传递往往是社会管理部门被动接受,并将其反映给上层阶级进行处置,但是这个过程所需时间会比较长。同样,也有统治阶级亲自下访的方式,那样时间会更久,且由于其为主动搜集,会具有隐秘性。

3. 传统社会舆情的预警和处置往往都比较滞后,因而并没有预警的环节,而是直接处置的环节,舆情虽有达官显贵代为传递,但此类舆情的引发者的结局往往都不太光彩,因而,舆情背后的社会危机并没有得到解决。

(二) 互联网时代的舆情

互联网出现以后,人类社会的各个方面都产生了显著变化,没有哪个领域能离开网络而独立存在。这说明同传统社会相比,网络社会的观点表达、舆情传递和预警处置,与传统社会有着非常大的差异。

在观点表达上,由于互联网的加入,舆情的表达有了更加丰富的形式,如网络评论、网络诗词、顺口溜、时事寓言、时事漫画等多种形式。民众与媒介之间的互动更为容易,民众都有了直接发表意见的机会。

从舆情传递上,先是由于网络社区等形式的出现,社会治理部门为了更好地了解舆情,建立了各式各样的社区网站,从而更快地了解舆情特征;后来由于微博的影响力不断扩大,社会管理部门也开始建立相关的微博,通过这种方式与广大微博用户建立起联系,了解舆情;紧接着由于微信公众号的出现,舆情传递也变得更为便利。

---

① 王秋菊,刘杰,等.大数据视域下微博舆情研判与疏导机制研究[M].北京:人民出版社 2018:28—30.

> **知识卡片**
>
> 相对于微博,微信是一个比较封闭的系统。这意味着,在微信平台上,其信息的提供和消费可以自给自足。当然,移动互联网毕竟是互联网,它给微信和传统互联网的链接提供了窗口。[①] 手机用户在电脑上扫描自己的微信二维码,自己的微信账号就可以连接到互联网上。目前微信的内容在传统互联网上还难以被搜索,这样,微信的舆情信息传递就和微博有着明显区别。
>
> 微信舆情工作面临着两个难题:一是信息封闭、分散;二是信息多源、过载。微信圈的信息分散在无数个体的内部群体中,圈外人看不到。微信公众号便成了一种特殊的电子杂志,数量巨大,信息混杂,内容大量重复,且账号还不断有新老更替,靠有限的人力汇集分析变得越来越吃力。
>
> 微信舆情传递的技术障碍只是暂时的。既然微信和传统的互联网已经实现了有限度的联结,那么在不远的将来,微信信息的网络搜索应该不难克服。对于社会治理部门而言,运用传统的舆情搜集方式,加强对微信舆情信息的搜集还是很有必要的。

舆情的预警和处置变得更加规范化和制度化。舆情处置的组织建设方面,不论是政府部门还是事业单位,都逐步成立了专门的舆情机构。且舆情处置主要集中在想尽办法解决社会舆情的矛盾,而不是放任自流。

(三)大数据时代的舆情

大数据技术虽然没有改变互联网时代舆情观点表达的方式,但是它促进了舆情传递的提档升级。

大数据技术可完整记录公众的情绪、行为、兴趣点与关注点、移动轨迹、归属地、社会关系网等一系列特征数据,因而舆情监测变得更为便捷,从互联网中了解社会舆情的方式也不再主要依靠随时监测互联网上的言论信息,而是通过数据分析,进而得出舆情爆发点,从而采取相应的对策。大数据使舆情传递更加迅速,且舆情预警和处置效率更高。

大数据舆情,就是利用大数据技术和方法,对海量网络舆情数据进行采集和分析,实施信息发布、舆情监测和管控,正确且高效处理网络舆情,提高网络平台的安全可靠性。

[①] 霍明奎,竺佳琪,赵丹.移动环境下微博舆情信息传播网络结构研究[J].情报科学,2019,37(5):98—102,107.

案例 5-1

大数据舆情分析与决策支持体系框架

1. 大数据预处理平台

大数据预处理包括舆情数据采集与存储,是利用大数据采集技术,从海量的舆情数据中完成数据爬取、数据校验、数据清洗和舆情信息存储等功能。大数据预处理平台通过语义关联,可以创建舆情特征细粒度案例库,为其他相关舆情决策提供案例参考。

舆情数据采集主要通过网络爬虫技术、话题检测与跟踪技术实现。采集线上和线下的舆情信息,为舆情分析和决策支持提供数据基础。线下的舆情信息来源有政府各项公文、报纸杂志、广播电视;线上的舆情信息来源有互联网新闻类网站、BBS论坛、聊天室(QQ、MSN、微信)、博客、微博、Email等。

数据存储与处理采用分布式系统基础构架来实现,其中的代表为由Apache基金会研发的Hadoop,利用其提供的分布式文件系统作为存储介质,以及分布式计算框架作为并行计算框架,这样实现了可在大数据平台上对海量舆情数据进行周期性查询。分布式文件系统作为底层文件存储系统,其复制存储的数据和保存多个数据副本的方式,提高了舆情数据的存储可靠性和抗故障能力。利用分布式列式数据库(HBase)处理实时数据的查询需求,可以实现T级舆情数据的即时读取与写入操作。

2. 大数据探索平台

大数据探索包括舆情数据处理(问题确定)和舆情数据分析(即设置议程)。

舆情数据处理包含了数据模型库创建、基于因子算法的分析和网页内容解析。根据用户的业务需求,对数据进行实时或离线的分析,建立事件识别、文本聚类、社交分析、推荐分析、画像分析等数据模型,这些模型可抽取、校验、匹配、评估预处理平台采集到的舆情信息。

舆情数据分析包括热词分析、主题分析、预警分析、画像分析、地图分析、汇总分析等。其主要目标是发现海量舆情数据中的热点信息,并进行预警判断,为不同的用户和不同的业务场景提供数据分析支撑,为决策支持提供重要的证据保障。

3. 大数据运营平台

大数据运营包括决策支持(选定方案)和业务应用(即实施与评估)。

决策支持依据舆情分析结果评估舆情事件的等级,通过数据挖掘、专

> 家匹配、模型选择、决策推理、案例匹配、方法引导等判断负面舆情走势,形成案例知识库、专家知识库、应急预案库、舆情分析报告和舆情事件总结评估等。
>
> 业务应用是将匹配好的热点事件,结合地理信息系统(GIS)、决策知识库等联合精准匹配,多部门协同在政府效能监察、制定公共政策、改善公共服务、事件预防预警、辅助其他决策等方面给出实时合理的处置舆情预案。

对网络舆情进行分析是为网络舆论引导奠定基础的,大数据技术又给网络舆情的分析以及未来的预测提供了技术支持与保障。大数据的核心意义就是进行网络舆情分析与预测,而大数据价值的实现以全面的、量化的和关联的网络舆情作为基础。

1. 大数据价值的核心:舆情预测

网络舆论引导工作,是从对已发生的网络舆情进行监测开始。然而这种方式有很大的滞后性。大数据技术挖掘、分析网络舆情相关联的数据,可以将监测的目标时间点提前到敏感消息进行网络传播的初期,建立模型,模拟实际网络舆情演变过程,实现对网络突发舆情的预测。

2. 大数据价值实现的条件:舆情全面

大数据技术要预测舆情,其首要条件是对各种关联的全面数据进行分析计算。大数据时代之前,分析网民观点或舆情走势时,其分析点只关注网民跟帖态度和情绪,忽视了网民心理的变化;只关注文本信息,而较少关注图像、视频、语音等内容;只观察舆论局部变化,忽视其他群体的舆论变化;只解读网民文字内容,而忽视复杂多变的社会关系网络。大数据突破了以往片面化、单一化、静态化的思维,开始立体化、全局化、动态化研究网络舆情数据,将看似无关紧要的舆情数据纳入分析计算的范围。

3. 大数据价值实现的基础:舆情量化

大数据预测舆情的价值实现,其基础是各类相关数据的量化,即一切舆情信息皆可量化。但数据量化,不等同于简单的数字化,而是数据的可计算化。要在关注网民言论的同时,统计持此意见的人群数量;在解读网民言论文字内容的同时,计算网民互动的社会关系网络数量;网民情绪的变化可通过量化的指标进行标识等。

4. 大数据价值实现的关键:舆情关联

数据背后是网络,网络背后是人,研究网络数据实际上是研究人组成的社会网络。大数据技术预测舆情的价值实现,最关键的就是对舆情间的关系进行关联,将不再仅仅关注传统意义上的因果关系,更多关注数据间的相关关系。按大数据思维,每一个数据都是一个节点,可无限次地与其他关联数据形成舆情链上的乘法效应——类似微博裂变传播路径,数据裂变式的关联状态蕴含着无限可能性。

二、大数据舆情的特征

大数据时代,基于传播手段的现代化、多样化,社会热点舆情的传播和社会影响具有鲜明的时代特征,外加"后真相"时代的到来,造成了舆论反转事件频频发生。

知识卡片

"后真相"时代与舆情反转

所谓"后真相",是指"诉诸情感及个人信念比客观事实更能影响民意"。"后真相"时代,即在这个时代,事件的真相已变得不再重要,民众情绪的影响力远超过事实本身,重视诉诸情感的民众倾向于选择他们愿意看见和相信的事实。简而言之,"后真相"可诠释为一种"事实"与"情感"此消彼长的对立状态。

这种广泛的对事实真相追求的日益模糊,为网络舆论出现反转提供了土壤和可能性。在"后真相"时代,民众不关心真相如何,那些未经证实的信息被传得沸沸扬扬,但是"随着事件的细节、过程逐步明朗,舆论焦点开始转移,有时候被网民质疑、批驳或同情的对象开始发生变化甚至反转"。网络舆论反转的现象在后真相时代接连出现。[①]

一般而言,一起舆论反转事件,大体经历这样一个过程(见图5-1):初始信息源被曝出,引发舆论主体关注,达到热议高潮,反转主体通过一定渠道曝出新的反转信息源,导致原来的舆论主体成为反转主体,实现整个事件内容或是舆论态度的反转。

网络舆情反转可以分为以下两种类型。

1. 随波逐流的"一边倒"式

所谓随波逐流的"一边倒"式,是指那些舆论焦点简明,初期倒向一方,随着信息量的增加使舆论集体倒向另一方的情境类型。主体在此情境中,完全是随波逐流式的,极易按照信息发布者所预定的方向发展。

一般来说,随波逐流的"一边倒"式分为三个阶段:初期,热点问题被曝出来,各方主体在信息供给不足的情况下根据个人偏好和发布者价值倾向做出判断,舆论明显支持一方,抨击另一方;中期,随着信息的不断曝出,信

[①] 张春颜,刘煊.后真相视角下网络舆论反转的主体行为、情境类型与规避策略分析[J].学习论坛,2019(7):58-63.

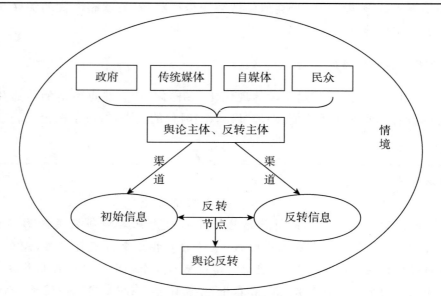

图 5-1 网络舆论反转要素关系图

息浏览量、阅读量的攀升,舆论热潮随之而来,由于新的信息或者真相浮出,使得反转节点出现,初期舆论判断倒塌,与之相反的新信息、新观点替代了旧信息、旧观点,再次形成新的舆论热潮;后期,舆论主体对虚假信息口诛笔伐,整个事件逐渐落幕。

这种情境的典型特点是反转次数单一,舆论客体由最初弱势受同情的角色变为强势被批判的对象(或者最初受抨击转而受同情)。如 2014 年医生手术台自拍事件、2015 年成都男司机暴打女司机事件、2016 年上海女逃离江西农村事件和 2018 年重庆万州公交车坠江事件等,都属于典型的随波逐流的"一边倒"式。

2. 自我纠偏的"钟摆式"

所谓自我纠偏的"钟摆式",是指那些舆论焦点复杂,初期倒向一方,随着信息的增加,又倒向另一方,当有新信息加入的时候,再来回摆动的类型。主体在此情境中,通过不同观点的摩擦碰撞最后居中理性思考,厘清事件的真相。

一般来说,自我纠偏的"钟摆式"同样可以分为三个阶段:初期,热点问题被曝出来,各方主体在信息供给不足的情况下,根据个人偏好和发布者价值倾向作出判断,舆论明显支持其中某一方;中期,伴有新信息的不断加入,反转节点出现,过程跌宕起伏、一波三折,所谓真相数次被反转,各方主体对待信息的态度逐渐谨慎,开始质疑信息的真假;后期,经过各方主体较

> 长时间的调查，事件真相最终浮出。
> "检验真理的最好办法，是让思想的力量本身在市场的公开竞争中获取承认"。在这种舆论反转情境中，信息不断被筛选、质疑、否定、肯定，直至多次反转后，公众不再被虚假信息所迷惑，对整个事件形成理智认知，最后实现对舆论的自我纠偏。如2014年的浑水煮面事件、唐慧案、鸿茅药酒事件、榆林产妇坠楼案等，都出现了多次反转，各方主体的信息判断逐渐清楚明晰，实现自我纠偏。

总体来看，大数据舆情具有以下的特征。

（一）爆发性

从事件的发生来看，大数据时代社会热点舆情信息数据呈几何级数增长，信息量庞大，传播速度快，具有爆发性特征。一个普通的社会事件经由网络传播，扩散迅猛，对某些特定事件会起到推波助澜的作用，有可能快速形成社会热点舆情。人们一开始很难辨别热点事件真伪，只是根据一些偶然或片面的信息，即兴在网络中表达意见，大量的信息表达数据迅速汇集，使得舆情突然爆发，产生社会热点。现在，人人都可以接触媒介，使用媒介，人人都可以成为媒体，因此，权威媒体的速度往往要慢于事件发酵的速度，又因为这种热点舆情可正面，亦可负面，处理起来非常棘手。

有的舆情一夜之间就爆热，有的舆情短时间正反方向大反转，让人眼花缭乱，难辨是非。以深圳的"罗一笑事件"为例。2016年9月至12月该事件从发轫到结束，只有短短三个月时间。事件用一个动情的故事打动了众人，信息一经网络媒体传出后，收到信息的人有意或无意地进一步扩散，信息快速传播，情节跌宕起伏，在短时间内，几经辗转，形成当时的热点舆情。其参与人员之多，时间之短，影响范围之广，爆发性之强堪称热点舆情的典范。

（二）广泛性

大数据时代社会热点舆情的传播具有广泛性表征。随着互联网的真正发展，将世界彻底连接成为一个地球村，任何一件小事都极有可能成为世界所关注的重点。互联网传播方式的兴起，拉近了人与人之间的距离，也加速了热点事件大范围传播。

统计数据可以发现：热点舆情产生主体、主题及其影响面都极为宽泛。从舆情主体的范围来看，舆情主体既有政治人物，也有普通民众。人数众多的民众，分布于社会各阶层和各个领域，文化层次、价值观念参差不齐，他们都有可能成为热点舆情的主体；从舆情的主题来看，主题包括各种国际和国内的引人关注话题，既有政治性话题，又有经济、社会、民生等方面的话题。从社会热点舆情影响范围来看，影响人数动辄上千万。总而言之，社会热点舆情涉及范围极其广泛。

(三) 互动性

不同于传统纸质时代,大数据时代社会热点舆情的传播具有很强的互动性。社会热点舆情主体之间的互动包括官方与民众的互动;民众之间的互动;线上与线下的互动。这种互动是即时的,同时存在一定的不确定性,其作用亦正亦反,对事件的发展往往起着推波助澜的作用。

以B站为例,B站是一个视频播放平台,其活跃用户有1个亿,其中大量的用户是90后;2017年1月2日,团中央的微信公众号入住B站,戏称自己团团,拉近与90后,甚至是00后的情感距离,其上传的视频《今日中国,如你所愿》《日本侵华:不止是杀人》等引起强烈反响。大量的弹幕,实现了线上和线下的互动。其中在《日本侵华:不止是杀人》这个只有3分27秒的视频上,就有7338条弹幕;央视收视平平的《我在故宫修文物》《大国重器》《超级工程》等一系列纪录片,看似不太符合年轻人口味,实际上在B站的播放效果都比较好,弹幕密集表明互动性强。同样以"罗一笑事件"为例,官方——深圳市民政局介入,媒体——腾讯公司主持,广大网民进行了参与。这种实时、线上以及线下相结合的互动对于事件的妥善解决起到了很好的推动作用。

以上便是大数据时代社会热点舆情呈现出的新特征,而大数据分析的运用,则使得解决舆情问题变得不再困难。

案例 5-2

著名的"罗一笑事件"及其舆情分析

2016年11月30日上午,一篇《罗一笑,你给我站住!》的文章刷爆朋友圈,文中称深圳本土作家罗尔5岁女儿罗一笑,被查出患有重病,需要高额的医疗费。心急如焚的父亲没有选择公益捐款,而是选择"卖文",如果多转发一次这篇文章,便会为笑笑的治疗筹款多增一元钱。随即,有网友称此事为营销炒作,罗一笑的治疗花费并不像文中所说的那般高额,而且罗尔在东莞与深圳均有房产,善款也早已筹齐。

2016年11月30日,当日全天所有文章的赞赏资金原路退回至网友,经核算,共计2525808.99元。

"罗一笑事件"背后的舆情特征分析:

1. 多元化的参与主体

网民构成具有多元化和复杂化的特点,直接影响了自媒体平台参与主体的构成层次,使得网络舆情的传播具有参与主体多元化的特征。① 在自媒体环境下,普通公众是网络舆情参与的主体,公众的言论以及对于舆情的传播转发是舆情发展的主要推动力量,极大影响着整个舆论环境的发展。由于互联网的开放性,网络舆情的传播和讨论没有了地区空间上的限制,更多的公众参与到这一事件中,所以舆情的参与主体的地区分布遍布全国各地,也同样呈现出多样化的特点。

2. 隐蔽性的参与空间

互联网空间是虚拟的、匿名的开放性空间,这使得公众在参与网络舆情传播时处于一个隐蔽的参与空间,也给了公众一种双重身份的保护,一方面,作为公众享有舆论自由的权利;另一方面,利用这一隐蔽性批评指责他人,甚至会发表带有情绪化的愤怒谩骂等攻击性言论。在"罗一笑事件"的网络舆情传播过程中,公众在朋友圈转发文章、评论留言,以及大家自发捐款、打赏,都是通过自媒体平台下这一隐蔽的参与空间来完成的。也正是由于这种隐匿性,在"罗一笑事件"出现反转的时候,公众在网络舆情的参与和讨论中也出现了极端化的言论。

3. 交互式的传播空间

在自媒体成熟发展的今天,网络舆情的传播途径也变得多种多样,人们可以借助微博、微信、客户端、论坛等平台发布自己的见解。每个人都是新闻事件的发布者、传播者,同时也是接收者,再加之互联网的传播不受时间、空间的限制,信息传播的共享性和实时性使得信息可以在各个空间里互相传播交流。正是这种高度的开放性和多元互动性,使得在交互空间的传播容易将社会问题放大,甚至会曲解事实,给社会舆论带来不良影响。就"罗一笑事件"的网络舆情传播来看,多个空间的网络舆情进行交互式传播,促使舆情在短时间内形成大范围的舆论环境,将"罗一笑事件"推向一个热议的高潮。

4. 非理性的群怒情绪

网络舆情是带有情感因素的,公众在参与自媒体平台信息和网络事件的传播过程中,言论见解也带有一定的情绪化特点。同时,互联网环境提供了较为自由宽松的传播环境和便利的聚集条件,在这一环境下,公众容易缺乏自己的判断和思考,相似观点的碰撞形成各种志同道合的群体,最后形成群体极化现象。在这种群体极化心理的传播下,会使个体丧失自己

---

① 王婧.激发正能量 加强网络新闻舆论监管:以"罗一笑事件"舆情反转为例[J].新闻前哨,2018(10):18—19.

本身对事件的理性分析与判断,从而形成非理性的群怒情绪。罗一笑事件的舆情传播,开始人们是带有同情心去转发献爱心的,在一些知情者透露罗尔家庭经济情况后,各种情绪化的言论群起而攻之,人们开始质疑该事件的真实性甚至讽刺其为"带血的营销"、谩骂罗尔善良泯灭等,非理性的"群怒情绪"特点在此事件中表现得十分明显。

第二节 大数据舆情下的媒介观

大数据舆情,往往都以新媒体为媒介。其中代表性最强的新媒体,当属微博和微信,本节主要围绕这两个新媒体展开论述,展现在大数据时代这两者对于舆情的影响。

一、微信舆情

微信具有快速发送文字和照片、支持多人语音对讲、视频的分享、建立多人的聊天群等功能,因此更多的人因其更为灵活、方便、智能的设计而依赖和使用它。由于微信是建立在 QQ 基础上的沟通应用,互动的人群是我们所熟悉的,这样的关系会让舆情事件传播得更为广泛。同时微信有一个功能就是群聊,容易产生"蝴蝶效应"。一个群里的人对一件事的讨论可以衍生更多群对这件事的讨论,从而引发大范围的关注和影响。微信平台的建立使得传播方式从原来的单对单方式转变成多对多方式,具体而言就是原本由传播者到接收者这一条单一路线转变成了传播者到接收者,然后接收者到接收者甚至接收者反过来影响传播者这一条发散路线。①

1. 微信舆情的显著特征

(1) 高效率的迅捷性

在我国,移动网络越来越普及化,发达的移动网络使得热点事件能快速传递开来,而微信通过它本身的特色功能让受众更容易去接触和传播社会事件。

(2) 低成本的廉价性

微信的出现开创了一个新的纪元,立足其功能的创新性、集成性,微信克服了传统人际、群体甚至组织传播途径存在的弊端,消弭了社会整体范围的传播距离,极大节省了人际交流的沟通成本。

(3) 多层次的互动性

微信的群聊功能,实现了"多人实时对讲",再加上关注、转发等功能让公众

---

① 熊茜,江山,邢若南.微信舆情的传播特征、机制及引导构想[J].情报科学,2018,36(11):54—60.

纷纷使用微信进行交流，分享彼此的信息，达到舆论传播的共鸣。以"人人都是记者"的呈几何级数增长的创新传播方式实现点对点传播和点对面传播的统一。

（4）大范围的盲从性

社会中的人群难免会有从众心理，微信的传播过程中更能体现这个心理。由于微信公众号的低门槛和其运营者的良莠不齐，很容易将一些事实歪曲，造成舆情发作，而受众的从众心理一旦爆发，便会无法控制。如果受众群体盲目跟从，舆论事件一旦产生了，就会很容易传播开来。

知识卡片

微信在大数据舆情中的影响

1. 微信引发的"沉默螺旋"效应

在这种舆论大环境下，由于受众时间碎片化，再加上受众群体十分不稳定，使得"沉默螺旋"成为非常容易出现的现象。而微信以其去中心化、草根化、开放式的理念，吸引着庞大的用户群，构建出强大而独特的草根媒体力量……在这瞬间化、表象化、碎片式、随机式的时代里，舆情事件也就会频频发生。微信因其本身的迅捷性、便捷性特点，使微信群、朋友圈、公众号等成为网络消息发布的第一平台。

2. 微信引发的"光环效应"

光环效应最早是由美国著名心理学家爱德华·桑戴克（Edward Thorndike）于20世纪20年代提出的。他认为，人们对人的认知和判断往往只从局部出发，扩散而得出整体影响。信息时代在"光环效应"的影响下，时常产生以点带面、以偏概全的主观印象。

微信的多层次互动性和盲从性使得受众在很多时候无法全面了解客观事实，导致舆情事件受光环效应表面性、片面性的影响普遍存在。受"李刚事件"和"郭美美事件"影响，网络上新名词"官二代""富二代""炫富"等在微信网络文章中频频出现。

在许多舆情事件演化的初级阶段，受众往往容易受到影响，容易跟随一些"意见领袖"的情绪和态度站队，而这些"意见领袖"的观点会随着跟随人群的壮大继而引领和影响更多的人群，使得受害者遭受到舆论的讨伐和谩骂。这些负面观点一旦被转发，被微信群里私下的议论层层推动，受害者会被冠以各种负面的称呼，导致当事人无力为自己辩解。事件的最终结果将会是强势意见占主导，弱势声音被淹没。

---

2. 大数据视域下微信舆论场中互动现状

微信作为一款移动端网络 App，有着相对来说封闭的系统特征。此外，微信基于强关系网络构建的信息传播方式更易于被人接受和认同,同时也使得舆情的裂变式传播成为可能,如果不及时处置,舆情很有可能通过强关系网络迅速传播开去,如果不及时处理,便会引起十分强烈的社会互动,进而将舆情扩大化。相对于微博全开放式的"网状"社交关系,微信呈现出半闭合"圈子"社交关系的特点。微信的"圈子"大多由熟人或半熟人构成,例如亲人、好友、同事、同学等,这种基于强关系构建的半闭合网络使得信息传播效果更加深入,在此情境中个人意见更容易影响群体倾向,引发群体极化。同时圈内的信息传播动员成本低,极易由线上转为线下,使公共事件进一步演变成社会行动,给公众安全带来隐患。

3. 微信舆情的发生与传播机制

从当前来看,微信传播平台体系主要由群聊、朋友圈及公众号三类"子平台"组成。从传播范围看,微信群聊人数上限为500,信息流动范围较小;朋友圈以"好友数量"为上限,理论上其传播范围可达5000人,可以被视为限于特定群体的、"半公开"式小型信息传播平台;公众号平台则是面向公众、完全开放的信息平台,其传播性质几乎与"大众媒体"并无二异。在三个平台上,分别生成了群聊舆情、朋友圈舆情和公众号舆情。微信群组实质上是较为典型的"圈层传播",群友因为共同关切、共同旨趣、共同利益等"共性"走进群里,开展群聊。群聊中各类信息交流、情绪表达、观点呈现等,蕴含丰富的圈内舆情。微信朋友圈是用户对"好友关系"群体推送信息的"有限开放"的平台。朋友圈中的自我呈现、自我表达、点评互动等皆是舆情形态。微信公众号作为一种具有"媒体属性"开放式平台,表达生动、形式完整、修辞丰富的微信推文往往能引发更为广泛的关注,促生社会舆情。

(1) 微信舆情兼有"关系链"和"多点辐射"传播模式

微信中群聊舆情、朋友圈舆情以及公众号舆情并非只在各自平台内部发生发展、起落消长,而是存在着极其复杂的舆情勾连及嵌套机制,往往是某一舆情能在三者平台上不断循环回流、反复传播、产生叠加放大效应,进而导致难以厘清和处置的复杂舆情及风险。

微信舆情扩散至少存在两种密切勾连的扩散模式。第一类是基于"关系链"的舆情扩散模式。作为一种社交平台,微信的初衷就是鼓励用户将现实的"人际"关系平移进来,进而"链接"社会。从最初"点对点"的即时通信、到"多对多"的群聊、到"有边界"的朋友圈,无不是依托个人"关系链"开展传播,舆情大多也是经由"关系链"进行扩散。还值得关注的是,舆情除了依托个人原生"关系链"得以在原有"圈层"中传播扩散,还有可能通过人际关系的"桥结点",产生二级乃至多级"关系链",进而发生舆情"圈际"的勾连扩散。

第二类则是"多点辐射"式的舆情扩散模式。微信于2012年起陆续开设订阅号、服务号等功能平台,公众号成为微信体系中不依赖于"关系链"、不同于"圈群"、面向全体社会、全面开放式的信息平台。从平台的传播实质上看,微信公众号就是"媒体平台",因循"点对面"的大众传播逻辑,对订阅用户进行规模化、同步化的信息传播。微信公众号的舆情扩散亦是如此,舆情相关信息经由微信公众号向一定规模数量的订阅用户同步推送,舆情得以大规模扩散。

此外需要强调的是,上述两类微信舆情扩散模式并非独立运行。某一舆情可以是先发端于微信公众号,经由"多点辐射"式一度扩散、再下沉到"关系链"中开启二度扩散;也可能是先来源于人际"关系链",经由一度链式扩散,再由微信公众号"多点辐射"的二度扩散助推至新热度。两种扩散模式错综复杂地动态勾连和相互嵌套,造成了微信舆情扩散的"叠加效应"。

(2)微信舆情分"公开"和"隐蔽"两类扩散形态

微信中的公开舆情是指网民通过不设访问权限的开放平台,面对社会公开表达的舆情。这类舆情因其公开外显,易于察觉和甄别,也相对容易研判和应对。微信公众号平台的舆情即为公开舆情。隐蔽舆情是网民在有一定准入条件、非公开平台上,封闭或者半封闭表达的舆情,舆情具有"圈内"传播的封闭特征。例如,微信中的单聊、群聊及朋友圈中蕴含的舆情。这类舆情无论是"诱因"信息传播,还是观点、情绪和态度的表达都是在相对隐秘而封闭的管道内流动,以一种在后台运行的方式酝酿生成并潜隐扩散。有研究者指出,微信舆论不会像微博那样出现'井喷'式的强烈外向型传播,它更趋向于'窃窃私语'式的暗流涌动。微信用户在进行舆情表达时,会根据主观意愿、现实情景以及对传播后果的预判等因素,"趋利避害"地选择或公开或隐蔽的发声渠道,生成或明或暗的舆情潮涌。尤其值得注意的是,微信中大量生成的隐蔽舆情,很少直观地在前台显现,这给现实中舆情的量级评估和风险预判等带来一定难度。

二、微博舆情

微博舆情具有鲜明的交互性,是广大网民对某个或某类社会事件所形成的认知、态度、情绪、意见和行为的主观性表达,相较于传统舆情和其他网络舆情,微博舆情因具有极强的交互性而更容易滋生出大范围的社会舆情危机。微博舆情与微博舆论主要的区别在于,微博舆情是多种情绪、意愿、态度、意见的总和,可以是内隐的,也可以是公开发表的,而微博舆论是指大多数网民持有的共同意见,必须是公开发表的内容。[①]

---

① 林云,曾振华,曾林浩.微博社区网络结构特征对舆情信息传播的影响研究[J].情报科学,2019,37(3):55—59.

1. 微博舆情的显著特征

(1) 门槛低，用户广泛

微博平台以其低门槛性吸引了大量用户，微博个人认证的广泛性也拓展了公民的公共空间，为公民提供了发表意见、评论时事的渠道，每一位用户不管是否专业从事新闻传播事业都可以成为传播者，发送自己所想发送的内容而并不需要留意是否被审核。

(2) 匿名性，舆情广泛

微博虽然采取了实名认证，但是微博的昵称并不需要实名，从而具有相当大的匿名空间，而正是因为采用了这样一种匿名发布信息的机制，才使得网民表达自己的真实想法、反映网民的真实情绪成为可能，也就让舆情信息多元化。

(3) 速度快，传播广泛

由于微博关注方式并不是特别需要强调是否认识等问题，从而使得任何用户之间都可以建立连接，改变了过去简单的点对点传播方式，而是以新途径不断扩散。

(4) 突发性

一方面，微博具有独特的信息传播网络，使得微博舆情具有突发性；另一方面，微博汇聚大V等大量意见领袖，使得微博舆情相比其他社交平台更容易实现爆发式增长。当信息经由名人、权威等意见领袖的评论或转发后，其传播范围将呈几何倍增趋势，并以由点及面的传播模式引发大规模的传播，例如2017年10月8日11时05分，明星鹿晗发布了一条原文为"大家好，给大家介绍一下，这是我女朋友@关晓彤"的微博，1小时便获得185648条转发，据新浪微舆情数据统计，该条微博24小时覆盖微博用户高达1026308622人，有效转发数达696182条，微博评论数达2254427条，点赞数为4727422次，在极短的时间内，不仅被各大媒体报道，还被众多网友在社交平台上争相模仿，一时间兴起了"给大家介绍体"。由此可见，微博舆情的传播具有鲜明的突发性。

(5) 极化性

微博舆情的极化性，指微博用户对某一热点舆情的观点、态度，因为受到环境的影响形成比个人更极端的观点、态度。对微博舆情极化性的分析和探讨，可从社会心理学和传播学视角开展。以社会心理学作为研究微博舆情极化性的入手点，则从众心理便是研究的最佳落脚点。在微博舆情的传播过程中，网民心理极易受到传播环境的影响，而以传播学的视野来分析微博舆情的极化性，沉默的螺旋理论是不可忽略的理论基础。在微博平台，单条微博转发也带有评论的功能，根据沉默的螺旋理论，网友更容易形成观点聚合，从而造成微博舆情的极端化。

2. 大数据视域下微博舆论场中互动现状

微博舆论场中的互动属于网络互动的一种。微博互动,其实是用户借助电脑、手机等即时通信终端,通过 WEB、WAP 以及各种客户端,以微博平台为传播中介和交互渠道,传输符号、声像及意义,实现微博用户与微博平台之间的信息沟通,用户与用户之间的信息交换与人际交往。[①]

有人认为微博互动可分为两种模式:一是关注模式,即通过"加关注"的方式主动将某人作为自身的信源,两者之间并不存在实质性的对话互动,在被关注者与关注者之间实际上是"传播者"与"接收者"的角色关系;二是对话模式,即互动主体间存在实质性的对话关系,包括直接通过消息对话,或进行消息转发、评论行为。也有人将互动双方之间的互动大致抽象为关注层、微博交流层、虚拟与现实转换层三个层次。对比两种分类,后者的关注层、微博交流层分别与关注模式和对话模式相对应,而虚拟与现实转换层是指互动超出网络范围进而影响到互动主体的行为决策能力,形成互动主体间的现实互动。

三、大数据视域下舆论波成因分析

1. 用户的利益诉求和心理诉求影响了舆论波的形成

对于不同的事件,用户的关注度有所不同,用户的利益诉求和心理诉求影响着两微用户对于舆情的关注度,进而影响舆论波的形成和传播。形成用户关注焦点的公共事件特性是:①能激发某一大类人群的关注热情,具有曲折微妙的情节;②能够让某些人群占据道德制高点批判公权,体现了深层次的社会矛盾,具备话题阐发性和争议性。值得注意的是,占据道德制高点批判公权往往会从本来的一场舆论事件走向网络群体性事件。

2. "关注"与"粉丝"——两微舆论波形成的"节点"

"关注"与"粉丝"是两微用户的基本状态,无论是微信公众号的关注热度还是微博大 V 的粉丝,任何用户都可以互相关注,也能制造内容推送给其他用户。当被他人"关注"或成为其他用户的"粉丝"时,这些用户之间就形成了一种信息社会网络。在突发公共事件发生时,这些互相关注的群体之间所组成的立体、动态信息社会网络互动更为频繁。信息会通过"关注"与"粉丝"的各个信息传播节点迅速扩散。

3. 网状链式及循环嵌套转发的方式增强了舆论波的穿透力

两微最大的特色就在于其转发的特质。微博更具开放性,尤其是在对突发事件的报道和公众意见的传播上,微博蕴藏着巨大的能量。而微信虽然具

---

① 王秋菊,刘杰,等.大数据视域下微博舆情研判与疏导机制研究[M].北京:人民出版社,2018:60—73.

有封闭性,但是其一环套一环的熟人关系网络则使得其信息具有十分巨大的循环嵌套转发爆发力。随着转发次数的增加,信息会以细胞分裂式的增速在网络上传播开去。在两微舆论形成的过程中,两微用户就是两微舆论的主体。

4. 两微舆论是多种现实社会因素共同作用的结果

伴随着两微用户规模的不断扩大,两微在舆论场中的作用和影响力也随之不断提升,两微舆论是多种社会因素共同作用的结果。由于两微作为媒介,并不能离开复杂的现实社会而存在,因此在研究两微舆论的时候,并不能简单地把它们从社会系统的大环境中分离出来进行独立的研究,而应该是在宏观的社会环境下,深入研究它与其他社会因素和社会现象之间的相互影响和相互作用,以及这样所带来的结果。

5. 两微意见领袖是舆论的风向标,影响舆论波走向

两微"意见领袖"有所不同,微信的意见领袖是作为微信公众号的活跃用户,它们拥有众多的订阅者,而微博的意见领袖则是作为个人及企业认证用户中的"大V"们。意见领袖的关注度可通过两个数字甄别:第一,关注他们的数量和质量究竟如何(质量主要通过活跃度查看);第二,他们所发的内容被转发的数量以及被评论的数量。两微世界中"马太效应"是存在的,两微的意见领袖往往都是一言九鼎的,决定着某种意见的走向,进而影响舆情的发展。

知识卡片

《新约·马太福音》中有这样一个故事:一个国王要到远方去征服一个国家,临行之前他把10个仆人叫到面前,交给他们每人一锭银子,吩咐他们:"你们去做生意,等我回来时,再来见我。"然后就出发了。后来这位国王凯旋,他又把那10个仆人叫到跟前,要他们报告赚了多少钱,第一个上来说:"陛下,您交给我的一锭银子,已经赚了10锭。"国王说:"好哇,你这样能干,我给你权柄,让你管十座城堡。"第二个上来说:"陛下,您给我的一锭银子我已赚了五锭。""也不错,"国王说,"你可以管理五座城堡。"又有一个上来说:"陛下,你的一锭银子在这里原封未动!我一直把它包在手巾里存着,没敢拿出来。我本来怕你,因为你是最厉害的人,没有放下的还要去拿,没有种下的还要去收……"国王听见这话,便沉下脸申斥他说:"你这恶仆,我要凭你的话定你的罪!你既然知道我是最厉害的人,为什么不把银子交给钱庄,等我回来的时候连本带利地交给我呢?"说着转身对其他仆人说:"夺下他的一锭银子,交给那赚得十锭的人。""陛下,"身边的人说,"他已经赚了十锭了。"国王说:"凡是少的,就连他所有的,也要夺过来。凡是多的,我还要加给他,叫他多多益善。"这个故事的寓意被称为马太效应。

> 在马太效应中,少的,连他所有的也被剥夺;多的,会获得更多,这很容易会让人联想到贫富分化、弱肉强食,如此一来,世界必为少数人占据上层的高位,大多数人要成为基座,即形成金字塔式的社会结构。

第三节 大数据舆情的监测与疏导

本节主要从舆情的信息源和受众两个方面分析大数据舆情研判的标准。然后再来探讨舆情监测与防控的对策。

一、信息源分析是舆情研判的基础

大数据视野下,寻找和分析舆情信息源,是进行舆情研判的基础。由于以新媒体为载体的信息往往具有生产速度快、数量庞大、来源混杂等特点,辨别舆情的信息来源以及测量信息发布者的影响力有着非常重要的地位。有效地分析海量信息要从舆情信息发布者和舆情的信息属性两方面着手。

舆情信息发布者影响信息传播信度、速度和广度。舆情信息发布者包括意见领袖、新闻媒体机构以及普通网民。意见领袖发布的信息一般都具有比较快的传播速度以及比较大的用户覆盖范围。而相对于个人意见领袖而言,新闻机构的新闻则更具有权威性,由于其所拥有的比较完备的信息筛选系统以及多年积累下来的公信力,它们发布的信息往往是舆情研判的重要依据。在对新闻机构进行研判时,需要根据媒体各自的特点和属性的不同来判断其是否具有可能成为舆情的发源地,衡量指标主要有网络空间影响力和现实影响力。普通网民是互联网时代数量最为庞大的用户群体,来自世界各地,身份各异,能够更快速地接触到与他们息息相关的信息,这些信息包括网民身边的突发新闻,也包括他们各自关注的领域的最新动态等。在一些突发事件中,普通网民是舆情信息研判中不可忽视的部分。大数据视域下,舆情信息源是舆情研判中不可忽视的部分,也是舆情进一步判断和监控的基础,具有举足轻重的地位。

舆情信息属性是舆情研判的另一个重要依据。信息属性的判断指标主要有:信息议题、信息关注度、信息的特性以及信息的社会动员能力等。信息议题的研判应该重点关注涉及生理需求、安全需求、社会需求、尊重需求等基本需求的议题。而信息的关注度则会呈现出一种"数据化"的特征,可通过评论数、阅读数、点赞数、转发数以及有些新媒体平台的热搜数表现出来。信息特性主要体现在该信息是否具有倾向性、敏感性、重要性等方面。能够形成舆情的大数据信息往往具备两个以上的特征。信息是否具有社会动员能力也是衡量大数据舆情的重要标准之一。

在大数据舆情研判初期,快速准确分析信息发布者身份和信息属性对于舆情的研判来说是至关重要的,影响舆情的导向及其未来发展趋势的判断。

大数据舆情在传播过程中的研判主要是针对舆情事件发生以后,对在传播过程中舆情的形成和后续发展状况的把握。分析指标主要是互动情况和传播动态变化情况两个分析指标。互动情况主要指在大数据舆情扩散的过程中用户对于相关的信息的转发、评论、点赞和浏览,以及意见领袖对相关问题的关注程度。了解互动情况有助于掌握传播关键节点、甄别热点舆情信息、有针对性地实施引导战略。传播动态变化情况由舆情传播速度和一定时间段传播变化情况所决定。一定时间内峰值的出现、热度的变化对于研判舆情、应对舆情也有着十分重要的作用。

二、大数据舆情受众的研判标准

大数据舆情受众的研判指的是,当舆情发生之后,对受众参与情况以及他们的传播行为对于这起舆情事件走向的影响的判断。主要从以下三个方面研判:受众地域分布、受众传播行为、受众对信息的关注程度。

一是受众地域分布的研判。来自不同地区的受众对舆情信息的敏感程度和反应都不尽相同,同样的信息对于不同地域的受众群体影响程度也不同,受众群体分布对于舆情研判的影响主要产生于受众的分布地域和分布区域的稳定程度两个方面。追踪用户的注册信息、手机号码归属地等可以得到归属地信息,并可作为核查舆情扩散程度的量化标准。分析受众群体地域分布有助于相关部门有针对性地了解舆情扩散程度,并采取相应的应对策略。

二是对受众传播行为的研判。受众传播行为即受众在参与舆情传播过程中的传播行为。主要包括参与频率与态度倾向。参与频率指的是用户对相关信息的发布、转载、评论的次数,分析参与频率有利于把握舆情事件传播过程中的关键节点,也利于提前避免刻意制造事端或进行不良炒作等事件的发生。态度倾向指的是受众对所发生的微博舆情事件的基本态度,通常可分为正、负面以及中立态度三种。态度倾向是对未来舆情发展势头的情绪层面的反映,对于我们进行大数据舆情的研判意义重大。

三是受众对信息的关注程度的研判,即在舆情传播过程中参与传播的受众对舆情信息的阅读、评论、点赞的数量,这一指标与舆情传播指标中的信息关注程度指标量化基本一致。

三、大数据舆情的监测和预警方法

一是核查信息源,定性分析。大数据视角下,舆情信息渠道芜杂、来源广泛，碎片化内容极易滋生谣言，因此鉴别信息真伪是舆情研判的首要问题。大数据背景下的舆情信息采集能够代替人工搜索，根据关键词设置自动发现舆情，提高时效性，但相对于人工而言，技术无法灵活判断舆情价值与排除不实信息。

舆论场舆情喧嚣复杂，判断舆情信息是否属实可以应用"非数量分析法"，依靠研判人员丰富的实践经验以及主观的判断，推断出舆情的真伪和价值。

二是科学取样，排除杂音影响。基于新媒体平台的网络营销因其零门槛、低成本裂变传播等优势，深受企业与广告主青睐，在用户壮大的同时，大数据舆论场繁杂，在敏感信息产生的过程中，有许多企业选择借势营销，利用"水军"实现自身利益。因此，采集信息的过程中，数据样本的抓取至关重要。

舆情抽样应充分考虑社会真实意见构成比例，抽取最佳样本数量。抽样数量越大、分析结论越准确，但耗时也越长。因此在实际抽样中，应兼顾工作效率和质量，使二者保持协调。在核查信息源的基础上，分析舆情信息的内容属性，关注度高、点击多、回复多的信息应提高权重，作为重点研判对象。大 V 和意见领袖是舆情发展过程中的关键人物，也应该提高其抽样比重，但对于大 V 的舆论研判需更加谨慎，应对比各项指标，例如敏感词、点击量、转发量、跟帖等进行文本分析，透过现象看本质，应剔除幕后"水军"对于舆情研判的影响。

三是全视角把握，获取真实民意。我国网民以 10～39 岁的群体为主，具备中等教育程度的群体规模最大。因此，在以新媒体为代表的大数据舆论场，多数网民属于中下层社会，其激烈参与的讨论背后，总有一些无形的力量在引导网民思考，比如微博大 V。因此，大数据环境下的舆情采集需要 360°全视角、分秒不停地抓取全部数据。

四、大数据舆情的疏导机制

（一）微矩阵引导群体共鸣，微访谈疏导公众情绪

在舆情出现之后，政府职能部门、主流媒体可迅速关注，启动舆情应对系统，运用丰富的信息储备和专业优势鉴别舆论类型，预测舆论可能的走向。对于那些容易在人民群众中引发思想混乱及负面影响的舆论，政府职能部门、主流媒体可在第一时间通过微博、微信、客户端等媒介发布信息以还原事实真相，及时组织微访谈答疑解惑来疏导公众情绪。

微访谈的所有问题应来自普通网友，并且由访谈者直接回答，真正做到与网友之间的零距离交流，在互动中回答质疑，澄清事实以揭示真相，有助于疏导公众情绪和引导舆论方向。

(二)弱化偏见式归因,正确区分和引导认知情绪

人们可能会将信息解读的误差和舆论走向的偏离归因于受众内在的认知偏见和明显的情感好恶,却没有反思由算法推荐输送给受众的大量同质化信息所导致的"信息茧房"现象以及"回声室"效应。算法根据个人的偏好,为公众推荐感兴趣的定制化信息,帮助受众自动屏蔽筛选掉与个人观点相互冲突的地方。大量同质化的内容推送,让人们失去了接触多元信息和观点的机会。弱化人们的偏见性归因,可避免由情绪积累和基本归因式错误造成的舆情爆发。媒体需要对公众接触信息时的认知反应、认知态度以及认知行为做出判断和区分,从中了解受众既有的情感价值倾向和个人立场。在了解公众既有态度和观念类型的基础上,弱化偏见式归因,正确区分和引导认知情绪,通过正确的舆论导向影响和感染更多的人。

(三)健全把关人机制,做好舆情风险管理

社交媒体中舆情信息的传播速度快,范围广,人们的情绪容易受到情绪化意见的左右,影响舆论的方向和能量。要完善社会化媒体内部信息传播的净化功能,需建立健全新闻的把关机制,防止谣言、煽动性舆情信息的不实扩散。利用社交媒体平台附着和黏合的优势,发挥传统主流媒体议程设置的功能,要做好敏感性、负面情绪明显的议题舆情风险管理。媒体应该在舆情信息的传播过程中,及时监测和关注舆论主体、客体的变化,以及舆情走势呈现出的新特点。社会舆情折射出当前受众的情绪和社会心态,建立和丰富舆情数据分析库,揭示后真相时代舆情传播的规律有利于降低舆论风险,提升舆论引导效果。

(四)利用"点—圈—面"易感机制,降低负面舆情的感染率

深入分析大数据舆情传播属性可知,舆情事件往往在群组、朋友圈、公众号三个渠道上发生扩散。[①] 需要对各平台开展舆情监测及引导,应该区分处置不同平台,因异制宜。易感机制是传染病扩散的重要推动机制,然而如果能积极利用大数据舆情传播中的"易感"条件,扩散正面舆情信息,对冲负面舆情,也能变被动为主动,达到遏制负面舆情扩散的良好效果。具体而言,应从"点—圈—面"三个层次积极利用"易感机制",开展对冲处置,有效降低负面微信舆情的扩散和感染。从传播机制来看,群组和朋友圈平台偏社交属性,其中蕴含的社会关系多为熟人关系、好友关系,且具有一定的边界和私密性。针对这类舆情的易感群体,应该积极运用"人际交往"思路开展应对舆情处置工作。首先,结合数据挖掘系统进行活跃度甄别,准确找到舆情活跃的"节点",使之通过多级人际传播渠道发挥正面影响力。其次,相关管理部门应重点培养各

---

① 熊茜,江山,邢若南.微信舆情的传播特征、机制及引导构想[J].情报科学,2018,36(11):54—60.

大新媒体平台中活跃的关键意见领袖,有效引导他们,使之在社会上发挥"驻点"效应,通过"易感机制"有效影响其他公众。再次,政府管理部门等应该主动积极地寻找与公众可能存在的"交往共性",在"交往共性"的基础上,下沉和融入关系"圈"当中,根据"易感机制"从正面入手,感染和影响公众,进行有效舆情引导。最后,公众号是舆情表达的公开平台,因此,对于在公众号传播扩散的舆情信息。首先可以通过相关软件进行实时全面的监测,及时加以甄别处理应对。其次需要从"面"上宏观布局,打造一批有影响力、感染力的意见领袖,尤其是建设好政府微信平台、主流媒体公众平台,积极主动设置议程,做好信息发布,讲好新闻故事,主导舆情走势。

(五)开展思想文化建设,提升公众对网络负面舆情的免疫力

大数据舆情传播扩散的主导因素之一是其免疫力。从积极角度看,应增强易感人群的自身免疫力,即便在"非感染"情况下,也能自觉抵制负面舆情。从某种程度看,免疫力的培养和提升是个长期思想浸润和文化熏陶的过程。思想文化建设具有导向、激励、陶冶和凝聚的德育功能,有助于社会公众正确"三观"的培养和信念的养成。在我国,开展积极向上的主流文化建设和思想建设,并让公众产生社会认同感,通过认同感的培养可以在全社会树立正确的价值观,从而形成对各大新媒体平台不良舆情的免疫系统。新媒体平台的文化建设不仅要符合健康向上的主流价值观,还应充分考虑当前网民的信息接触兴趣与偏好,与时俱进地开展思想文化工作的创新,提升社会认同感,扩大对负面舆情具有较强免疫力的公众群体,从而降低负面舆情的发生和传播的频率。

(六)加强媒介素养教育,建立公众对各新媒体平台负面舆情的防御机制

除了积极利用易感机制、加强免疫机制建设之外,还需要有针对性地建立强有力的舆情防御机制,赋予民众抵御负面舆情的"工具"。培养媒介素养,使公众在接收不良舆情信息的情况下,具有辨别是非对错、自觉抵御不良信息甚至主动澄清反击负面舆情的能力,这是更为长远积极的舆情应对措施。所谓"媒介素养"是指在人们面对不同媒体中各种信息时所表现出的信息的选择能力、质疑能力、理解能力、评估能力、创造和生产能力以及思辨的反应能力。目前信息环境日益复杂,真伪难辨,理性与否的舆情表达和传播屡见不鲜。在全社会开展形式多样、多个层次的媒介素养培育,可以构建强有力的大数据舆情防御机制,从而提升社会对大数据舆情负面信息的辨识和处理能力。在校园里,可以将"媒介素养教育"作为一种能力培养,贯穿整个校园教育体系之中,采取入学教育、讲座、课程等多种形式加强科学引导,多方位全面建立大数据舆情的防御机制,增强学生群体对微信不良舆情的防御能力,有效减少"感染";在社会上,则应该从政府管理、媒体引导以及社会协同治理等层面,倡导

理性表达、思考和行动,积极构建全社会的负面舆情防御机制。

> **案例 5-3**
>
> 基于大数据的微博平台监测和防控
>
> 微博平台拥有先进的舆情监测系统——微舆情,可对每一条发布在平台内的信息进行实时监控。微博借助于微舆情平台强大的数据挖掘与分析能力,在微博搜索栏板块嵌入"微博热搜榜",每分钟更新一次,实时显示热点排名以及每条热点的传播走势,这一特色功能使得微博平台区别于其他社交平台,并由此增加了用户使用微博的频率,微博更成为大量网民了解热点舆情的窗口。2018 年 2 月 3 日,微博热搜榜改版,重新上线的热搜榜增加了"新时代"栏目和置顶设置,相较于改版前增加了多项正能量的内容,由此可见,微博热搜榜不仅呈现了微博舆情,更有助于微博舆情快速大规模传播。
>
> 传统网络舆情是由舆情主体、舆情客体、舆情本体以及舆情媒体四部分构成,随着传播平台与传播环境的变化,组成网络舆情的各个要素正不断改变。就微博舆情的传播过程来看,其独特的传播形式和传播特征,使其组成要素的具体形态发生了变化,根据微博舆情的传播空间对传播过程所起的实质影响,可对其传播要素进行全面理解。
>
> 一是微博舆情的传播主体。微博舆情的传播主体,是指借助于微博平台,就某一事件或现象表达其自身的认知、观点、态度、意见等内容的主体。微博舆情传播的主体数量庞大,可根据传播主体的传播动机将其分为四类:自媒体时代应运而生的自由主体,与舆情事件不存在某种直接或间接关联;个人影响力催生的领袖主体,由记者、评论员、作家、微博大V等组成,既表达媒体的观点又反映民众的意见;政府法规的发声者——管控主体,对舆论走向起到引导作用;与舆论事件密切相关的利益相关主体,是舆论发展的关键性因素。
>
> 二是微博舆情的传播客体。微博舆情的传播客体是微博舆情的中心对象,也是刺激微博舆情的现实具象,主要包括热点事件、热点现象以及公众话题等。[1] 微博舆情具有突发性,但微博舆情传播客体的产生并不突然,而是长期处于隐性状态。

---

[1] 林云,曾振华,曾林浩.微博社区网络结构特征对舆情信息传播的影响研究[J].情报科学,2019,37(3):55—59.

三是微博舆情的传播本体。微博舆情传播本体是传播主体对于传播客体的认知与观点的表达，简言之，就是微博舆情的内容表达，网民在微博平台进行的内容发布、转发、评论、点赞、分享等行为，皆是传播本体的体现，反映了普通微博用户的意见与态度。

四是微博舆情的传播媒体。微博舆情传播媒体，是指信息从传播者到接受者所经过的传播媒介、渠道、信道、手段的总称，目前微博舆情传播主体主要采用PC端与移动终端进行传播，PC端为舆情主体提供更高的技术支持，移动终端通过智能手机或平板电脑等随时随地进行信息的传播。

五是微博舆情的传播环境。第一，微博舆论的生产情境，一方面是指微博舆论生成的宏观环境，包括积极提倡网络言论自由、不断完善法律法规建设等；另一方面是指微博舆论生成的微观环境，包括微博用户的社会认知、文化环境、风俗习惯等影响传播行为的因素。第二，微博平台的技术环境，不断完备的多媒体技术，不仅提高了微博舆情的传播速度，扩大了传播范围，还实现了异构信息的传播，多媒体可视化技术使得舆情信息可以以多媒体的形式传播，增强了信息的可用性与多样性。此外，微博具有同其他社交平台的贯通性，用户可以随时随地分享最新信息，进一步扩大微博舆情的传播范围。第三，微博舆情的监测系统，新浪的舆情平台可以实时显示微博用户最关注的热点，对于舆论的生成有强大的推进作用。此外，舆情监测系统可以对处于萌芽阶段的舆情进行及时监控和预警，掌控着整个微博舆情的传播空间。

除此之外，微博还有平台技控噪声。平台技控噪声是指微博依赖平台技术控制舆情的传播，从技术层面阻断舆情相关信息的扩散，目前微博主要采用关键词判定的方法来屏蔽信息，不仅阻碍微博用户发送内容，还会阻断用户接受相关信息。这种噪声削弱了微博舆情的传播效果，例如2017年11月发生的"红黄蓝幼儿园虐童"事件中，在微博平台搜索"红黄蓝"一词时，所有搜索结果都被屏蔽，因此网友以"三种颜色"来取代"红黄蓝"。

五、微博采取的大数据舆情预警技术

微博舆情预警技术包括各类敏感事件和舆情的预警技术，利用这些技术并结合舆情地图、舆情预判与决策分析模拟系统、舆情隐患库和预案库，实现网络舆情监管指挥功能。[①] 见图5-2。

---

① 王君泽，马静，杜洪涛.微博舆情分析平台的框架与支撑技术研究[J].电子政务，2013(1)：8—14.

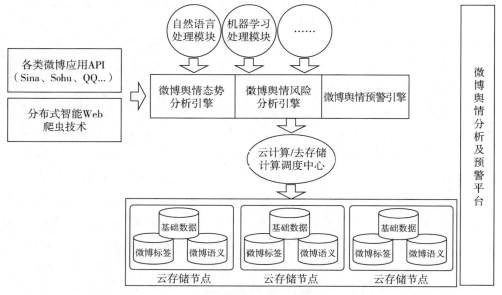

图 5-2　微博舆情分析及预警机制

　　采用数据挖掘中的关联规则挖掘技术,可从相关事件集合中找出事件之间在特定条件下存在某种强度的联系及随时间变化的趋势。针对微博相关数据处理量大和分析要求时效性强的特点,同时根据后续事件不断出现,相应数据持续增加的特点,设计支持增量更新的关联分析算法,可以感知事件之间的关联性,并进行预警。

　　运用智能信息处理、机器学习等技术,进一步深入分析网页格式和用词模式,为准确区分谣言、虚假信息提供可靠的语言模型,应用模糊理论中的模糊推理和模糊综合评判方法辨别信息的真伪,进而进行预警。

　　从微博虚拟社会风险事件相关基础信息库的构建及协同、微博虚拟社会风险防控相关的元数据模型构建两个方面,模拟微博虚拟社会风险场景,应用可视化数据直观展示风险防控相关多维数据中的复杂模式,并在可视化平台基础上,实现大规模数据的动态建模和及时呈现,以备将来进行相应的应急预案演练。

　　预警模型的构建应建立在状态分析模型和趋势预测模型、风险评估指标体系及风险状态分析模型之上,结合数据挖掘分析、模糊综合评价、系统分析与模拟仿真等方法策略,最终实现舆情预警。

　　在预警展示方面,可以利用事先设定的预警指标体系和因素对分析结果进行判断,如超出危机警戒线即发出警报。根据其性质、严重程度、可控性和影响范围等因素,按照不同颜色或者数值对应微博舆情预警的不同级别。还应加强先兆预警和可视化预警,从海量信息中预测可能诱发舆情风险的潜在因素,可以采用基于关联分析的预测方法和基于因果关系分析的预测方法;可视化预警方面,需要构建微博舆情预警的可视化符号体系,并对风险的演化过程、关键节点和人物进行标注及可视化展示。

在预警技术中应注重学科之间的交叉融合,将定性分析与定量分析相结合、社会科学与工程技术相结合,形成可应用的研究成果。利用数据挖掘技术对微博舆情风险事件进行回溯、推演和特征分析,建立相应的知识库,以指导虚拟社会风险态势的监测与预警实践,为风险事件的应对策略提供科学、准确的案例和数据支持,并对风险预警策略进行实证和完善。

本章小结

大数据时代的到来使得本来就基于网络的新媒体舆情更加复杂。由于在大数据时代信息呈现出海量和传播速度极快等特点,这为舆情的监测和判断带来了难度。大数据舆情往往都爆发于以微博以及微信为代表的新媒体平台。微博舆情和微信舆情各有不同的特征。微博舆情的发生呈现出病毒式传播的特征,一则消息会迅速在全网用户中扩散。微信舆情的发生呈现出亲友之间迅速传播的特征。

这为大数据时代网络舆情的预警与疏导提出了新的要求。寻找和分析舆情信息源是进行舆情研判的基础;如果确认舆情已经发生,则需要对大数据舆情受众进行全面分析;然后进行大数据舆情的信源核查、科学分析、全面把控;在此基础之上,再进行大数据舆情后期的应对和疏导;且在面对不同平台的大数据舆情时,要做到具体问题具体分析,对症下药。

思考与练习

1. 什么是大数据舆情?
2. 舆情的发展经历了哪三个阶段?
3. 请简述大数据舆情与互联网前时代舆情的区别。
4. 大数据舆情舆论波的成因是什么?
5. 以微信和微博为代表的大数据舆情各自有怎样的显著特征?
6. 大数据舆情下如何进行舆情监测和预警?
7. 请简述大数据舆情的疏导机制。

参考文献

[1] 刘志明.舆情大数据指数[M].北京:社会科学文献出版社,2016.
[2] 杨明刚.大数据时代的网络舆情[M].深圳:海天出版社,2017.
[3] 李勇,等.基于互联网+大数据的舆情分析[M].西安:西安电子科技大学出版社,2020.

［4］兰月新.面向舆情大数据的群体事件预警研究［M］.天津：天津大学出版社,2018.

［5］张浩苒,李晓莎,李春莹.大数据时代网络舆情的研究［J］.网络安全技术与应用,2020(8)：118－119.

［6］宋欢迎.大数据在我国网络舆情研究中的应用现状述评［J］.情报探索,2020(9)：93－100.

［7］黄如花,洪亮,黄雨婷.基于大数据的重大突发公共卫生事件网络舆情预测［J］.中国报业,2020(8)上：48－49.

［8］刘鹏飞.智媒时代的舆情大数据分析和引导［J］.青年记者,2020(3)上：14－15.

［9］陈秋萌.大数据时代新闻传播的认知与社会舆情研究：评《新闻传播的大数据时代》［J］.领导科学,2019(11)：55.

［10］王茹月.新时代网络舆情大数据技术应用与研究［J］.中国报业 2019(7)下：16－17.

第六章 大数据广告

> **学习目标**
> 1. 了解大数据广告概念以及类型。
> 2. 了解大数据广告的特征。
> 3. 了解大数据广告的发展阶段。
> 4. 了解大数据广告的营销模式。
> 5. 了解大数据广告的制作方式与呈现方式。

第一节 大数据广告的概念与特征

一、大数据广告的概念

大数据广告准确的说法为精准广告。① 大数据广告的概念有狭义和广义之分。狭义的大数据广告指的是大数据精准广告,②而广义的大数据广告则是精准广告。

1. 精准广告。张辉锋等人认为,精准广告是对整个广告业运作理念的革新,广告运作过程中媒体的中心地位受到动摇,消费者中心地位显现,广告从重视创意驱动,转变为创意与技术共同驱动。③

2. 大数据精准广告。大数据精准广告指的是广告投放者依靠互联网广告网络、广告交易平台,运用大数据技术进行消费者信息检索,消费者定向,消费者数据获取、挖掘与计算分析,从而获悉消费者的个体特征和需求,有针对性地向消费者投放广告。大数据精准广告大大提升了广告的到达率及消费者接触广告的触及率,进一步凸显了广告的价值。④

同传统的广告活动相比较,大数据广告在各个方面均有所提升,首先,大

---

① 刘锋.探究大数据时代的精准广告及其传播策略[J].普洱学院学报,2018,34(06):83-84.
② 柳青. 大数据精准广告现状及发展策略研究[D].重庆:重庆工商大学,2018.
③ 张辉锋,金韶.投放精准及理念转型:大数据时代互联网广告的传播逻辑重构[J].当代传播,2013(6):41-43.
④ 鞠宏磊,黄琦翔,王宇婷.大数据精准广告的产业重构效应研究[J].新闻与传播研究,2015,22(8):98-106.

数据广告依托于大数据,对广告代理公司来说,市场调查相对传统广告活动更加迅速及时,也给广告主节省了投放于广告活动的资金。其次,大数据依托于各平台用户数据,能更加准确地把握受众的消费心理及行为,对广告代理公司而言能更准确地把握广告投放的时机和投放目标群体;对广告主而言大数据广告节约了大量时间,且精确的受众对广告主意味着更为有效的消费者转化。此外,大数据广告还能使广告代理公司有机会通过消费者心理及行为特征创作出更贴近广告受众的作品,从受众角度制定更有说服力的广告说服策略,劝服消费者购买产品。

> **知识卡片**
>
> 精准广告的数据思维
>
> 数据思维在网络广告上体现为信息数字化、形态软件化和需求量化三个方面:[①]
>
> 信息数字化。在传统媒介环境下文字、图像、音频、视频等传播符号系统界限分明,无法相互转换,且分别对应特定的广告媒体。互联网信息以比特形式存在,打破了信息符号间的边界,不同媒介相互兼容,数字化信息能够在不同终端之间任意转换。
>
> 形态软件化。传统媒介条块分割,行业界限明显,信息自由流动受到限制。互联网传播通过可识别的程序设计、兼容联通的应用软件,自由穿梭于新闻、论坛、电商、社交等一切可信息化的现实服务形态之中。
>
> 需求量化。传统广告依赖抽样调查和访谈方式获取消费数据,用以进行广告定位,指导广告表现,其样本量较小,对精准决策的作用有限。互联网新技术,如大数据、云计算、智能终端、物联网等广泛应用后,产生了大量关联数据,广告公司或媒体公司可综合运用规模搜索、信息获取、文本分析、统计模型、实时计算等技术,对这些数据进行挖掘和处理,发现每个用户的消费需求和媒介使用习惯,生产语境、广告和消费者三者最佳匹配的广告营销信息。

二、大数据广告的特征

网络时代,数据成为核心资产,数据的价值得到充分挖掘。广告主利用大数据分析海量数据,找到数据背后的网民,为网民推送精准广告,这是大数据精准广告的核心优势。在网络生态背景下的大数据精准广告与传统广告相比

---

① 高小琳."互联网+"时代的广告传播[J].新闻战线,2017(21):96-98.

较,特征鲜明。

(一)透明的广告用户

传统广告时代,受众通过媒介接触广告,媒介相当于一个屏障,受众可以隐匿在媒介后方,使得广告主很难获知受众是否愿意接收广告,或者接收后对广告的评价。这在一定程度上导致广告主为了扩大传播力度,盲目地大范围投放广告,不仅造成广告资源的浪费,也使得广告传播后收效甚微。传统广告的广告受众是一个抽象的概念,广告主对受众的感知是模糊的。而大数据精准广告则凭借技术、数据的优势,为用户画像,把数据人格化。

运用用户画像,能够更好地确定目标消费者。这在整个广告营销环节中是至关重要的,如何精准地发现目标消费者一直是广告主首要解决的问题。在传统媒体时代,广告主获悉目标消费者绝大多数都是通过问卷调查、电话访谈、实地调研等方式,但是这些方式花费的时间长、耗费的人力资源成本高,增加了广告预算。这些方式获取的样本数据是小范围的静态数据,难以获知样本的整体状态,也就很难获知广告的市场容量。大数据时代,广告主利用数据追踪技术能够360°全方位提取呈几何式倍增的广告用户数据。获取数据后,利用算法为广告用户画像。广告主可以清晰地知晓用户的个人属性、居住地区、兴趣爱好、购物经历及购物意向等。因此,这些广告用户是透明、可视的,广告主更能发现用户的"心中所想"。

以微信广告为例,微信广告的一大特征是广告投放者能够精准地找到目标受众,进一步扩大潜在受众群体。微信广告中的"精准"体现在立足于海量用户使用微信的具体行为,数据化分析用户需求,选择有意愿接收产品信息的目标受众,在此基础上进行有针对性的广告投放。微信之所以能够引领精准营销潮流,是因为微信基于巨量化用户数据,为用户贴标签。微信运用相似人群拓展(Lookalike)技术,挖掘网民数据,找到目标用户。具体操作有两种方法:一是人工直接定位用户。微信后台根据用户的性别、年龄、兴趣爱好、职业、收入状况、地理位置等具体数据,找到接收广告的目标用户。二是利用机器学习模型,找到众多潜在用户。例如,微信用户在网上发生购买某产品的实际行为,这些用户便成为种子用户,通过机器学习的模式,能够找到与种子用户高度相关的目标用户,而这些用户在未来也有可能发生购买产品的行为。Lookalike结合数据,找到目标消费人群,会对广告业务的开展产生重要的推力。

2018年3月初,云南省旅游发展委员会与腾讯合作打造"一部手机游云南"的全域旅游智慧平台。这是一个"互联网+"与旅游深入融合的平台,移动客户端、QQ空间、互联网运用到旅游的各个过程中。网民在旅游前通过朋友圈、QQ空间产生兴趣后会通过微信、搜狗检索有关旅游的信息,之后便会接收到腾讯为云南旅游制作的社交广告,观看广告后可以根据广告提供的链接预订机票、酒店,在旅游过程中,通过大众点评App,解决旅游中的饮食问题,旅游中和结束后都可以通过微信、QQ空间反馈旅游感受。只要有一部手机,就能够享受一次有品质的旅游服务。在整个过程中,腾讯社交广告对于发现目标消费者起到了重要作用。腾讯社交广告基于腾讯用户数据,利用基于位置的服务(Location Based Services,LBS)定位找到近一年时间出现在云南的用户,再利用Lookalike计算出将会前往云南的潜在用户,向这些用户定点式推送关于云南旅游的广告,刺激网民旅游的欲望。

(二)个性的广告创意

广告主投放广告,目的是把广告的传播价值转化为产品的经济价值。广告价值的产生需要向目标消费者传达产品信息,以期引起消费者的注意,在消费者头脑中留下深刻的印象。现如今,媒介渠道、媒介平台更加多样,消费者的个人诉求被无限放大,消费方式在搜索、评论、分享等网络行为的影响下变得愈加复杂。广告主传播的广告信息要想在众多的信息资讯中脱颖而出,应该向消费者推送具有创意的广告。大数据精准广告因为依托程序化创意平台能够在极短的时间内完成程序化创意。程序化创意指的是在程序化创意平台(Programmatic Creative Platform)上,经过大数据与创意的程序化算法,向广告设计师推送符合设计内容的素材,这些素材类型囊括了图片、颜色、广告语、标识等,广告设计师不需要在其他软件里设计,只需用鼠标点击素材,便能自动生成适应不同消费者需求的创意。根据消费者浏览创意后的反馈情况,广告设计师对广告创意进行实时优化,修改后再次投放。程序化创意实现了广告创意的动态、智能化生成。

广告创意体现广告的主题,是传统广告的核心。一个引人注目的广告创意能在消费者的头脑中留下深刻的印象,从而加深消费者的品牌记忆。传统广告的创意具有很强的专业性,广告从业者需要深入了解产品的性能及广告主的广告意图后,展开头脑风暴,从而明确广告诉求。此外,在广告表现上,例如,标志如何设计、广告语及广告文案如何创作、广告视频如何拍摄等专业性的广告活动都需要广告从业者运用创造性思维,把广告内容具象化、形象化地展示出来。由此可知,传统广告讲求的创意更具专业性,需要广告从业者具备广告学相关知识与技能。而与传统广告形成鲜明对比的大数据精准广告在程序化创意方面进行了可供借鉴的尝试。一是广告制作高效快捷。广告从业者在投放传统广告时,为了扩大广告的接收范围及影响力,往往会选择在报纸、广播、电视等不同媒介上播放内容相似的广告。由于不同平台的媒介属性不同,报纸适合刊登文字格式的广告,广播适合播放音频格式的广告,电视则适合播放视频格式的广告。因此,一则广告需要改良格式才适合在不同平台上传播,在这个过程中,便耗费了广告从业者大量的时间和精力。而在程序化创意平台上制作的广告,可以实现一次制作多次输出。例如,某跨国公司为产品制作广告,准备在世界范围内不同地区投放广告,采用程序化创意平台,能够在极短的时间内生成适应不同地区语言环境的广告内容。这就极大缩减了制作广告的时间,使得广告制作更加高效便捷。二是广告创意快速生成。传统广告实现创意的局限在于广告从业者很难联想到吸引消费者关注的广告创意,另外,广告创意以图文、音视频等可视化形式表现出来后,也很难知道消费者对广告创意的接受程度。而大数据精准广告运用程序化创意能够全网式实时选择广告模板,快速生成数量众多的广告创意。58同城于2015年3月份利用程序化创意平台生成广告创意近40万份,而平均生成每个创意的时间是1.6秒。

2017年,传漾科技原生广告平台为视频网站爱奇艺策划的"夏日青春漾"暑期活动进行线上宣传推广。该平台在这次推广活动过程中主要从两个方面入手:一是按照受众兴趣细分订制创意内容。依托传漾科技原生广告平台,大数据搜集目标受众群,把这些群体按照个人喜好细分为追星群体、影视及综艺爱好群体和爱奇艺粉丝群体,根据不同群体的兴趣喜好分别订制创意内容。二是追踪受众使用媒体的踪迹,把受众喜欢使用的媒体划分为新闻资讯类、视频类、生活类等,在这些高使用人群的媒体上投放关于活动的广告。在汽车头条App和凤凰新闻App上投放此次活动的广告页面,在汽车头条上的广告图片尺寸大,色彩鲜艳,引人注目;凤凰新闻App上的广告图片尺寸小,并且图片色彩不醒目,从中可以看出不同媒体广告的呈现方式不一致。这样优选媒体和创意订制的结合,提高了广告的曝光率,这次活动的传播曝光率高达114%,点击完成率高达186%。

(三)科学的广告决策

传统广告的广告决策是由广告主根据产品特性寻找适合投放广告的媒体平台,广告主的从业经验在广告决策中发挥着重要作用。这样的广告决策依赖于广告主在获取有限资源的前提下,做出利益最大化的判断。而大数据精准广告则用计算机处理全样本数据,精准预测消费者而投放广告。广告营销团队利用数据管理平台(Date Management Platform,DMP),综合管理搜集到的数据。这些数据由数据供应商、媒体、广告网络以及广告交易平台有偿提供。媒体、广告网络的网民数量在不断增长,使得数据管理平台的数据资源呈量级增长。DMP搜集数据后便会对数据进行分类管理,分清哪些数据是广告主已有的客户数据、广告营销过程中产生的数据及广告主亟须向数据供应商和DMP购买的数据。基于DMP的数据整理,计算机分析海量数据中最实用的数据,可让广告主对数据有清晰、明确的认识。

此外，在广告投放前，大数据精准广告可以明确消费者的消费诉求。在广告的投放过程中，运用追踪和定向技术，能够监测到消费者购买力、购买意图的变化，以此来确定广告到达的最终群体。在这个过程中，广告主根据客观的消费者数据确定目标消费者，分众传播广告信息，使广告决策更具针对性。广告投放过程中，针对目标消费者接受广告信息的实际情况，例如，目标消费者是否浏览广告、消费者浏览广告后是否在网络上留下反馈、消费者通过哪种终端接收广告、在哪种终端上实施购买产品的行为，如果发现目标消费者没有点击广告的行为或者消费者浏览广告信息后对产品持负面评价等问题，广告主可以及时调整广告投放策略，改善广告内容，重新选定目标消费者之后再次投放广告。在广告投放结束后，依据消费者的浏览广告数据以及购买数据，制定广告效果数据图表。因此，在整个投放大数据精准广告过程中，克服了传统广告决策的主观臆断性，让广告决策更加趋向智能化、科学化。

以品友互动平台为例，该平台2017年引入人工智能决策，利用大数据和实际投放数据，全面系统地建立了科学的分类逻辑和模型算法：一方面能够捕捉受众全媒体接触行为，跟踪受众的消费路径，分析受众转化为消费者的关键因素。另一方面还能做到根据目标受众群体预测传播效果，评估媒体价值，以及在整个广告投放过程中，充分运用大数据，分析消费者转化路径的原因。该平台为蒙牛乳业策划了一场广告投放项目，在项目实施过程中以蒙牛DMP输出广告的分组人群为依据，把这些分组人群导入该平台的程序化投放系统，利用该平台的大数据技术和机器算法对广告进行实时竞价投放，在此基础上优化广告投放的时间、空间和素材。广告实时竞价投放、优化广告内容及传播时间和地点，都是大数据精准广告科学决策的具体体现。

（四）精准的广告投放

报纸广告时代，广告主无法确定消费者接收广告信息的时间，通过把广告内容刊登在报纸的突出位置的方式，试图获得消费者的注意。广播电视时代，广告主对一天的时间进行划分，品牌广告主往往会争夺黄金时段的广告播放机会，在这个时间段播放广告的显著特征是广告费用高。并且，对于消费者在收听广播或观看电视时是否同时了解了广告内容也不得而知，广告效果不能清晰可见。

大数据广告时代，精准广告的主要特征是广告主可以对广告投放的关键节点进行精准把控。当消费者在搜索某种信息时，广告主要善于发现消费者的需求，及时向消费者推送广告；当消费者在浏览某种产品的具体信息时，广告主需要向消费者推送产品的价格信息，让消费者精挑细选出高性价比的产品；当消费者寻找以哪种方式购买该产品时，广告主则应该向消费者推送有产品购买方式的链接，以此来促进产品的销售。广告主捕捉到这些与消费者高度相关的关键时间,有针对性地投放广告,有助于消费者由浏览广告信息转化为购买产品的实际行动,以此来实现产品的经济价值。大数据精准广告的传播渠道是多样的,利用大数据技术,能够获取网民在不同平台、终端上的具体行为数据。广告主分析网民使用各种平台的具体数据后,得出网民使用某种平台的日均活跃程度及每天使用高峰期的具体时间段。通过这些数据,广告主更能明确传播平台的价值,从而选择网民使用量多、网民评价好的平台投放广告。

此外,大数据时代传播渠道多屏化,使得广告的投放结果更加精准。广告信息的传播渠道也是受众接收广告内容的载体。传统媒体时代,传统广告的传播渠道是单一的、一维的,报纸、杂志、广播、电视等传统媒体联系较少,壁垒鲜明。广告主为了扩大一则广告信息的接收范围,需要把这则广告分别制作成文字、视频、音频的形式,才能让受众在看报纸、电视,听广播的同时接收到广告信息。在新媒体时代,传统媒体之间、传统媒体与新媒体之间、新媒体之间相互融合,形成"你中有我,我中有你"的媒体格局。例如,电视屏幕上一个简单的二维码图标,网民使用手机微信"扫一扫"就能够进入微信界面。网民登录移动客户端浏览信息,可将此信息分享至微博、微信朋友圈、腾讯 QQ 等终端上。这些都是传播渠道多屏化的具体例子。

多屏化传播有助于广告的精准投放。一是信息全方位扩散,信息的覆盖面极广。各个行业推出移动 App 成为主流做法,各种应用终端出现在手机下载页面。面对形态、功能各异的终端,网民会愈加碎片化地使用这些媒介终端。此时,多屏化传播信息覆盖面广的优势便展现得淋漓尽致。网民无论使用哪一款客户端,都能浏览到这则信息,极大地增加了网民接触信息的可能性。二是各种媒介终端的交互性强。各媒介内容共享、资源互通、优势互补,传播信息不再是"单打独斗",而是以"组合拳"的方式出击。多屏联动,整合优质资源,合力传播信息。当前,微视频成为受众喜闻乐见的传播形式,制作一则趣味性、故事性强的微视频投放在不同终端上,往往能吸引受众的注意力。三是分众传播的趋势更加明显,各个媒体充分发挥媒体传播特色,深耕内容,注重内容的传播形式,与目标受众人群建立良好关系,服务好目标受众,传播效果会更佳。

以精准大数据营销平台——百泰广告为例,该平台支持地域、IP、设备、时段、场景、视频、关键词等 15 个维度的定向方法,这些定向方法全面覆盖受众在网上的所有行为状态,能够找到目标受众进行广告的精准投放。此外,该平台与谷歌、爱奇艺、新浪网、腾讯网等知名媒体深度合作,不仅可以获取这些媒体的广告位数量,还可以把制作的广告投放到这些媒体平台上,展开多屏传播,提升广告的精准到达率。

(五) 高效的广告效果

大数据精准广告之所以高效,体现在广告内容订制和广告效果评估上。

传统广告含有被动接收的意味,这就大大降低了消费者的信息选择权,减少了浏览广告信息的兴趣和欲望。与传统广告形成鲜明对比的大数据精准广告则依据消费者的网络行为数据,为消费者推送订制的广告内容。移动互联网背景下,PC端和移动端实现互联互通、资源共享,消费者只要联网,就能够接收到与自己消费兴趣高度相关的广告内容。例如,消费者登录电商平台淘宝移动客户端注册成为会员后,检索"外套"字样,就会出现多种品牌的外套服装的链接,消费者会根据客户端页面上显示的服装图片、价格等信息选择一款服装的链接进行仔细浏览。当该消费者再次登录淘宝客户端时,淘宝页面就会为消费者提供与消费者之前浏览的相同款式的外套。如此,便减少了消费者检索内容的环节,直接点击淘宝推送的信息链接就可以发现自身想要购买的服装。订制广告内容,是站在消费者的角度传播符合消费者心理预期的广告信息,使得广告的触及率更高,广告传播更加有效。

广告效果评估是广告投放的重要环节,没有效果的广告投放是毫无意义的。大数据精准广告利用程序化购买广告系统,让广告购买和广告交易在以毫秒为单位的时间内完成,使得整个广告投放过程高速度运转,提升了广告投放的速率。在这个过程中,程序化购买系统根据竞价排名选取更有可能购买产品的消费者投放广告,在降低广告主广告预算的同时,获取高额的广告回报。尤为重要的是,系统能够实时监测消费者在网络空间的行为变化,实时反馈消费者浏览广告信息及购买产品的数据,计算出广告在整个产品销售环节的贡献率,让广告主对广告效果一目了然。此外,大数据精准广告让广告付费模式实现按效果付费。广告主在媒体上投放广告,根据消费者在媒体平台上点击广告的真实数据支付广告费。这就有效地控制了广告预算,也让每一笔广告费用到实处,也使广告效果更加高效。

由于传统媒体提供发布信息的时间和空间有限,传统广告的投入成本普遍偏高。传统媒体是按照广告内容刊印版面、广告播放时段、频次等收取广告费用的,但并不是发布内容的版面越突出、广告时段越接近黄金档、广告发布频次越多就越能增加广告的实际曝光量。传统广告往往花费了高额的广告费,但是收到的广告效果却不尽如人意。大数据精准广告利用大数据精准定位具有广告需求的目标受众,开展针对性极强的营销活动,增加了网民接收广告的机会,进而强化了广告传播效果。此外,在付费方式上,大数据精准广告采用"按效果付费"方式,极大地降低了广告费用。

第二节　大数据广告的发展阶段和类型

一、大数据广告的发展阶段

网络时代，大数据精准广告的产生是互联网广告的不断革新与发展的必然结果。厘清互联网广告的发展历程，有利于进一步研究大数据精准广告。

20世纪90年代初是互联网广告发展的起步阶段。此时的互联网广告与传统广告相似，广告主根据网络媒体的影响力和媒体内容、受众定位而选择投放平台，直接与网络媒体沟通广告投放的时段、广告页面尺寸、广告费用等问题。在这个阶段，由于网络技术不成熟，互联网只是一个简单的发布广告信息的平台，相当于把图文、音视频广告内容转移到互联网上。网民接收广告的行为由被动接收到使用鼠标主动点击接收。以1994年10月25日在美国诞生的世界上第一条互联网广告为例，它是一条网幅广告，形式十分简单，以简短的文字信息诱导网民点击广告。

20世纪90年代中后期至21世纪初，互联网广告逐步发展。1996年，专业的广告中介平台——广告网络平台正式运营。广告网络平台与网络媒体建立代理关系，购买网络媒体的广告位，再把广告位售卖给广告客户。该平台是第三方广告管理平台，它成为连接广告主和网络媒体的纽带。广告主不需要直接与网络媒体沟通，只需要把广告需求告知该平台即可。该平台与传统的广告公司的功能相似，却逐步取代网络媒体的主导地位，成为定价者。然而，在这个阶段也存在一些问题：其一是广告网络平台在发展的过程中，其数量和类型越来越多，而这些广告网络平台的价格、覆盖媒体及广告客户的数量都各不相同。广告主为了选择合适的广告网络平台，只能花费大量的时间对这些平台进行调研和评估，耗费了广告主更多的精力，大幅度增加了广告成本。其二是广告效果不清晰，广告主依旧不能衡量广告信息产生的实际意义。其三是广告网络平台自主定价，价格不公开。

2005—2010年，互联网广告进入深入发展阶段。2005年，类似于股票市场的广告交易平台（Ad Exchange）正式成立。该平台是众多分散的广告网络平台的整合，为各个广告主体提供展示需求的界面。广告主在该平台上发布自己的广告需求，网络媒体在该平台上自主展示广告位，各方需求清晰可见。该平台的优势在于能够在线上实现实时竞价交易，向目标消费者提供竞价排名靠前的广告信息，实现精准营销。

2010年至今，互联网广告迎来快速发展期。此时，广告主与广告交易平台对接的平台成为需求方平台（Demand Side Platform，DSP），媒体与广告交易平台对接的平台是供应方平台（Supply Side Platform, SSP）。DSP 具有如下优势：一是以技术、数据和算法的方式实现了从购买广告位到购买"消费者"的转变。二是基于广告主的需求，为广告主提供传播效果良好的广告投放策略。SSP 的优势在于专业化管理广告位，媒体实现经济效益最大化。伴随着广告网络平台、广告交易平台及需求方平台、供应方平台的建立和运营，广告实时竞价得以实现，大数据精准广告的雏形就开始显现。当互联网广告快速发展时，大数据精准广告则迎来了蓬勃发展的时期。

二、大数据广告的主要类型

目前，按照广告展示方式，广告交易手段和消费者细分与定位，将大数据广告划分为以下类型。

（一）搜索类广告和展示类广告

按照广告展示方式的不同，大数据精准广告划分为搜索类广告和展示类广告。

搜索类广告是广告主根据产品的特性以及消费者在网络上检索产品的习惯设置关键词，制作相关的广告内容并定价后在网上投放的广告。当消费者在上网时输入内容相同或相近的关键词，网络窗口便会弹出该广告。随着互联网的发展，搜索类广告不再局限于在百度、搜狗等搜索引擎上投放，很多移动手机客户端也设有搜索窗口，同样可以根据消费者的搜索习惯，推送精准的广告。

展示广告是以每千次展示计费的图片广告，能够投放在互联网网页和移动手机客户端的接收端口上。依托程序化购买系统，展示广告的形式愈加多样，例如，H5、小游戏、视频等广告形式。广告内容更加形象生动，也更加适合新媒体环境下的传播。

（二）RTB 和非 RTB 广告

按照广告的交易手段不同，把大数据精准广告划分为实时竞价广告（Real Time Bidding，RTB）和非实时竞价广告。RTB 指的是依托于第三方技术平台，针对消费者使用互联网和移动互联网的具体行为展开测评的一种竞价技术。RTB 广告的运作体系，主体由广告主、DSP、Ad Exchange 及互联网平台构成。广告主把自己的需求发布在 DSP 上，互联网媒体则把自己的网民资源即流量放置在 Ad Exchange 上，而消费者的网络行为数据则由 SSP 管理。当消费者点击进入网络空间浏览网络页面时，SSP 便会在极短的时间内做出反应并向 Ad Exchange 发出消费者浏览行为的讯息，之后通过网络技术的分析，把广告位的详细信息传递到 DSP，由 DSP 进行实时竞价，最终则由高价者拥有把广告展示给目标消费者观看的机会。在整个 RTB 广告运作中，时间控制在 100 毫秒之内,保证目标消费者在极短的时间内便能接收到广告。可以说,RTB 广告集合了广告运作过程中各个主体的优势资源,通过网络实时竞价的方式,找到了最具需求的广告主和最有购买潜力的消费者,从而提升了广告的针对性。

(三)定向广告

按照消费者细分和网络定位的不同,把大数据精准广告划分为需求定向、重定向、行为定向、内容定向、关系定向广告等。在网络 PC 端,消费者浏览网页后会留下浏览痕迹数据,根据这些数据,定向维度划分为需求定向、行为定向、人口属性定向、地域定向、重定向。在移动手机端,根据手机软件开发工具包(Softwore Development Kit,SDK),定向维度划分为应用内容定向、操作系统定向、网络定向、位置定向、运营商定向、设备定向。

在网络环境下,定向的方式方法更加精细化、多元化。根据以上两种或三种广告类型进行组合,都能生成新的广告形式。例如,搜索广告和 RTB 交易模式相结合,则产生 RTB 搜索广告;展示广告按照消费者需求定向并且采取 RTB 交易方式,则生成了需求定向 RTB 展示广告;RTB 与重定向相结合,则生成了 RTB 重定向广告。因此,大数据精准广告的类型丰富、形式多样。

第三节 大数据广告的营销模式

一、大数据广告市场

目前,我国大数据精准广告生态体系的市场主体包括广告网络平台、广告交易平台、需求方平台、供应方平台、交易专柜(Trading Desk)、数据管理平台、动态创意化平台(Dynamic Creative Optimization Platform,DCOP)、广告认证平台(Advertising Verification Platform)八个数据型网络平台。这八大平台职能清晰,从不同维度整合着网络资源。它们共同构成了程序化购买的多元化市场主体,而程序化购买则是大数据精准广告生态体系的核心要素。程序化购买,指的是在搜集、存储及分析处理消费者大数据的基础上,在各种媒体资源互通,各种技术和平台间相互联系、相互影响的生态体系得以建构的背景下,广告主通过自动化的程序和流程购买媒体广告位的广告交易流程。根据媒体流量的开放程度和公开议价的程度,程序化购买方式可划分为四种类型。

(一)公开竞价(Open Auction)

公开竞价指的是媒体对不用预约的流量展开拍卖,出价高的广告主获得广告展示的机会,这就相当于实时竞价广告。公开竞价不需要广告主与媒体联系,广告主把自身的广告需求投放在需求方平台上,媒体把库存广告位投放在供应方平台上,供应方和需求方在广告交易平台上完成一系列竞价交易。

(二)受邀竞价(Invitation-Only Auction)

受邀竞价指的是媒体不用预约流量公开议价的一种广告竞价方式。与公开竞价不同的是,媒体在拍卖广告位时,事先主动邀请一些知名度高、品牌价值良好的广告主参与竞价,以此过滤一些产品口碑差、产品信息不健康的广告主。这种竞价方式有利于传播优质的广告信息,建构良好、健康的广告生态。

(三)首选交易(Unreserved Fixed Rate)

首选交易是一种协商定价的广告竞价方式。媒体与广告主直接进行广告交易,双方就媒体广告位、广告展示时段等具体情况协商具体的广告交易价格。在广告交易的过程中,广告主发现媒体提供的广告位与产品目标消费者相匹配,广告主便可依据事先沟通的广告价格购买广告,率先获得广告展示的机会。

(四)私有程序化购买(Programmatic Direct Buying)

私有程序化购买指的是媒体为广告主预留广告位,两者之间协商定价的广告交易方式。该购买方式的主要特征体现在广告交易的"私有"和"程序化"上。"私有"指的是广告主与媒体就媒体广告位与广告价格展开一对一交流协商,"程序化"指的是广告主与媒体进行购买广告的过程是程序化、自动化完成的。媒体往往会倾向于把优质的广告位首先投放在私有程序化购买中,因此,这种购买方式最适合拥有一定经济实力的品牌广告主。

这四种类型的媒体资源的优先级程度是不同的,私有程序化购买的优先级最高、首选交易的优先级排第二位,受邀竞价排第三位,而公开竞价的优先级最低。媒体往往会在私有程序化购买和首选交易结束后,才会把剩余的流量投放至受邀竞价或公开竞价中。

二、大数据精准广告的产业链流程

大数据精准广告在运行的过程中,各个程序化广告主体会各司其职,相互关联,这就形成了产业链运作体系。

私有程序化购买的参与方是单个卖家与单个买家一对一进行广告交易,其产业链构成十分简洁。广告主把需求提供给需求方平台,由需求方平台直接与媒体对接,交易达成后也由需求方平台完成广告投放,在这个过程中,需求方平台可以参考数据管理平台上的网民数据和动态创意平台上的创意内容改进广告。首选交易和私有程序化购买的产业链大致相同,只是在实际运作过程中,广告主和媒体也可以在广告交易平台完成交易。

受邀竞价和公开竞价在参与方式上有所不同,与公开竞价相比,受邀竞价的买家数量较少。它们的产业链运作流程大致相似,广告主把广告需求投放到需求方平台,媒体则把自己的流量投放到供应方平台上,由供应方平台向广告网络交易平台发送广告位出价请求,广告网络交易平台收到出价信息后向需求方平台反馈,需求方平台则根据数据管理平台网民数据和动态创意平台广告位综合分析再出价。广告网络平台或广告交易平台依据需求方平台出价进行排名,排名首位者获得广告位,达成广告交易。

三、大数据精准广告的实现策略

大数据精准广告指的是依托互联网广告网络及广告交易平台,应用大数据信息检索、受众定向及数据挖掘等技术对目标消费者信息进行实时抓取与分析、针对消费者个性化特征和需求推送具有相关性商业信息的新型广告。对大数据所提供的数据进行量化分析,得出有价值的数据信息,对受众的消费行为、目的和习惯进行细致划分,从而将其小众化、细致化,从广告产品的商品定位出发,精准确定潜在消费人群,实现精准投放。

(一)提升技术,加强数据挖掘分析

大数据的一大特点就是能够对所有事物进行量化处理,可以对受众的言语行为、消费过程、地理位置等信息进行数据记录,甚至能够对受众之间的社交关系进行数据量化。技术是精准广告传播的核心驱动力,许多技术公司研发的人群定向、媒体分析等技术,都可以应用于精准广告生产领域,深入挖掘与分析数据,能够为其传播提供强有力的技术支撑。

加强数据挖掘分析要确保数据之间具有较强的关联性,尽量将非结构化的行为数据、社交数据、消费数据等进行有效整合,进而为精准广告的传播提供强力的技术支撑。面对庞杂无序的信息,可以采用多元化手段推动受众数据生成,如可通过发放小礼品的方式吸引受众填写个人资料,通过社会调查、办理会员等途径获取信息数据,然后借助专业的数据平台广泛抓取受众信息,并及时更新数据库,与受众保持密切联系,以充分掌握受众的个性需求与消费变化。

(二)明确目标受众定位,增强广告契合度

全程记录和动态观察目标受众行为轨迹,然后进行明确定位和细化处理,可以在精准广告生产和传播前实现对目标受众群体的精准锁定。为此,需要在掌握受众年龄、性别、兴趣爱好、社会身份、消费能力等的基础上,利用大数据技术对目标受众群体网络浏览、搜索记录、社交评论、互动分享等具有较强社会属性的行为数据展开深层分析,真正锁定目标受众,进而精准判断其消费场所、购物需求、情感态度、体验感受等,有针对性地进行广告生产与推送。例如,奈飞公司不仅利用大数据技术掌握了《纸牌屋》受众的基本信息和层次比重,还将其应用于剧集的宣传推广中,借助大数据技术进一步明确不同受众群

体的偏好属性,进而有针对性地进行推荐,而对于那些忠实受众,奈飞公司会推送适合其审美习惯的宣传片,这有效地增强了精准广告与受众需求之间的契合度。

(三)以受众自身需求为导向

大数据精准广告与传统广告传播模式存在着区别,传统广告传播类似"碰运气",具有很大的偶然性,缺少技术理论的支撑,而精准广告就像一对一的私人广告管家,熟知受众的脾气爱好,并据此向受众推荐有关广告产品。精准广告围绕受众的特点,实现个性化精准广告投送,量体裁衣,满足不同受众特有的信息需求,以比受众更了解受众为最高目标,实现在受众没有产生需求之前完成精准广告信息的传递。要达到这个目标,就要加大对数据分析技术的投入,了解目标受众的心理、生理需求,以受众自身需求为导向才是精准广告的核心。

(四)提升精准广告创意,增强传播效果

广告本身就是科学与艺术相结合的产物,精准广告更是两者的综合体现。借助大数据技术了解受众需求,并根据分析得到受众的个性化需求,从而推送个性化广告,对广告进行个性化定制是精准广告的特性之一。保证并激发精准广告的创意,借助新广告制作技术,将视觉性、叙事性相结合,提升精准广告表现力,使得精准广告的效果达到最大化。广告创意是整个广告产业立足的根本,技术只是辅助和动力,数据分析公司应当与广告制作公司紧密结合在一起,充分利用互联网和大数据技术的发展,革新广告传播方式,引领精准广告走向新的发展道路。

(五)重视新媒体发展,扩大精准广告传播范围

双向交互、即时通信的新媒体为精准广告提供了土壤,如果说大数据为精准广告提供了强有力的技术支撑,那么社交媒体则为精准广告提供了全新的维度,深度挖掘社交媒体圈子,可以更为快速精准地找到目标受众群体。微博、微信、QQ以及快手、抖音等,均是具有社交网络特性的社会化媒体,其中,受众既是传播者又是参与者、接收者。三位一体的受众角色使主动营销成为可能,而自媒体平台通常扮演着"议程控制"角色,让受众潜意识里参与进来,扩大了传播范围。

第四节 大数据广告的生产制作流程

精准广告产生的全过程主要包括广告市场调研,企业产品或服务的分析,广告的制作、发布到信息反馈。其中,制作是这个过程的重要环节,因为制作质量的高低从根本上影响着广告效果。就制作过程而言,它主要包括主题创意、广告构思、文案写作、图形选择、编排这五个环节。[①]

一、主题创意

主题创意是精准广告制作的首要环节。它是网络广告作品所涵盖的基本要素和核心思想,是精准广告所要表达的基本理念和核心诉求点。确定了主题创意,也就确定了广告所要告诉受众的问题,以及这一问题的表达原则。

一般来说,精准广告主题创意应该具备两个基本要素,即鲜明性和创新性。

精准广告主题创意的鲜明性是指网络广告的主题明晰性,即要宣传什么,突出什么。这就是说,精准广告主题创意同样遵循着广告的一般性原则:观点明确、概念清晰、重点突出,鲜明地表达销售意图。创新性是指表达主题的形式应具有新颖性或独特性,有出奇制胜的效果。精准要素作为广告的一大构成要素,为其创新性提供了条件。因为,精准广告已经具备了投放具有个性化、独创性精准广告的技术手段,比如网络交互技术等。与同类产品的其他广告形式相比,精准广告应当充分利用其技术手段的优越性,着力突出其表现主题的创新手法。

(一) 明确主题,准确切入

如今精准广告中的微视频广告并不鲜见,它们必须拥有一个明确的主题,围绕这一主题讲述一个能传递产品价值的故事。而广告要做的就是明确引导受众,把受众的期待视野限定在广告的主题上。心理学认为,人最基本的心理需要就是"观照自身",因此广告创意的主题最终应当回归现实,而不是让受众沉溺于不切实际的幻想。

(二) 塑造典型人物形象

广告创意的表现离不开典型人物形象的塑造。尤其是以讲故事的方式进行产品宣传的广告,故事的主角如果能映射出受众的生活,自然能加强受众的自我代入感。一旦形成了这种"代入感",受众就能在主人公的身上找到自己的影子,在情感和观念上同广告产生认同。广告中的人物形象本应是最体现受众心理的部分,主人公的一举一动都应该是最契合受众的日常行为,当人物被塑造成严重脱离现实的形象,受众自然就不会为广告买账。

(三) 创新剧情,讲好故事

1. 取材源于生活,高于生活

广告也是一种艺术,取材如果能源于生活并高于生活,将给人带来更动人的体验。新媒体环境下,面对细分的市场和受众,进行微小的叙事往往更能满

[①] 喻国明,,李彪,杨雅,等.新闻传播的大数据时代[M].北京:中国人民大学出版社,2014:10.

足受众自我表达的诉求。

2. 设置符号以增强情感互动

要想讲好故事来吸引受众,可以通过设置一个个情感符号,在短时间内赢得消费者的好感。一个事物之所以能成为符号,是因为人们赋予了它特殊的含义。广告中需要进行品牌符号以及品牌形象的建构,从而使得与受众之间存在共同意义的空间扩大,进而让目标受众群体愿意为这样的精准广告买单。

(四)积极引导,传递价值

如今很多精准广告的着眼点已不再是通过强调实用功能来吸引受众,而是更注重把产品作为某种象征推销出去,因此当玩家愿意尝试这款产品并为它付出金钱的时候,他们买到的不是它的使用价值,而是接受了产品和精准广告背后所传达的某种观念。

二、广告构思

精准广告构思是创造性的思维活动,也就是精准广告制作过程中如何具体表现主题创意的创造性思维活动。

科学地把握精准广告主题创意的思想,追求卓越的构思,才能不断地探索新的艺术形式,丰富艺术传达中的多种表现手法;才能提高广告的艺术表现力,使精准广告的表现实施(即文案写作与图形选择的落实)与主题创意高度吻合。构思是整个广告制作过程中的中间环节,而创新是精准广告制作过程中的"灵魂"。因此,在精准广告的主题创意中要有创新,在精准广告的构思中也要有创新。精准广告构思的创新不仅要有横向比较,即比较其他同类产品在广告表现手法上的差异,还要力求突破该产品一以贯之的广告风格的局限,努力去寻求更加高超的表现技巧。精准广告构思需坚持三个原则。

(一)冲击性原则

冲击性就是精准广告能快速抓住受众眼球,吸引受众视线,并产生视觉张力的特点。首先,精准广告对受众的构图、色彩等画面视觉元素和声音元素等有准确捕捉,知道受众喜欢什么样的画面和声音风格。其次,现代广告可以充分应用不同群体的用户画像数据,定制有个性的广告构思设计和呈现形态,实施精准投放,从而极大满足了受众的需求,使其产生情感共鸣和冲动。

(二)新奇性原则

新奇性是精准广告的灵魂,能够轻易调动受众对广告产生思维或情感上的共鸣。精准广告的构思需要从创新性的角度思考,给人一种耳目一新的感觉,唯有这样,才能从千千万万的精准广告中脱颖而出,引发受众的关注。

(三)简单性原则

考虑到当下受众对同类广告信息的耐心较差,在新媒体环境下的广告信息应考虑到其中包含信息的简单性。力争内容简约但意义不简单。

三、文案写作

广义的广告文案是指广告作品的全部，它不但包括语言文字部分，还包括插图部分。而狭义的广告文案，仅指广告作品中的语言文字部分。完整的广告文案不仅应该包括已完成广告的语言文字部分，还包括以语言文字所表述的广告作品的蓝本。具体地说，典型的网络广告文案是由广告标题、正文、广告口号和随文构成。精准广告文案的写作要求：标题醒目，主旨明确，语言简练，语言与画面有机结合。

人们往往读完广告标题就不再继续读了。这足见广告标题的重要性。面对浩瀚的网络媒体信息，受众一般都是"读书读封皮，看报看标题"，因而他们对多数的广告总是一扫而过，而不是"驻足"细看，这就更加要求标题鲜明。网络广告不但有静态平面图文结合的表现形式，还有语言文字与动画及视频影像相结合的动态表现形式，动态网络广告的文案不是对画面信息的重复，而是应该对画面进行适时、适当的解说和补充，使二者实现有机结合。

四、图形选择

（一）图形选择的意义

在精准广告制作的过程中，构思、文案最终要通过一定的图形表现出来，因此，网络广告的图形不是指简单地对现有广告资料图形图像的筛选与利用，而应该将其看成是一次艺术创作。需注意的是，在创作过程中，要塑造出传达广告信息内容的视觉化造型，诱使受众接受广告所要传达的信息，从这个意义出发，艺术创作应该是对主题创意和构思的深化和再创造。

精准广告图形的范围宽泛，无论是摄影照片，还是商业插画、漫画、图表，以及纯绘画性的造型等，都可以被看作精准广告的图形。

（二）图形选择制作的要求

1. 简洁明确与形象突出

成功的精准广告画面和广告文案一样，不宜表达过多的内容或针对过多的诉求目标。其画面应该是简洁明快，图形构成单纯集中。简洁的画面与突出的形象更具视觉冲击力，让受众一眼就能抓住画面的重点，理解广告的主题。

2. 图形创新与形象生动

精准广告图形是对主题创意的形象物化，是表现构思的视觉传达手段。精准广告制作者要有新视角、新理念，要有符合广告主题创意和构思的图形选择，才能赋予产品或服务新的内涵和价值。

3. 图文呼应与主次分明

精准广告文案是以语言表达的文字主题，精准广告图形则是以艺术形象表达的图形主题。图形的选择，要能对文字作出进一步的视觉阐释，以实现广告的效果，因此，文案、图形两者必须密切配合、相互补充，既主次分明、各有所重，又能相得益彰、浑然一体。

五、编排设计

（一）编排设计的意义

精准广告编排设计是对广告内容的图形图像、语言文字、声音等主要构成元素的创造性组合。它不仅要对平面图文的版面进行编排设计，还要对视频、动画的时间和空间进行规划。精准广告的编排设计比其他广告形式的编排设计还更具有复杂性，编排设计者应熟悉和掌握平面版面设计的均衡、调和、律动和视觉导向的技巧要求，还要备有留白等二维空间的处理方法，以及电影剪辑对二维、三维动画和视频的一般处理手法，才能正确安排设置各视觉元素的关系，使之成为一个有机整体，以最符合精准广告主题创意的形式来传播广告信息。

（二）编排设计的具体要求

精准广告编排设计应力求符合以下3条要求。

1. 主题突出，简洁明快，一目了然

要吸引受众浏览广告，其编排设计首先标题要具有强大的视觉冲击力，以达到图形应用的诉求效果。

2. 具备合理的视觉秩序，使之具备良好的图文视读性

形式是为内容服务的手段，形式上的编排设计，要能够使图形、文字在画面空间中的形态、大小、虚实、空间分布和顺序上形成符合人的生理和审美心理的合理视觉流程，自然有序地达到广告诉求的重点。

3. 合理运用编排设计技巧

合理运用编排设计技艺，正确应用网络广告各设计元素，提高画面的节奏感、韵律感和安定感，可让受众阅览广告内容时感到轻松，激发受众进一步了解广告信息的兴趣。

案例 6-1

信息时代，内容呈量级增长，受众获取内容更便捷、易操作。面对纷繁复杂的内容，受众不再追求内容的数量，而是追求内容的新颖性、新奇性和获知内容的良好体验。如何才能让特定的内容进入受众视野，引起受众的兴趣，调动受众的传播欲望，这就需要传播者传播创意化、故事化的内容。广告信息也是内容传播的一个方面，让广告成为内容，使得受众在接收内

容的过程中同时关注到广告信息。这就是内容营销,是强化受众与广告互动的重要方式。在传统广告的传播过程中,广告与内容之间界限分明,受众通过接收内容的方式满足信息的需求,因此,广告只能与内容争夺受众的注意力。而网络背景下的大数据精准广告可以精准找到目标人群、投放广告时间段及投放广告的地理区域,明确受众喜欢以何种图片、视频或音频的方式接收信息,从而对受众推送个性化的广告信息,使得广告真正实现了按需投放。此时,广告信息转变成有价值的内容,广告和内容的边界开始消融。①

2017年10月,汽车品牌雪佛兰在网络上投放了一则关于中级SUV探界者RS系列车型的H5动画广告。这个广告名为《暗黑简史》,讲述关于黑色的故事,探寻了黑色的起源和历史发展。整个广告以黑色为背景,配乐低沉,营造了一种神秘的氛围。广告中还插入了3个互动按钮,需要受众点击按钮才能继续播放广告。广告的最后,汽车品牌的图片信息才出现。数据显示,该广告最高点击率达到11.7%,累计曝光量超过100万次。

可以说,相较于平铺直叙的广告信息,受众更倾向于接受强情节、强节奏、扣人心弦的广告。用讲故事的方式来传播广告,是创意制胜的体现,而广告越讲求创意,越能吸引受众眼球,越能增强受众的记忆和联想,受众愈加倾向于与广告内容互动。

现如今,网民使用网络和手机上网愈加普及,掌上生活成为潮流。互联网为网民构筑了丰富化、多样化的移动场景,PC端上网会使网民置身于输入、搜索和浏览场景,网上购物会使网民置身于支付场景,网上聊天会产生聊天场景等。网络上的各种行为,都可以成为一种场景。场景与广告相结合,则实现了场景营销。所谓的场景营销指的是,在销售产品的过程中,商家运用生动的形象语言为消费者描绘一幅使用产品后会带来美好结果的画卷。商家在这幅画卷中巧妙地添加有关产品的信息,以此引起消费者的兴趣和向往。

网络环境下,在一个场景中,接收场景者会自觉熟悉场景中的各种功能,体验完成后形成对场景的整体评价。VR广告也是场景营销的具体实践,利用VR技术和现实生活中的接收设备实现虚拟现实。VR广告构筑的场景更具现场感,受众体验广告产品如身临其境,对产品的外观、性能有所感知。苹果(Apple)曾尝试使用VR广告来推广其iPad平板电脑,增强了广告信息的渲染力。

---

① 刘玎璇.社交媒体精准广告的传播效果审视及战略优化[J].新媒体研究,2017,3(11):58—60,79.

> 2016年丸美眼霜推出2分钟的《不怕黑》网络视频广告,在这段广告视频中,影星梁朝伟与周迅联手,描绘了女性在20岁、30岁、40岁这三个重要年龄段时的人生故事和心路历程。这段广告视频台词文本细腻、剧情曲折,能够打动女性消费者的心,体现了丸美对于女性消费者在当下社会中扮演复杂角色的深刻洞察,也使得该广告在时下"女权泛滥"的营销案例中脱颖而出。视频中出现了三处对话场景,梁朝伟和周迅的一问一答,传递出不怕黑这一品牌理念,受众在观看视频的过程中很容易置身于对话场景中,自觉产生移情,当梁朝伟发问时,受众也会不自觉地在心中预设问题答案。在对话场景中找到情感寄托,在广告传播中产生极强的共鸣,这就相当于受众与品牌形成了良性互动。因此,在广告中构建场景,有助于受众进入广告情境中,实现情感卷入和文化卷入,从而不自觉地完成品牌的接收和记忆。
>
> 传统广告时代,广告主首先基于媒体内容定位,判断媒体受众与产品目标受众是否存在差异,根据媒体收视数据如发行量、收视率、读者问卷调查结果等对媒体价值进行大致估算,进而决定是否在该媒体上投放广告。传统广告传播的核心逻辑是以媒体为中心,预估媒体价值进行广告投放,因此便有媒体的"二次销售",即媒体把内容免费售卖给受众后,再把聚合的受众"售卖"给广告主。但是,因为缺乏详细的数据和系统化的处理分析,传统广告依赖的媒体受众注意力和影响力价值,都缺少标准化的量化评估。而基于大数据的精准广告,实现了媒体价值到消费者价值的彻底转变,其核心逻辑是以个体受众为中心。广告主或广告公司都可以基于互联网、移动互联网聚合的网民及其网民行为数据,针对个体消费者的网上行为实施动态追踪和精准定位,具体分析网民的消费情境和消费需求,进行最具针对性和匹配度的广告推送,并精准分配和使用每一笔广告预算,精简广告开销,节约广告成本。大数据精准广告让广告传播形成了一个定点投放、实时可控、有效反馈的"闭环"模式,在这个模式中,媒体的地位逐渐衰退,媒体只是记录网民行为和投放广告的渠道和载体,受众成为最重要的资源。以个体受众为中心,为其量身定制广告内容,有助于受众完成广告接收,增强互动效果。

本章小结

随着大数据时代的来临,现代广告业的发展发生了巨大的变革。在大数据的影响下广告业朝着更加精准以及更加个性化的方向发展。相比于传统广告,大数据精准广告往往都以数据取胜。用户访问平台时,后台会留下用户浏览痕迹,而这些都是下一步生成用户画像的重要数据。而精准广告赖以生存的重要条件便是数据。

精准广告仍然处于发展的初期,存在着各种各样的问题。其中,由于互联网平台的匿名性,以及相关法律的不完善,目前基于大数据的精准广告存在着审核不严、虚假广告泛滥、形式单一、卷入度不高,以及侵犯用户隐私等各方面的问题。这些也是基于大数据的精准广告需要解决的问题。

随着大数据时代的到来,消费者不仅仅是广告受众,他们也参与到了广告制作中,影响着广告的最终效果。因而,基于大数据的精准广告务必要做到基于互联网技术实现的精准、基于互联网媒体实现的精准以及基于营销策略实现的精准。唯有这样,才能将广告精准地投放给有需求的消费者以及潜在消费者,进而实现广告效果的最大化。

思考与练习

1. 什么是大数据广告?
2. 大数据广告具有什么特征?
3. 大数据广告经历了怎样的发展阶段?
4. 大数据广告如何进行营销?
5. 大数据广告有哪些类型,各自的特征又是什么?
6. 请简述大数据广告的制作过程。

参考文献

[1] 丁俊杰,康瑾.现代广告通论[M].北京:中国传媒大学出版社,2019.
[2] 黄升民.段晶晶.广告策划[M].北京:中国传媒大学出版社,2018.
[3] 陈培爱.现代广告学概论[M].4版.北京:首都经济贸易大学出版社,2017.
[4] 喻国明,李彪,杨雅,等.新闻传播的大数据时代[M].北京:中国人民大学出版社,2014.
[5] 金定海.郑欢.广告创意学.[M].北京:高等教育出版社,2008.
[6] 杨扬,刘圣,李宜威,等.大数据营销:综述与展望[J].系统工程理论与实践,2020,40(8):2150—2158.
[7] 杨嫚,温秀妍.隐私保护意愿的中介效应:隐私关注、隐私保护自我效能感与精准广告回避[J].新闻界,2020(7):41—52.
[8] 张良悦,杨先顺.大数据精准广告的伦理问题和路径分析:基于消费者感知的实证研究[J].传媒观察,2020(5):67—75.
[9] 郑坚,邢宇航.视频网站如何以互利共赢构建成熟广告生态:以芒果TV广告盈利现象为研究对象[J].传媒观察,2019(9):44—48.

第七章　大数据出版

> **学习目标**
> 1. 了解大数据时代传统出版业面临的挑战和机会。
> 2. 了解出版业对大数据技术的应用路径。
> 3. 了解在大数据时代,传统出版业业务发生了哪些变革。
> 4. 掌握大数据出版的定义,推动大数据出版发展的方法。

出版企业不仅能通过大数据技术提升出版集团内部的业务整合能力,整合市场资源,拓展产品服务,还能通过海量的数字产品和出版资源构建自身的数据资产,提升企业盈利能力,增强企业核心竞争力。伴随着大数据技术的发展,传统出版业迎来一个重要的转型和变革时期。一方面,大数据分析是出版产业发展的助推剂,帮助出版产业精确解决转型和发展过程中的问题,实现发展速度和质量的提升;另一方面,数据是一种新的生产要素,已经成为出版企业的核心资产,而数据处理和分析能力将成为出版企业核心竞争力的构成要素,对数据资产的管理和运营也成为出版企业潜在的增值空间。

全面深入地理解大数据出版理念,研究出版业对大数据技术的应用路径,考察大数据技术对传统出版业的变革,探索大数据环境下出版产业面临的新形势和新机遇,可以帮助国内出版产业更好地应对大数据时代的各种挑战,制定大数据出版产业战略。

第一节　大数据出版的概念与特征

出版业要想继续取得良好的发展,就必须在大数据战略实施过程中,加紧战略谋划和整体布局,理清转型思路,借助大数据技术的发展,在信息和知识的搜集、存储、传播技术和方式等方面进行深刻变革,深入挖掘用户行为数据,进行精准营销和个性服务,从而推动传统出版业的产业重构,实现大数据出版。

一、大数据出版的演进

大数据出版是整个出版业的一个热门话题,也是一个全新的理念,想要全面地理解和认识它,还得深入考察它的演进过程。

出版的定义是:将文字、图画、声音、图像、数字或符号等信息知识记录在一定介质上,进行复制并向公众传播的行为。在传统出版环境下,介质指的是以纸媒为主的信息载体。而随着科技的进步,人类创造和传播的信息内容越来越多,传统的纸媒满足不了内容的承载需求,以海量储存空间为特征的数字出版应运而生。

数字出版是指从编辑加工、制作生产到发行传播过程中的所有信息都以二进制代码的形式存储于光、磁、电等介质中,必须借助计算机或类似设备来使用和传递信息的出版。显然,数字出版的形态优势在于其介质:由于不再依赖传统的纸媒,信息可以在边际成本几乎为零的情况下大量复制、存储和传播。因此,出版物的信息容量、便携性、易存储和易复制性等指标都得到了极大提升,可以说数字出版是继印刷术之后人类出版史的第二次革命。

人类创造的信息内容虽然有了可栖之地,但所有数字出版的产品只不过是比特海洋中的一个个"信息孤岛",它们无法被集成和参与运算。因此,如何对浩瀚如烟的信息海洋进行深入的挖掘和运算,以满足不同的需求,是大数据出版最关注的核心价值。大数据出版是数字出版的进化,它让这些信息孤岛被海底的大陆架所连接,虽然其呈现方式可以是一本本书籍,但其内在结构却是一个可被分析的大数据库。

从数字出版到大数据出版的重大转变,根植于"数字化"(Digitization)与"数据化"(Datafication)的根本性差异。数字化,指的是把模拟信号转化为0和1的二进制代码;而数据化,则是指"把现象转化为可制表分析的量化形式的过程"[①]。与之相对应,大数据出版就是指将海量的出版物转化为可制表分析的量化形式,并建立数据库使信息产生相关关系的过程。

学者维克托·迈尔-舍恩伯格曾经应用谷歌图书馆的例子说明数字出版和大数据出版的差异:前者只是将书本内容搬到了计算机和因特网上供人查阅,而后者则是通过光学识别软件将书本中的内容转化为计算机可以检索和运算的信息,从而将所有文献内容集成为一个大数据库,借助计算机可以对其中的任何文本进行挖掘和分析。

从这个意义上讲,大数据出版意味着从海量的数据中挖掘信息的富矿,为人们实现关键信息的分享交流提供服务平台,传统出版只是大数据出版的一个环节,或者说是转化为数据化出版的数据资源而已,其更大的价值在于:将传统的出版资源进行数字化处理,以网络化为平台,实现数据的量化,为资源

---

① [英]维克托·迈尔-舍恩伯格,肯尼思·库克耶. 大数据时代:生活、工作与思维的大变革[M]. 盛杨燕,周涛,译. 杭州:浙江人民出版社,2013:104.

共享、价值挖掘提供以服务为导向的数据化平台。

二、大数据出版的概念

大数据出版概念的提出,具有实践和理论两个层面的意义:从实践层面看,出版业既有引进大数据理念和技术并与之全方位融合的迫切需要,也有对大数据进行利用的行业底蕴与先发优势。出版业在过去积累了大量的文献资料,现在要做的,就是从大数据的拥有者变成大数据的使用者。应该把有意义的每一条数据及其数据关系,都看成是一个出版产品,这样才能使每个数据体现其自身的价值。从理论层面看,可以说大数据出版拓展了出版概念的外延:学者林穗芳曾言简意赅地将出版定义为"选择作品复制发行",按照这一定义,过去的出版产品是图书、音像和电子文档,未来则将数据产品及其相关服务也纳入出版的范畴中。

大数据出版是一个新词,目前尚无统一定义。维克托·迈尔-舍恩伯格在讨论数字出版和大数据出版的差异时,认为大数据出版是通过技术手段将出版内容转化为计算机可以检索和运算的信息,并将这些信息集成一个大数据库,实现文本的挖掘和分析;①2019年清华大学新闻与传播学院院长柳斌杰教授在"第二届新闻出版大数据高峰论坛"提到:大数据出版指的是运用知识资源数据库和大数据技术,用非人工和非常规软件工具,抓取、管理、处理、整理、分发可解读信息数据的出版行为,在海量数据整合、嵌入知识标引,通过云计算进行二次数据开发所获得的知识产品。二次数据开发是大数据出版精华所在。② 在以上这些学者的研究中,都将"大数据出版"置于时代背景下,研究大数据给传统出版业带来的改变和机遇。

在此基础上,结合大数据对出版的驱动力的探讨以及大数据对出版业影响的分析,本书将大数据出版定义为:

大数据出版是指在传统出版的数字化升级推进中,以数据为资产,通过数据资产的网络化、数字化、智能化开发,创新地运用、分析、挖掘、预测、分享海量数据,实现出版资源优化整合和出版流程再造,形成线上线下紧密互动、融合发展的新型出版商业模式和生态场景。

从大数据出版的定义可以看出,大数据出版的出现必须具备一些要素:一是资源基础。目前大数据时代海量的出版物资源已经为大数据出版提供了资源基础,使出版商对历史出版资源的收集和存储变成可能。二是数据资产。

---

① [英]维克托·迈尔-舍恩伯格,肯尼思·库克耶. 大数据时代:生活、工作与思维的大变革[M]. 盛杨燕,周涛,译. 杭州:浙江人民出版社,2013:104,106,109—110.

② 柳斌杰. 知识革命与大数据出版[J]. 大数据时代,2019(5):6—10.

数据成为出版的最大资产,可利用的、对用户有黏性的数据就是有效的、可变现的数据产品和服务。三是大数据挖掘技术。出版界人才荟萃,有目的有组织地收集数据,联机分析和相关关系分析等分析手段不再成为困扰出版界的难题。

大数据出版具有深远的现实意义。首先,大数据出版实现了信息增值。数字出版、网络出版、按需出版等出版模式对于信息传播方式来说都是变革和进步,但只解决了海量文献内容的发现,将文献资源变成了"信息孤岛",这些"信息孤岛"独立于互联网大数据这一虚拟社会之外,无法关联起来,内容得不到发掘和利用。而"大数据出版"则致力于数据的挖掘和运算,力图实现信息增值,这也是"大数据出版"的核心价值。

其次,大数据出版激活了原有出版资源。出版界已经积累了海量的出版资源,在大数据出版之前,这些出版资源以实物或者数字化等各种存在形式或者被遗忘或者变成"信息孤岛"。"大数据出版"通过将这些出版资源进行大数据采集,建立专题数据库,对数据库进行联机分析和相关关系分析,使得每一条数据及数据关系都变得有意义,每个数据自身价值得以实现。

最后,大数据出版改变了出版观念。大数据出版环境下,出版产品不再是出版发行的终端成果,每一条数据和每一条数据关系都将成为出版产品,而出版产品又将成为新的大数据采集和存储对象参与到动态的统计和运算中,出版变成一个循环过程。在这个过程中,出版商将挣脱版权资源等传统核心竞争力的束缚,转变为对知识服务的追逐。

总之,大数据出版是出版界的革命,也是出版发行发展的必然趋势,自此出版商开始通过知识服务提升自身竞争力,信息的生产、传播和服务方式已经发生了巨大变化。

三、大数据出版的特征

传统出版业的出版模式在面对当今用户个性化需求时显得力量薄弱,也难以提供适合碎片化阅读的内容和个性化的知识服务。而基于大数据技术的新兴出版业可以及时有效地搜集用户行为数据,勾勒用户画像,满足用户的个性化知识需求。大数据出版在出版理念、内容分发、产品形态和阅读方式等方面展现出与传统出版业截然不同的特征。

(一)大数据出版的理念是以读者为中心

从传统出版流程来看,作者将撰写好的书稿交给出版社,经出版社编辑加工、版式设计后印刷,装订成册,成为单册书或系列丛书,再发行给读者,然而这种以传播者为核心的出版理念在大数据时代受到严重挑战。技术的进步使传统的被动接受信息的读者变成主动搜索信息的用户,伴随着传受双方的交互性增强，用户的多样化、个性化、差异化、定制化需求呼之欲出。大数据出版重新定位了传统出版的目标价值，开创了以读者为核心的出版模式，搜集读者阅读行为偏好，勾勒用户画像，及时反馈读者信息与其进行高效沟通，生产读者真正需要的图书内容。

（二）大数据出版在内容分发上实现了个性化推送

以纸媒为主的传统出版物的发布渠道、展现形式和传统内容基本上是一致的，即所有的读者通过同样的方式接收到同样的内容，显然这种无差别的传播使读者很难在当今海量的信息中找到自己真正需要的内容。而大数据出版的一个显著特征就是通过读者的信息数据分析其个性化特征，实现一对一的精准推送。这里的精准推送，指的是根据用户提出的要求或用户的兴趣爱好、专业背景、文化程度等个人特征，通过用户定制、系统推荐、使用挖掘和推送等方式，向用户提供其可能需要的信息和服务的内容分发方式。这种方式不仅能帮助出版者更好地进行读者市场定位，还能极大地提升用户阅读的效率和体验感。

（三）大数据出版的内容信息具有关联聚合性

传统出版物的产品形态固定，内容与载体不可分离，出版物资源形成一个静态的"文库"，缺乏关联性，难以系统地进行利用。而大数据出版对出版物资源进行大数据的采集和存储，建立了各种不同主题的数据库。与文库相比，数据库的最大优势是能够让各种信息（包括不断新增的信息）参与到动态的统计和运算中，而不只是静态地呈现。信息内容之间可以更好地分类、整合。特别是在学术研究领域，大数据出版通过对大量的知识资源进行整合、分类、管理和加工等，从庞大的内容数据资源中挖掘有效信息，进而使打造的出版产品形态能够体现知识内容的聚合性，为研究者呈现更丰富、更多元的知识内容，使研究者在查询某一知识点时，能获得所查询知识点或内容的全貌及相关文献信息。

（四）大数据出版对出版物数据挖掘结果实现可视化呈现

大数据出版的可视化呈现，是将出版物中复杂或者难以描述的内容以易于视觉传达的方式呈现，使得这些难懂的信息易读易懂，从而使人们更加全面和深入地理解信息的内容、结构和内在规律。信息的图形化为数据挖掘提供了一种美妙的途径，也是表现其结具的关键因素。这是因为，数据可视化的技术，可以通过图像在逻辑思维的基础上进一步激发人的形象思维和空间想象能力，吸引、帮助用户洞察数据之间隐藏的关系和规律。

第二节　出版业对大数据技术的应用

一、出版业对大数据的应用路径

大数据出版视数据为资产,以数据统领出版的全过程,强调数据的商业价值。其实践运用体现在:运用大数据,洞察消费者的需求,解决出版的前端问题;挖掘大数据,提升大数据出版的价值,解决出版的中端问题;共享大数据,实现出版的跨域关联,解决出版的可持续性问题。

(一)运用大数据,洞察大数据出版的需求

大数据出版时代,消费者既是数据的接受者,亦是使用者,尤其随着 Web 2.0 时代的推进,QQ、兴趣小组、博客、微博、播客、微信等平台产生海量 UGC 内容,用户既在 Web 2.0 平台上阅读,亦在阅读中分享、记录、评论、转发、讨论,形成庞大社群。这些碎片化海量数据将是出版有效对接消费者需求的重要数据资源,成为出版选题的依据。

"哈利·波特"系列小说的出版商美国学乐出版公司(Scholastic Inc.)通过分析在线游戏用户记录数据,洞察到用户喜欢的线索和角色,据此创作了又一套全球畅销书"39 条线索"系列小说,近 200 万的儿童注册了其网站(网站平均每天增加 1200 名的注册用户),学乐出版公司将用户数据转化为出版资产,走出了一条跨媒体出版道路,在大数据出版中赢得了先机。

在大数据的环境下,数字化阅读已成趋势,由此势必形成海量的阅读行为数据,尤其随着"90 后"这样的以网络为生活方式的第一批网络原住民的成长,其社群集聚、兴趣爱好、价值观、理念、行为注定与线下成长的"网络移民"不同,出版业应从海量行为数据中挖掘读者阅读需求,加快数字化转型步伐,满足读者的多元化、数字化阅读需求。长期以来,出版前期的读者需求洞察一直是出版业的软肋。就本质而言,传统意义上的出版业是一个感性化的行业,尽管业界资深专家的经验和约定俗成的行业准则也备受重视,但整体来看,出版业在洞悉消费者需求上表现欠佳,这对出版业长远发展极为不利。在大数据环境下,这一状况可得到根本性扭转,大数据技术以一种科学化、结构化的思维来看待出版业,出版业在缩小市场风险、提升经营绩效上存在极大空间,这无疑是一个极好的转型契机。

(二)挖掘大数据,提升大数据出版的价值

如何从产生的大容量数据中采集、提炼、发现数据的大价值,转化为有用的知识,成为大数据必须解决的问题,于是数据挖掘应运而生。数据挖掘就是通过特定的算法对大量的数据进行自动分析,从而揭示数据当中隐藏的规律

和趋势,即在大量的数据当中发现新的知识,为决策者提供参考。①

当前出版的数字化转型还在进行中,线下海量的出版数据还没有转化为线上的。要挖掘大数据,提升大数据出版的价值,必须做到以下3点。

1. 整合线下出版资源数据,实现出版的线上数据化服务

数字化出版的实践证明:出版社不能视互联网为传统出版的延伸,将线下的出版资源搬到线上,仅将其作为营销、展示平台。须具备连接与开放的互联网思维,海量的传统出版数据才能转化为生产力。

商务印书馆以已出版的近30部字典工具书为线下出版数据资源,进行了数字化整合,研发出高达40万词条量的精品工具书数据库,并进行深度加工和动态重组,揭示了词汇之间的关联性,既能满足知识检索的基本需求,还能提供据意查词、通配符检索等个性化服务,盘活了线下出版资源的"数据孤岛",让"数据"更动态化、智能化,实现了更大的线上数据价值。

"2014—2015中国数字出版产业年度报告"指出:出版资源的在线化、数据化带来的直接结果,是新闻出版行业数据每年的几何级增长态势。为承载这些资源,实现其有效运转,公共服务领域的云平台建设已被提上日程。该报告认为,有必要抓紧建设全国新闻出版基础数据服务平台,建立编辑大数据中心、营销大数据中心、用户行为大数据中心等。实现数据快速下载能力,服务分析、服务预测、模型构建能力,以及机器学习能力,让大数据产生智慧和服务。线上数据化是未来整合线下出版资源的必经之路,一旦建立大数据中心,线下出版数据资源与线上数据资源就能实现融合,从中挖掘更大的数据价值成为可能。

2. 建立统一的在线出版信息交换标准,构建出版的核心元数据

元数据的标准定义是"关于数据的数据",它描述了各种形态数字内容的特征和属性,同时这种描述遵守一定规则和方法。如出版物的书名、标题、主题、出版者、日期、类型、格式、标识符、来源、语种、关联、覆盖范围、权限等描述出版物相关信息的数据,均属元数据。从出版角度而言,元数据意味着出版的标准化。为此,原国家新闻出版广电总局于2010年着手《中国出版物在线信息交换(CNONIX)图书产品信息格式》建设,并于2013年6月14日正式颁布,同年进行试点推进。中国出版物在线信息交换标准的实质,是打通传统出版与数字出版的核心元数据,实现出版全过程数据的共享。这种共享,可有效解决库存积压问题,改善出版的供需关系。

3. 攻克数字复合出版难关,打造出版的数据交换系统

数字化与网络化的发展模糊了介质的物理界限,使出版呈现融合发展新

---

① 涂子沛.大数据及其成因[J].科学与社会,2014(1):14—26.

业态,出版的单一产品形态向多媒体、复合出版产品形态转型,出版业亦从传统的产品提供向数据化内容服务升级,由此产生的出版产品与服务的数据交换,需建立一整套融合内容、渠道、平台、经营、管理的数据化出版流程。被称为"互联网时代的 748 工程"的数字复合出版系统工程,代表出版产业发展的新方向,在 2006 年被提上日程,2012 年被提升至新闻出版"四大科技工程"的核心地位。该工程以互联网为整合平台,将出版全过程分为选题策划与协同采编体系、结构化加工制作体系、多渠道发布体系、运营服务及支撑体系,并将其产生的海量出版数据转化为"数据交换池系统",在同一系统中交换,形成全媒体资产管理体系,满足图书馆、电商、按需印刷、机构用户、个人用户等多元需求,实现数据交换的多元化、实时化、动态化。[1]

数据交换通过多媒体的复合表达转化为满足需求的重要资产。数据交换系统是数字复合出版的关键,也是该工程的核心技术,数字复合出版系统工程从 2006 年提出,到 2015 年才正式进入全面研发阶段。

(三) 共享大数据,实现大数据出版的跨域关联

电子科技大学互联网科学中心主任周涛提出"跨域关联",认为大数据带来的前所未有的巨大价值和深刻洞见,并不来自单一或内部数据集量的变化,而是不同领域数据集之间深度的交叉关联,从而形成了"跨域关联"。[2] 跨域关联意味着需打破数据壁垒,实现数据共享,这也是大数据出版深入推进的关键。

当前,出版企业自身积累了大量的内部出版数据,并成为自身营销的数据资源,从选题、印制到发行、重印、销售出版全过程,形成了一整套数据集合。他们挖掘和分析数据,改进自身业务,吸引更多读者,再产生更多数据,形成自我量化、自我管理的正向循环。但这些出版数据只是出版企业自身的内部数据,其目的仅是优化自身出版业务。这种自我优化的数据分析只是大数据出版的基础。而大数据出版的精髓则在于如何将内部的出版及其相关数据资源运用到其他业务上,或把外部的相关数据运用到自身业务中,这就需要数据的外化,获取"外部数据"。

电商京东通过对 1700 万用户搜索、浏览以及购买频次等与图书终端销售相关的庞大数据的分析,与新世界出版社合作出版首部男性读者喜爱的图书《大卫·贝克汉姆》,将数据外化成新的"自出版"模式,走向了图书出版的前端。

---

[1] 刘成勇. 实施创新驱动 推动转型升级 实现融合发展:国家数字复合出版系统工程总体架构[J]. 科技与出版,2014(11):6.

[2] 周涛. 大数据商业创新三部曲[J]. 中国信息安全,2013(9):68.

京东另一个引人注目的出版项目是众筹出版模式,它通过完全开放的外部需求数据,以碎片化的资金募集方式,颠覆传统的图书出版模式,实现了逆向采购、预收筹款,以实物及服务回馈投资者,形成了逆向出版。大数据时代,不同领域的数据一旦打破数据壁垒,实现数据共享,大数据的商业价值就会产生质变。2014 年,百度宣布对外开放,包括开放云、数据工厂、百度大脑等"大数据引擎";2015 年,淘宝网面向全球首度开放淘宝数据;同年,腾讯云分析全面开放数据接口 API。2015 年,国务院常务会议通过了力促政府信息与公共数据互联共享的《促进大数据发展行动纲要》。这些数据的共享,必将为出版业获取外部数据提供捷径,也是未来大数据多元化出版模式的先决条件。

二、各出版领域对大数据的应用情况

(一)大众出版业

大众出版业面对的是普通的读者大众。如何把握读者的心理、兴趣、爱好以及个体和群体所表现出来的特性显得尤为重要。然而,由于大众出版面对的读者较为分散,单靠某一个企业搜集大众的群体特征是十分困难的。因此,相比其他类型出版企业,在涉及大数据分析及其应用时,大众出版机构对合作有更强烈的渴望和内在需求。

国外方面,首先欧美五大大众出版集团以及一些中小型大众出版商纷纷开设官方网站,并在自己的网站上增设售书业务,增加与读者直接交易的机会。一方面,它们借助作者的知名度为其建立电子书店,增加用户流量,提高用户忠诚度,并获得更多有价值的读者数据。例如,哈珀·柯林斯出版集团(Harper Collins General Books Group)就为 C. S. 路易斯(C. S. Lewis)等多位知名作家建立了电子书店,为搜集第一手读者行为数据打下基础。另一方面,欧美大众出版商还自建数字图书仓库,将读者从搜索引擎引导到自己的数据库,增加与读者直接接触的机会。例如,西蒙与舒斯特集团就基于自建的数字图书仓库,将读者从谷歌图书搜索页面拉回自建的数字图书页面,从而获得可观的读者数据。除了自建图书销售平台外,欧美大众出版商还加强合作,联合建立大数据分析平台,并通过数据共享获取海量数据。2013 年 2 月,阿歇特、西蒙与舒斯特集团和企鹅共同出资建立了网络书店——书呆网(Bookish.com)。与此同时,书呆网还与 40 多家出版商建立了合作关系。书呆网集合这 40 多家出版商的内容资源开展网络图书销售业务,与读者建立直接联系。

但是,正如其首席执行官阿尔迪·哈扎伊指出的,书呆网的主要功能是"图书发现工具"而不是网络书店。书呆网成立伊始就一方面聘请 6 位专业书评人为读者提供专业的图书推荐;另一方面利用现代信息技术开展更多有价值的工作,包括搜集社交媒体和媒体新闻中关于某本图书的相关描述和读者评论,挖掘出与图书相关的所有重要主题,提供功能强大的数据集,将大数据技术应用到图书知识中,努力打破亚马逊对出版数据的垄断等,致力于成为原创内容读者和作家"最青睐的客户端"。经过近两年的运作,书呆网逐渐发现专业书评人的图书推荐未能起到帮助读者发现自己所需的图书。因此,2015年它取消了这一业务,重新组建了编辑队伍。编辑队伍更重要的职能是发现图书而不再是通过书评方式推荐图书,同时它更多地将图书发现功能拓展到对社交媒体读者评论数据的挖掘上。关注其社交媒体账户的读者数量看似并不庞大,但是这些读者的用户黏度、活跃度都非常高,其产生的读者数据已经可以极大地帮助书呆网更快更好地发现阅读需求的变化,并帮助读者发现那些真正符合其阅读兴趣的图书。

国内方面,桃花岛图书体验馆以 O2O(Online to Offline)新模式实现线上线下的双重体验:利用大数据技术对用户的线上信息如年龄、内容偏好、购买图书习惯等相关数据指标进行分析,筛选出符合其定位的目标客户群(29 岁以上女性高级知识分子),邀请其进行线下会员制体验,建立客户管理档案,并进一步根据用户习惯为其推荐感兴趣的书籍或邀请其参加相应论坛。这为传统的大众书店做出了良好示范。2012 年开始,《中国国家地理》在内容推广方面,根据用户在网站上留下的各种痕迹(各个栏目中停留的时间、浏览频率、购买记录以及购买内容等)分析用户的个人兴趣和内容偏好,进行个性化内容推荐。在广告推送方面,对用户的兴趣爱好进行分类,实施个性化广告推送;对用户忠诚度进行分类(忠实用户、非忠诚用户、潜在用户、非用户等),确定广告投放的频率和力度。在渠道推广方面,按照用户的媒体使用习惯(PC用户、手机用户)确定广告投放渠道。广告策略(内容、频率、力度、渠道)确定之后,进行试投放。再利用大数据技术快速分析广告试投放的效果,按照分析结果及时做出调整,进行广告的正式投放,不断搜集反馈信息并做出及时调整。《中国国家地理》利用大数据技术采用精准、灵活的广告方式,获得了更高收入。

综上所述,国内外主流大众出版企业积极应对大数据浪潮,利用大数据技术对出版流程中的选题策划、内容生产、市场影响、广告投放以及市场反馈等环节进行改造,并取得了良好效果。随着大数据技术日趋成熟,出版企业对大数据技术的运用环节不断增多,运用深度也在不断加强。

(二) 教育出版业

教育出版业的特点在于其服务的群体对象相对明确,因此如何针对这些群体提供个性化的服务以及智能化学习平台,是教育出版业应用大数据技术时主要关注的问题。一些拥有丰富教育内容资源的出版集团,利用大数据技术开发个性化的教学方案,搭建智能学习平台,从而获得了新生。

2013年培生集团超越励德·爱思唯尔(Reed Elsevier)的收益,跃升为世界排名首位的出版集团。2014年,圣智学习出版公司(ENGAGE Learning)在进行财务重组后也重返全球出版业50强。① 其主体业务的发展趋势定位为:利用大数据技术,分析各个高校的学习需求,提供个性化的教材出版服务。自2012年慕课(MOOC)在美国取得空前的成功,在线教育出版形式发生了新变化。MOOC平台共享国内外知名教师的精品课程,"短视频+交互式练习"的方式使其具备了大数据分析的土壤。

国内的教育类出版社正在顺应时代潮流,转变思路,提升服务能力,从图书产品提供者转变为知识服务提供者。例如,上海外语教育出版社对大数据进行了全方位的应用,打造了面向全国高校师生的一站式外语教学数字服务平台——WE外语教育平台。WE外语教育平台在第一时间发布其最新的外语教学产品和资源信息,同时提供多种教学与科研特色资源库,充分满足教师对教学、备课、科研、培训、测试等各个方面的需求。上海外语教育出版社借助互联网平台,实现出版社—教师—学生的多维度交互,为学校提供优质的教育服务。

综上所述,教育出版企业为了应对大数据的浪潮亦采取了积极的措施,构建了学习平台,为搜集更多的有关学习或教学的数据以及后续的大数据分析奠定了平台基础,完成了大数据分析的第一步。

(三) 学术与专业出版业

学术与专业出版业是所有出版领域中数字化程度最高的,因此其在大数据应用方面更有天然优势。国际方面,励德·爱思唯尔出版集团的数据库Science Direct每年共收录250000篇论文,每年下载量10亿多次,汇集了大量用户信息和用户痕迹。2013年,励德·爱思唯尔收购了拥有跨平台文献管理软件和在线学术社交平台的门德里公司,为搜集用户信息和痕迹,并进行大数据分析奠定了平台基础。施普林格集团的Springer Link平台每年记录2.25亿次的资源下载详细信息,对每个包月用户的具体访问、阅读行为等进行大数据分析并用于改善自己的产品和服务,大幅度提升了用户的满意度。美国著名的出版商约翰·威利父子出版公司是全球领先的学术专业类的出版商,目前约有22700种图书和400多种期刊。其旗下的威利在线图书馆是世界上内容最广泛的多学科在线资源平台之一,涵盖100多个分支学科领域。为了更好地利用大数据,约翰·威利父子出版公司跟中国展开深入的合作,在Wiley中国官网进行了资源的汇总;在领先的材料学中文网站聚焦材料科学最新的科研成果,提供独一无二的专家评述和访谈;与微博合作,实时推送热点简讯;

---

① 陆利坤,游新冬.大数据技术在出版行业中的应用研究[J].出版科学,2017,25(6):89—96.

与微信合作，每天推荐一篇科研焦点；与博客合作进行资讯热点文章推荐以及系列讲座市场活动。除此之外，澳大利亚在学术出版上已处在世界领先水平，其以大学图书馆为出版主体的新型出版模式具有鲜明的特点，越来越多的澳大利亚图书馆利用其对图书馆资源的数字化，并利用开源的平台获取发行的图书。积累了大量用户的学术资源，为后续的大数据分析奠定了坚实的平台基础。

国内方面，中国知网由中国学术期刊（光盘版）电子杂志社和同方知网技术有限公司共同主办，在大数据的浪潮中，依托其年均20余亿次的检索次数，以及年均近10亿次的下载量，提供专业文献资源服务、科研分析服务、用户使用跟踪服务以及行业知识服务等，还通过检索帮助用户找出热点，研究热点。万方数据库是和中国知网齐名的中国学术专业数据库，收录的文献量仅次于中国知网。其在大数据技术应用方面明显落后于中国知网，但依然以上千万的数据为基础，以主题词为核心，提供了大数据的应用典范：知识脉络分析，统计和分析论文与论文之间的知识关系，依据论文的知识关系，发现新的研究方向、趋势和热点等。维普网与中国知网和万方期刊网并列为中国最大的中文期刊三大数据库。维普期刊资源整合服务平台提供了文献引证追踪，依托其具有最频繁使用的中文全文数据库，以及针对国内期刊论文、中国学者海外发文做科学定量指标分析，提供中国各地区科技指标综合分析等，进行大数据的分析应用。

综上所述，作为数字化程度最高的学术专业出版机构，其本身已经积累了大量的学术内容资源，构建了相应的云存储平台，为后续的数据分析奠定了坚实的基础，并在大数据分析方面进行了多种尝试。其中实力资金强劲的出版机构，在大数据应用方面具有领先优势，比如荷兰的励德·爱思唯尔出版集团和国内的"中国知网"，其他出版机构也紧跟大数据的步伐，提供各具特色的数据分析，在大数据应用方面进行了有益的尝试。

（四）新型出版业

随着互联网技术的不断成熟，规模的不断扩大，国内外各大互联网企业，凭借自身积累的海量用户数据，成熟的软硬件设施以及强大的数据分析能力，开始涉足出版领域，从销售渠道逆溯内容生产，并取得了初步的成功。国外以亚马逊、苹果公司、谷歌、脸书，国内以京东、百度、当当、今日头条等互联网或电商巨头为首，利用大数据技术进一步完善各自的生态链。

亚马逊于2007年推出第一代阅读终端Kindle，至今已经占领了全世界60％以上的阅读终端市场。通过对销售渠道和阅读终端的控制，亚马逊积累了大量用户信息，掌握了用户的喜好和购买意向等，为进一步实施内容和广告的个性化推荐提供了数据支撑。

2014年7月,苹果公司为了改善图书业务板块iBook的服务,花费近1500万美金收购爱达荷州(Idaho)图书分析服务商BookLamp。该平台基于自然语言分析技术,根据对不同读者阅读爱好和购买记录的数据分析结果,量身定制"图书基因组计划"推荐方案。这能为读者搜索和分类购买图书提供快捷精准的营销服务,也为苹果公司在图书市场与亚马逊展开竞争助了一臂之力。

2004年7月启动的谷歌数字图书(Google Print)项目,与全球各地的图书馆、出版企业展开合作,积累了大量的图书资源,并以其先进的搜索技术为用户提供方便、快捷的数字图书服务。2010年,它推出的数字图书馆词频统计器(Ngram Viewer),囊括了1500—2008年间所有图书中的5000亿个单词,用户可以同时查询508年间5个单词的使用频率。[1] 谷歌数字图书馆给普通用户提供了性价比奇高的服务,并因此积累了海量用户,"挟"用户以"令"广告主,最终通过广告获利。

而脸书则凭借强大的社交网络信息,与各种出版企业合作打造了基于社交数据的出版平台。通过其10亿用户关注的"热门话题"为出版选题决策提供依据,利用其"Like"等社交搜索功能进行图书推广工作。拥有海量社交数据的脸书引入搜索技术后,使得拥有全球领先的搜索技术而没有社交数据的谷歌在大数据应用领域略逊一筹。

国内方面,同样是从销售渠道逆溯到内容生产,京东与亚马逊模式有所不同。亚马逊通过Kindle主打电子书,而京东根据中国市场的特点选择与传统出版社合作,通过对渠道与数据的掌控做纸质图书:在深度挖掘1000万用户的需求后,"京东出版"推出了第一本新书贝克汉姆的自传《大卫·贝克汉姆》以及《麦迪在路上》摄影书,并实现了按需出版。在出版传播领域,京东商城利用大数据分析"相关关系"挖掘商机。它推出的"2012年京东数聚会"深度分析了用户购物行为:平均每100个程序员中就有52人购买《给心灵洗个澡》这本书,50%用户在购买《淡定的人生不寂寞》的同时将《百年孤独》收入囊中,100位购买了健身器材的客户中会有70人购买《中国通史》。这些"相关关系"的大数据分析结果,对京东的捆绑销售和商品关联推荐提供了很好的数据基础。

2013年12月24日,百度开发的百家网络出版平台正式上线,在短短几天之内日浏览量达到300万次。百度百家采取邀请作家入驻的方式,为其开发专门的内容管理系统,百度通过成熟的大数据技术分析用户需求,然后将文

---

[1] PAUL Z, DIRK DER, KRISHAN P, THMAS A. D, JAMES G, DAVID C. Harness the Power of Big Data the BM Big Data Platform [M]. Osbone/McGram-Hill,2012:55.

章推荐给最合适的用户,进行流量、渠道、内容方面的推广,同时分析广告和文章内容的契合度,实现内容的精准推广和广告的精准投放,并很快取得成功。这开创了一种全新的盈利模式,重构了作者、发行方、读者之间的利益分配方式,为我国目前网络出版中作者利益无法得到保障的难题提供了解决思路。

拥有读者大数据资源的当当网也不甘于只做下游售书者。它与皮皮鲁总动员文化科技有限公司以及相应的出版社进行全面深度合作,陆续策划了《皮皮鲁送你100条命儿童安全百科》《郑渊洁童话成长悦读系列》等图书,合作的第一年(2013年)就销售过千万,实现了多方共赢。

今日头条则利用大数据发展了另外一种新闻生产和阅读模式。2012年8月,基于大数据挖掘的个性化信息推荐引擎"今日头条"正式上线,它不进行内容生产,而是对各大网站、社区、论坛的热点进行抓取,聚合全网的热点资讯。然后,后台根据用户的社交行为、阅读行为、地理位置、职业、年龄、性别等信息,运用特定算法在5秒钟之内分析出用户偏好,从而提供个性化的信息推荐服务。截至2016年7月底,今日头条累计激活用户已逾5.3亿人,日活跃用户突破5500万人,成为一款影响力巨大的社交阅读应用。

除此之外,自助出版、众筹出版等新型出版模式也在积极发掘大数据技术的潜力。自助出版商代表LULU.com的作者可以决定出版内容,并通过大数据预测印数。北京磨铁图书有限公司的众筹出版模式,则是通过用户投票方式选出用户支持度高的内容资源。总体而言,在大数据浪潮中,互联网和电商企业凭借强大的软硬件设施、成熟的数据分析能力以及大量用户信息,逆溯出版流程,涉足出版行业并快速取得成功。

大数据技术发展至今,国内外很多不同类型的出版企业采取了积极措施,在出版流程的不同环节进行应用,甚至变革了出版流程,并尝到了大数据应用的甜头。当然,不同类型的出版领域在大数据技术应用上有共同的地方,也有不同的关注点和不同目标(见表7-1)。在对大数据的应用中,不同类型出版企业的首要工作是:搜集大量用户信息、用户评论等,以此分析用户特征及其兴趣爱好,借此进行个性化的内容和广告推荐,从而有效改造出版营销环节的目标。资金雄厚的大型传统出版企业可以利用自身构建的网络内容资源平台,以优质内容和服务吸引用户,在用户访问和购买过程中搜集相关信息,最后利用数据分析技术改造出版环节。资金薄弱或自身特色明显的出版企业,则可以加强与拥有海量用户信息或数据分析能力的公司合作,共同改造出版环节。

表 7-1　四类出版企业在大数据技术应用过程中的特点

出版企业类型	共同点		不同点		
	构建平台	信息搜集	受众群体	侧重环节	应用目标
大众出版业	基于自身拥有的海量内容资源,结合本身的软硬件基础以及数据分析技术,要么独立构建出版平台,要么加强合作	内容资源信息搜集;用户信息搜集;用户习惯信息搜集;用户兴趣搜集;用户偏好搜集	普通大众	市场营销	个性化内容推荐和个性化广告服务
教育出版业			老师、学生	分析环节	个性化学习和教学方向推荐,智能化学习平台构建
学术与专业出版业			研究人员	分析环节	个性化文章推荐;研究热点推荐,细化市场分析等
新型出版业			普通大众	内容生产	逆溯出版流程,聚焦热点,策划畅销书,自助出版等

三、出版企业大数据应用的典型案例

大数据概念发起于国外,出版业早有应用,与此同时,国内出版业有关大数据管理和应用的实践亦有成功典型,如前所述。下面将以实际案例重点分析大数据在国内外出版业的典型应用,为我国出版业提供借鉴和参照。

(一) 电子书领域的奈飞公司:思科伯德和沃易思特

奈飞利用海量用户数据挖掘和分析,打造出一炮而红的原创剧集《纸牌屋》。而在电子书领域,思科伯德(Scribd)和沃易思特(Oyster)两家在线图书馆公司通过手机内容网站订阅者的行为数据,为电子书或者个人出版物提供数据分析服务,有志于成为电子书领域的奈飞。[①] 它们以按月付订阅费的模式提供无限量的电子书租阅服务,以此跟踪读者的阅读行为,希望借此就读者接下来想选什么书做出精准的推荐。沃易思特与思科伯德会主动邀请读者给书评分,也会跟踪某本书被读者读完的比例和点击率,或者看到选择某本书的人中有多少会点击进去了解更多信息,借助这类信息再结合其他因素来推荐图书。

沃易思特和思科伯德通过分析读者行为数据发现:人们如果在凌晨 5 时还在看书,极有可能会选择一本言情小说,而得克萨斯和佐治亚州的读者更是如此;在清晨时段,惊悚小说对人们更有吸引力;如果一位读者喜欢菲利普·

---

① 陆利坤,游新冬.大数据技术在出版行业中的应用研究[J].出版科学,2017,25(06):89-96.

K. 迪克（Philip K. Dick,一位作家）,那么他很可能也喜欢关于啤酒而非葡萄酒或烈酒的书籍;励志类的书籍非常热门,但是选择此类书的读者只有20%会把它读完;悬疑小说越长,读者就越快跳到最后一章查看"凶手"或者"大老板"是谁;如果书籍分成短章节,读者读完的概率会增加25%等。思科伯德还发现,与模仿实体书店的排行榜、好书排行或主题制定的榜单相比,个性化的推荐带来的浏览流量是前者的10倍。因此,思科伯德计划将算法与排行榜结合在一起,制定一个根据读者以往阅读习惯判断可能会让他们感兴趣的畅销书排行榜。除此之外,思科伯德还会利用其掌握的不同时段内读者阅读喜好的变化情况,在一天当中的不同时段推荐不同的书籍。

（二）从传统印刷企业到新型文化企业：雅昌集团

雅昌集团成立于1993年,业务经营范围以传统印刷为主,曾多次获得美国印刷行业最权威、最具影响力的大奖——"班尼奖"。2000年,雅昌集团创立了雅昌艺术网,迈出了从传统印刷业向新型文化公司转型的第一步。尽管创立之初设备简陋,但雅昌艺术网年复一年、日复一日地积累,形成了人类历史上空前的"艺术品数据库"。凭借这些数据资产,雅昌集团的业务范围也从书籍印刷扩展到数字出版,建成了雅昌艺术网、艺术品数据库、流动美术馆、艺术阅读体验中心等。可以说,雅昌集团的发展历程将大数据环境下产业变革的三大趋势体现得淋漓尽致。

从2011年开始,雅昌集团通过与惠普公司合作,逐渐将精力聚焦于两个链条：一是核心业务链条,即艺术创作、传播和教育,以及艺术交易、收藏的业务链；二是产业价值链条,即如何通过业务链条创造更多的经济价值和社会价值。[①] 从目前的业务经营范围和商业业态来看,雅昌集团现在的经营属性更多的是数据资产经营。如今的雅昌集团实现了从包括创作、传播、宣传、交易、收藏以及再流通等环节的前一个链条,到包含数据采集、存储、管理和应用等环节的后一个链条的提升。它在推动艺术教育、艺术学术、艺术市场健康和艺术产业发展这4个艺术产业课题的过程中,逐步形成了其大数据应用的4个重要方面,从而也形成了自身独具的行业竞争优势。

第三节　大数据出版对出版业的变革

一、大数据出版的系统商业思维

大数据对于出版业来说意味着全新的商业模式,"一种内容,多种载体,复

---

① 郭涛.雅昌集团：大数据揭示艺术密码[N].中国计算机报,2013－04－15(023).

合出版"成为出版业当下发展的必然趋势。在大数据时代,出版产业的价值链得到延伸,有价值的内容资源可以通过不同的媒体进行呈现,使其价值最大化。随着在线下载、手机阅读、手持阅读器阅读等手段的介入,出版社不仅要"触网""触线""触手机""触 App",还需要打造全方位的出版产业链。

出版业已进入全媒体发展领域,整个出版流程呈现出立体化特征,互动性和针对性更强,每个出版决策都有相应的数据作为支撑,出版企业各部门之间信息的共享程度更高,市场反馈的信息能够更快速地得到落实;内容的个性化和定制化成为出版的潮流,这带来的是内容资源的日益多元化;多元化的内容自然要求有精准的营销配套,人们对信息消费的"碎片化"趋势也使得营销模式必须更加以读者为中心,营销手段更加多样化。

移动互联网的迅速发展,对于包括数字出版在内的许多数字产业来说不啻于一场"原点战役"。怎样将越来越分散的阅读注意力进行有效聚合,是决定战役成败的关键点。在众多的数字阅读介质中进行选择,在纷繁复杂的数字读物中进行选择,对于任何一个普通阅读者而言都可称作是"幸福的烦恼"。一方面数字出版提供了庞大的阅读资源,可供阅读者选择的范围和自由度大大提升;另一方面,面对海量资源,阅读者又可能显得手足无措,出现"选择困难症"。数字阅读介质和数字出版读物在数量上的激增,并没有使数字出版成为聚合阅读者注意力资源的有效力量,这本身也使得数字出版市场在数量概念提升的情况下,或逐渐走向"选择性疲劳"和注意力资源分散而导致的市场疲软。

正因如此,数字出版向大数据出版的演进从总体上可解决两个问题,形成一种新的思维。其解决的两个问题是:其一,通过大数据系统和云计算功能,为原有的数字出版市场提供具有贴近读者和真正产生"私人订制"式服务的可能。其二,基于前者实现的统计功能,使得数字出版产物更多关注产品内容的服务和产品本身的质量,以期形成读者注意力资源的聚合,为自身在市场中的竞争力形成有力的支点。而由此形成的一种新的思维,便是资源整合后产生的系统商业思维,如图 7-1 所示。

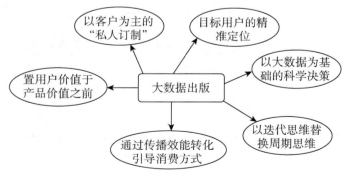

图 7-1 大数据出版的系统商业思维

进入移动互联网时代,社交平台及其构建的人际关系网络,使用的各种传感器自觉不自觉地给出版业反馈了丰富的数据,而正是这些数据可帮助出版业分析挖掘数字阅读受众需求,进而进行科学决策,降低产品设计失误的概率。未来所有的商业决策都需要数据支撑,数据代表了数字阅读受众的体验和需求。反馈经济学的优势,就是以数据作为决策支持的基础,商业决策就是有数据支持的科学决策。就数字阅读而言,当前其受众和市场的需求变化很快,一个数字阅读产品从产出到形成后期服务的生命周期被极大缩短,这意味着市场占有率会频繁更迭。要赢得市场先机,获取更高的边际利润,须在技术层面和管理层面采用这样的系统商业思维。这一系统商业思维有助于快速推进数字阅读产品的设计和研发,利用试错和数据反馈机制进行修正,针对目标阅读人群的需求进行研发,在迅速占领市场份额的同时,形成自身较为完善的传送架构和服务体系。当然,大数据出版新的系统商业思维并非对之前的任何模式全盘否定。应该看到,这是数字出版产业在进入大数据时代后的一种观念与思维进化。[①]

二、出版角色的变革

在数字出版产业的发展进程中,大数据理念的提出颠覆了人们对出版方式的传统认知,当基于作者智慧结晶的创作方式转变为一种基于对消费者心理需求解读和对受众文化属性分析的智能化创作方式时,内容生产方式从原有的程式化生产变成了一种自行性生产。

(一)出版者从出版商向大数据分析商和内容提供商转变

大数据出版时代,出版商的身份和角色更加多元,出版商首先是大数据的采集者、分析者,然后才是出版内容生产者、出版物营销者。在完成第一个产业链循环后,出版商还将继续采集读者的阅读体验、心灵感悟和成长动态,再次对这些信息进行大数据采样和大数据分析,并形成新的判断和结论。在出版商与受众之间的这种交互关系中,出版商在"数据采集—数据分析—读者心理研判—出版内容生产—出版产品推送—读者反馈信息搜集"这一模式中循环往复,形成新的出版机遇。这种身份的转变使大数据出版商不再仅仅是出版者,而是大数据产品的运营者,彻底颠覆传统的出版模式。

如2014年京东成功策划的大数据出版物《大卫·贝克汉姆》正是基于对1700多万用户准确研判的产物,策划团队前期对用户搜索、浏览以及购买频次等庞大数据进行了分类和比较,预判京东用户对人物、文学、经管、生活类图

[①] 卢毅刚.大数据出版:"互联网+"逻辑下的渠道拓展与传播效能提升[J].编辑之友,2016(6):18-22.

书更有热度和购买力,通过对相关数据进一步分析,发现用户中接近六成的读者为男性,而且年龄构成以22～40岁为主,正是基于这些数据,该团队才决定为男性读者打造一本他们喜爱的图书。而2014年正好是世界杯赛季年,中国球迷对中国足球命运又非常关注,贝克汉姆正好是这样一个符合所有预判指向的信息主体,所以京东选择出版《大卫·贝克汉姆》正是对大数据充分应用的结果。

(二)读者从受众向信息提供者和信息享用者双重身份转变

在大数据出版时代,读者的身份从单纯的受众向信息提供者和信息享用者的双重身份转变。读者在网站上的浏览记录、购买记录甚至是词频提及都会被记录成数据,这些数据被大数据出版商采集和分析后判断出版需求,出版商以此为起点进行内容创作和定向推送,完成出版与阅读的全流程。在此过程中,读者是需求的提供者,不管是有意提供还是无意提供,读者都直接参与了内容生产流程。而内容出版之后转化为信息,被读者接收应用到学习生活中,读者又转化为信息享用者。

(三)出版物从"读品"向娱乐化工具转变

随着大数据在生产生活中的渗透,报纸、杂志和图书等传统出版形式已受到严峻挑战,社交化、碎片化、即时性信息成为人们消费的主要信息形态,出版物开始从"读品"向娱乐化工具转变。2013年4月,浙报传媒集团股份有限公司斥资近32亿元收购了杭州边锋和上海浩方两家游戏公司100%的股权,这种并购正是出版产业全媒体融合发展的一个侧影,大数据时代下"新闻＋娱乐＋社区化"的内容架构成为出版界的新宠。

三、出版业务的变革

大数据不仅改变了传统出版业的图书媒介、出版方式、读者的阅读习惯和阅读行为,更对出版的业务流程产生了深刻的影响。主要表现在对选题策划的影响、对内容编辑的影响两大环节上。

(一)选题策划的变革

对于任何一家出版社而言,图书选题都是一项具有战略性和先导性的工作。在传统出版模式下,绝大部分出版社的图书选题是由编辑完成的。编辑在选题策划中担负着主要提出者、执行者和实现者的角色。要完成定位准、创意新、符合市场需求、有市场生命力的图书选题,编辑需要具有较全面的信息采集加工能力、选题创新能力、协调沟通能力、市场风险意识和市场预测能力。

在传统出版模式下,由于庞大的市场、复杂的客户需求、瞬息万变的市场机遇,编辑在进行图书选题工作中,单纯依靠个人专业素养、专业禀赋、个人的经验与判断,往往会出现编辑选题偏差,对于出版市场的认知程度不够深入,对于读者根本需求的掌握程度不够精准等。这些问题最终会造成图书出版的盲目化、跟风化与滞后化，无法及时跟进社会生活的变化，也无法满足读者的精神文化需求，图书积压滞销严重。

大数据时代的来临，改变了原有制约图书选题的"信息瓶颈"，实现了数据分析与编辑选题的协同化。在互联网采集图书相关海量数据，并对这些数据进行技术分析和归类，出版社在对图书市场的选题分类、主要内容、作者信息、出版社信息、销售情况、库存情况等系列进行分析的基础上，实现对图书选题策划的把握，合理规避供需的结构性矛盾，挖掘读者阅读兴趣和阅读需求，开展竞品分析，为编辑和出版社捕捉选题热点提供科学客观的数据参考，更加有效地开展选题策划，对于传统出版业的选题策划形成强大的压力。

（二）内容编辑的变革

编辑掌握图书选题方向后，能否全面系统地了解内容，并与作者进行有效沟通，是决定图书选题能否取得销售成功、实现出版价值的关键。在图书内容的把握上，离不开编辑与作者的沟通，主要包括选题策划意图的明确、图书内容的把握、图书编校质量的控制、上市图书推介与营销等，其中图书内容是实现选题目标的关键。

在传统的图书出版的组稿环节中，编辑与作者对图书内容的把握，一方面依靠编辑专业素养，另一方面要依靠编辑的沟通能力。但是由于信息时代知识生产速度与更新速度的飞速发展，当编辑向作者提供建议与意见时，一方面容易带有主观的猜想、设想甚至断想，另一方面，还会由于凭证不足以支持自己的判定决断，而没有办法获得作者的认同。而大数据的研发技术则为编制剪辑提供了更加快捷的信息平台，编辑可以数据为基础向作者提供建议，从而使编辑摆脱了知识局限，更多地听取来自市场和读者的声音，吸取意见和建议。例如，出版社可以通过采集技术，搜集同类书籍在当当网、京东网等电商的读者评价意见，捕捉读者对图书内容的深度、广度、趣味性、知识性、思想性及图书装帧等诸多方面的意见和建议。编辑可以将这些意见转给作者参考，既保证了客观性、实效性，又能对编辑与作者个人的主观认知进行纠偏，从而最大限度地保证图书内容的出版质量，与传统出版业形成强烈对比。

四、出版营销的变革

新媒体时代的来临，产生了新的信息传播方式与阅读方式，对于传统出版企业来说，在数字化转型的阶段，新媒体提供了新的营销渠道和内容，改变了传统出版的营销环境。针对这样的变化，在营销策略上就必须较之前进行必要的调整，以适应新的营销环境。

(一)利用大数据技术进行营销

数字化转型过程中,必须重视大数据技术,它既是一种全新的思维方式,也是企业的一种核心能力,必须将其融进内容创作和出版业务流程中。数字出版时代,出版商想要准确地把握用户的需求,需要对市场有全面深入的认识,并能结合大数据技术分析挖掘市场的变化。大数据技术的不断发展,对数字出版产业的发展带来了很大的影响,数字出版时代挖掘分析大数据,可发现很高的潜在价值。例如,电商中的出版产品零售企业如京东、当当等,充分利用情感分析这一大数据技术中的前沿技巧,可以快速掌握社交媒体中用户产生的海量数据,及时了解用户在线阅读的行为偏好变动,对图书的周转速度进行实时的调整,最大限度地拓宽盈利空间。另一将先进的计算技术淋漓尽致地用于数字出版产品营销的零售业巨头亚马逊,不仅在大数据的基础上开发出个性化的推荐系统,还打造了备受追捧的电子阅读器Kindle,形成了完整的数字出版产品营销闭环,集电子书、电子阅读器、实体书、有声读物、数据库于一体。用户浏览网站和使用Kindle阅读器,亚马逊可以轻松地搜集用户的一系列使用数据,包括浏览偏好、购买情况等,并通过这些数据分析出用户的阅读偏好与情绪,从而将更具针对性的出版物推荐给特定用户,反映到他们的Kindle阅读器上。搜集反馈与分析数据,出版商可以根据用户需求制定产品。

(二)借力意见领袖,注重口碑营销

移动社交媒体发展如此迅猛的今天,网络口碑已然成为人们消费行为的重要影响因素。微博、微信等社交平台成了用户传播口碑的重要场所,出版企业利用微博进行口碑调研,了解分析用户的需求偏好,开展更具针对性的出版发行活动。口碑效应的形成与微博的关注度存在着很强的正向关系,微博账号的关注度越高,则口碑效应越容易形成。微博红人为出版物进行宣传推广,可以迅速形成相应的口碑,推进企业营销计划的落实。比如,在出版发行《Facebook效应》一书时,出版发行商湛卢文化传播公司就邀请在社交媒体圈有一定影响力的李开复参与到营销中。据统计,此书经过李开复微博评论后,一天之内销售量增长了五倍。除了名人效应以外,利用好友圈进行传播扩散也是微博营销常见的方式。在微博等社交媒体上,营销信息经过好友间的相互转发评论互动,会产生裂变式的传播效果。所以,出版发行企业应该重视企业官方社交账号的建设与维护,利用微博等社交媒体平台从事新书等出版物的推广,与粉丝进行互动,发布一些相关的导购指南等,在巩固原有用户规模的基础上,开辟新的受众群。在进行口碑营销的同时,可以借力网络意见领袖。意见领袖频繁地在互联网平台发声,会产生重要影响。意见领袖通常拥有大量的粉丝基础,社交媒体上的话题往往会受到粉丝的热炒与追捧,引发网友的广泛参与,甚至成为网络热点话题。新媒体营销,借助意见领袖来推广产

品，信息传播非常迅速，这样可以节省大量的线下推广成本，因此，在出版物的营销过程中出版发行企业要重视意见领袖的作用。借力意见领袖开展营销时需注意：在选择意见领袖时，应选择会对目标用户产生影响，会增强目标用户的购买欲望的人；与意见领袖维持持续稳定的沟通关系，调动其参与图书销售的积极性；与意见领袖进行深入合作，设置切实可行的出版物营销话题。

（三）开发虚拟现实营销

时下流行的 VR 技术可以同大数据技术结合起来，一起运用到数字出版产品的营销过程中，形成更加立体、互动性更强的营销体验，这可以说是出版产品营销的一个创新方向。在现实生活中，这样的营销也开始出现，如广州的新华四阅书店，除了传统经营模式外，其最新颖的就是将图书与虚拟现实游戏融为一体，读者在看书的同时还可以体验科技。尽管数字出版产品在便捷性、互动性与即时性方面更胜一筹，但传统出版产品独有的优势就在于它本身的观感与质感，纸张散发出的特殊香味是数字出版产品不可能实现的，这是传统出版物给用户带来的独有的阅读体验。尽管现在 Kindle 等电子阅读器极力通过技术去还原传统纸张的阅读体验，但仍然无法取代传统出版产品。借助于 VR 技术，传统出版物与数字出版物之于用户的不同体验正在融合。可以说，VR 技术的发展普及，一定程度上对出版及其营销的边界进行了重新定义，它正在把传统出版物与数字出版物推向一个更加立体的三维空间，同时 AI 技术的发展会让 VR 场景更智能化，AI 能够根据用户的行为意图，智能地布置相应的虚拟场景。比如，在相应的零售平台内，根据用户个性化的需求，结合特定的营销目的，搭建一个 VR 书店，在这里，用户无需借助鼠标或手机等实体工具来浏览销售页面，而只需通过声音、特定的动作甚至特定的眼神来选择自己的浏览路线。而全新的营销系统则会在分析用户的动作、神态与视线焦点的基础上，从数据库中提取出有针对性的产品呈现到用户聚焦的位置上。同时在这样的营销场景中，用户可以取下某份感兴趣的读物进行试读，并且可以选择自己喜欢的纸质、字体类型、明亮度以及周边的阅读环境等。在这种高度个性化的体验环境中，用户在试用过后可以根据体验结果直接决定是否购买，并在退出之后收到按需定制的数字化或实体的产品。

第四节 构建大数据出版体系

一、大数据环境下出版业的新动向

历史上每一次生产技术的革新都带来生产力的大幅提升和产业结构的重大调整，只有具备敏锐的嗅觉才能在变革的时代中不断推陈出新，传统产业尤其如此。在大数据时代下,传统产业凸显出三大显著的发展趋势,相应的六种商业模式也愈发清晰。

(一)产业发展的三大趋势

对于大数据催生的产业变革,宏源证券研究所高级分析师赵国栋等认为,信息产业的发展将会呈现出三大趋势:数据成为资产、行业垂直整合以及泛互联网化。这三大趋势是观察包括出版产业在内的企业在大数据环境下的产业变革和企业变革的重要视角,也是分析研究相关企业成长路径的顶层逻辑之一。

1. 数据成为资产

数据资产将成为和土地、资本、人力同等重要的、独立的生产要素。尤其对信息产业来说,决定产业兴旺繁荣与否的关键因素,已不是传统的生产要素,而是一度被束之高阁的数据资产。从某种意义上来说,数据将成为工业化转向信息化的关键要素,成为促进产业变革重组的战略资源,成为推动传统企业转型的动力根源。

2. 行业垂直整合

传统的逻辑是,新兴产业通过垂直整合来开辟市场,在产品市场成熟以后,产业链上专业分工才逐步细化,成本也逐渐降低,优势逐渐转向水平分工格局。而在大数据时代,行业垂直整合趋势越发明显,这种趋势仍然首先体现在信息产业,然后向相邻产业蔓延,这是大数据改变产业竞争格局的一个缩影。因此,在大数据时代,越是靠近终端客户的公司在产业链上越具备竞争优势。如甲骨文公司首先在数据库软件市场站稳脚跟,随即向应用软件市场进军,然后利用庞大的客户群优势,向产业链上游进军,一举收购了太阳公司。

3. 泛互联网化

泛互联网化是不论大型公司、小型公司、新兴企业还是传统企业理解大数据变革、实践大数据战略的一个重要的思想基础。在泛互联网范式中,强调终端、平台、应用的泛互联网化。智能手机、平板电脑、电子阅读器等移动终端的市场份额将逐渐占据多数,电子商务、在线教育等相关网络平台将更为深刻地影响生产生活,利用最新技术满足用户个性化的、碎片需求的大数据应用将物尽其用,这些都可以成为盈利的主要来源。

(二)产业发展的六种商业模式

基于以上在大数据环境下产业变革的三大趋势,有六种围绕数据资产的商业模式可以为出版企业在大数据环境中的战略思考和战略决策提供参考。

1. 数据租售模式

数据租售模式:出租或售卖经过加工后的数据资产。这是最典型的数据资产模式。按照销售对象的不同,又分为用户提供增值服务和为第三方有偿提供数据这两种类型。

2. 信息租售模式

信息租售模式：围绕某一行业或领域，从多种渠道搜集、整合相关信息进行租售。其竞争优势主要在于专有的信息通道和强大的数据整合能力。这里信息是指经过加工处理、承载一定行业特征的数据集合。

3. 数字媒体模式

数字媒体模式：深度分析其掌握的海量数据，提供精准营销和信息聚合服务。目前，传统媒体的广告市场正在急剧向数字媒体的广告市场转移，因此，这类模式也具有很好的前景。

4. 数据使能模式

数据使能模式：基于大量的数据和有效的数据分析技术，所不同的是其业务范围较数字媒体模式大大拓展。如在金融行业，可以通过统计分析和预测解决业务流程中的一些关键性问题，大大降低风险，提高生产效率。

5. 数据空间运营模式

数据空间运营模式：主要提供数据存储空间。如 Dropbox（一款网络文件同步工具）、微盘等，发展潜力巨大，盈利模式相对多元。

6. 大数据技术提供商

大数据技术提供商：以技术见长，提供专业的大数据技术解决方案，在语音数据处理、视频数据处理、语义识别、图像处理等领域都大有可为。其他非技术企业可以通过产业分工实现与这些企业在大数据转型中的合作。[①]

二、大数据环境下传统出版业的新挑战

（一）传统出版产业链落后

产业链是指一定地域空间范围内具有技术或经济关联的一系列产业形成的链条式关联关系。传统的出版产业链主要由出版社或出版集团、印刷厂、物流公司、销售商等组成。这种产业链没有把业内的货源和人力充分利用起来，很多部门间没有合作，甚至各自为政，这很容易导致产业链断裂，降低业内凝聚力。

（二）出版产业运作流程不够完整

在出版产业规模逐渐拓展和加快发展的过程中，出版产品加工、内容融进技术以及市场需求的反馈等业务流程节点出现参数标准不一致、信息反馈不及时等现象，造成出版资源发布的滞后，降低了消费者对出版物的重视程度和消费渴求。消费者的利益得不到应有的满足，直接影响了出版产业效益的提

---

① 石佳靓.大数据：出版产业的机遇与实践[J].中国出版，2014(11)：44－47.

高。产业运作流程有待完善。

（三）出版产业的综合运作能力普遍较低

出版产业运作能力偏低主要表现在两方面：

首先，高质量的文化供给不足。目前传统出版业的生产结构与市场需求结构不适应，低端供给过剩与中端供给不足并存，文化产品有数量、缺质量。传播当代中国价值观念、体现中华文化精神、反映中国人审美追求的精品比较少，还不能满足广大人民群众多样化、多层次、多方面的需求。

其次，创新驱动不足。传统出版业没有跟上日新月异的大数据时代的发展变化，传统出版物在内涵和形式上相对比较保守。这让传统出版业难以适应时代需求，发展比较缓慢，且面临严峻挑战。

三、大数据环境下传统出版业的新举措

大数据是高度信息化的必然结果，传统出版业要以积极的态度去推动大数据出版。大数据是互联网发展到一定阶段的产物，在互联网出版的阶段，传播主体多元化、内容碎片化、传播渠道多样化等特点极大地改变了人们的阅读习惯。新型出版对传统出版业的挑战，必将改变传统新闻出版的生产模式和发展方向，这给传统新闻出版业带来挑战的同时也带来机遇。传统新闻出版业在面对当前用户个性化信息分享和知识旺盛需求时，显得束手无策。而基于大数据技术的新型出版能够及时有效地搜集用户行为数据，从而较好地满足用户获得信息和知识的需求。传统新闻出版业亟须进行一些根本性的转变，转型升级到大数据出版的新业态。

（一）出版观念要转变

传统出版是以作者为中心的出版，而大数据出版是以读者为中心的出版。这种出版关系的改变需要传统出版业以互联网思维构建作者、出版者、读者的关系，把服务读者放到出版业的第一位。

（二）出版方式要转变

传统出版是以文本加工为主的生产过程，大数据出版要变成知识的整合、立体分类的过程。产品不再是一个个单一的书本、杂志、光盘、报纸，而是生产的一个个"知识流"及其相应的一个个群众需要的知识供应点。

（三）出版流程要转变

传统出版的流程是分阶段构成的：收到信息（作者原材料）的资源、出版社加工、印刷厂制造和市场发行，过去很长时间这个流程是断裂的。大数据出版的流程发生了变化，把整个流程连成一个统一的产业链。大数据出版是一个复合出版系统，这个系统把读者、作者、编辑、出版者联成一体，每个信息的生产都会收到最末端读者的反馈，作者、编者、运行者的利益在读者阅读中得到

实现,打通了从作者到读者的产业链。

(四) 出版产品要转变

传统出版的载体和内容是不分开的,而大数据出版的信息载体和内容是分开的,大数据出版的内容把原来的与出版并行的固体产品,转变为流动的、动态的知识包。苹果公司、百度公司,实际上建立的是知识库,推送的是知识包,并且对终端进行信息推送,终端也会有数据反馈。一种信息多平台、多形式传播,这是未来出版的一个方向。

(五) 出版服务要转变

现在的出版服务主要是产品服务,无差异产品占主导地位。未来出版产品要转变为个性化、分众化、对象化的产品,使读者在阅读过程中满足个人的需求。

(六) 出版消费要转变

目前单个人的阅读方式,逐渐转变成知识共享的阅读模式,互联网阅读体验、读者感受跟帖、不同的评论,也可能成为共享阅读的重要组成部分。正如目前从手机、网上看到的读者上传,出现一条信息、一篇文章、一种观点、一个问题,马上就会有更多读者的阅读体验参与进去。

传统出版和数字出版主要是产品服务。大数据出版则颠覆了传统出版和数字出版模式,改变了出版的业态。

四、积极构建大数据出版体系

出版走向大数据,这是一个历史的必然,是别无选择的一条道路。怎么走?不是坐而论道,不是只说不练,而是要立即行动,真抓实干地做好这件事情。

(一) 落实国家大数据发展战略,加快完善出版业数字化基础设施建设

党的十八届五中全会明确提出要实施国家大数据战略,这标志着大数据发展已成为国家战略层面的核心任务。中国出版业应做到审时度势、精心谋划、超前布局、力争主动,加快完善出版业数字化基础设施建设,推进出版业数字资源整合与数据开放共享,并推进出版业向数字化、数据化、智能化方向发展,形成数据驱动型创新体系和发展模式,切实发挥数据的基础资源和创新引擎作用。目前基础设施还不完善,出版业要进一步重视传统存量资源与新兴大数据资源的融合,实施出版流程再造,用新的生产工具和生产方式提高生产能力,满足人民群众日益增长的精神需要。同时,新的内容生产方式也需要新的内容审核与新的内容管理模式的探索,这也要充分运用大数据技术。只有这样,出版业才能在大数据时代续写辉煌,才能既去除糟粕,又提供精品,真正成为新时期宣传文化战线的主力军。

（二）坚持以供给侧结构性改革为主线，推动出版业与大数据的深度融合

出版业要深入贯彻落实供给侧结构性改革的方针，向互联网学习，深层次把握用户和市场需求，善于利用大数据技术工具分析用户场景，提供精准的知识服务。对于传统出版单位而言，应继续落实"去产能、去库存、去杠杆"的要求，通过对用户行为数据的采集、分析，进一步压缩库存，减少重复出版，提高出版资源利用效率和出版内容服务大众的精准性，以分众化、对象化、个性化为主导，生产更多适应当前消费需求的产品。出版单位要特别注意自身出版业务与大数据的深度融合，在选题策划、内容创新、产品营销、读者反馈等一系列出版流程中，学会合理运用大数据，从而科学准确地判断市场需求，为广大读者提供高品质的精神食粮，在服务中实现出版业的发展目标。

（三）坚持用改革创新的思路，推动出版业向数字化和数据化方向转型

改革是我们这个时代的主旋律，改革创新是破解难题的关键一招。出版业要坚持用改革创新的思路，推动产业向数字化和数据化方向转型。大数据给我们带来了大的发展背景，同时，大数据也代表着一种新的内容生产模式的变化。出版单位如果停滞不前、故步自封，依然按照传统纸质出版物的生产模式组建生产流程，一定不能适应时代的要求，生存也很困难。出版单位应优化结构，把建立创新驱动机制放到出版工作的核心位置，使创新成为新时代出版人的内在追求。多年经验证明，改革为出版业数字化和数据化转型提供了强大的动力，创新则提供了机制和技术上的支撑，改革创新是出版业充满活力的根本因素。

（四）坚持以人民为中心的发展思想，提升出版业运用大数据的水平

出版业是为人民群众直接服务的行业，要学会运用大数据提高保障和改善民生水平，构建惠及广大人民群众的服务创新体系。要始终坚持以人民为中心的发展思想，加快"互联网＋出版"进程，提升出版业运用大数据的水平，让大数据更好地服务社会。知识服务本身离不开大数据技术，同时知识服务也可以理解为是人工智能在出版业的具体应用。其核心点在于：知识服务让传统出版业深入各自的行业领域中去，用大数据技术搭建数据采集与挖掘系统，建设平台和推送系统，与行业的用户需求和用户行为对接，使出版内容真正地服务于每个用户个体，实现对人民文化需求的准确供给，提高出版业为人民服务的质量。

（五）加大数字版权及个人隐私的保护力度，增强出版资源数据安全保护能力

出版业在发展大数据应用时，既要充满热情，又要保持清醒和理智。要实事求是，根据出版单位的实际情况和技术水平、财务能力，找准切入点。同时，还要考虑大数据实施中的数据安全问题。出版单位是重要的信息安全部门，要高度关注数据安全问题，加强行业关键信息安全保护，强化国家关键数据资

源保护，进一步增强数据安全预警和溯源能力。出版业要依法加大对技术专利、数字版权、数字内容及个人隐私等方面的保护力度，实现信息内容数据的可管可控，保障国家文化安全与国家信息网络安全，重视个人信息的安全守护，全方位增强出版资源数据安全和反破坏的防范能力。

本章小结

大数据浪潮带来新一波产业变革的机遇和挑战，作为信息和数据密集产业的出版产业自然首当其冲。在转型升级的过程中，出版产业必然能通过大数据战略充分挖掘和利用行业用户数据、产品内容数据、市场信息数据等数据资源，提高生产效率，优化营销模式，拓展产业链条，提升内容价值，改进用户体验。洞察并顺应出版产业在大数据环境下"数据成为资产""行业垂直整合"以及"泛互联网化"这三大趋势，理解产业变革的逻辑和路径，是抓住新机遇、迎接新挑战的重要前提。数据产业的六种商业模式也是产业转型中的出版产业可资参考的模式。

出版人应该认识到：第一，大数据时代出版产业转型升级的根本不是表面的技术和结构升级，而是价值功能转型升级；第二，大数据时代的出版并非一定需要依靠传统出版提供内容，出版企业应从传统出版向数据内容服务转变；第三，出版企业大数据应用的重点不在于"藏"，而在于"用"；第四，大数据也具有一枚硬币的两面，在战略层面和操作层面对其辩证理解和看待同样重要。

思考与练习

1. 大数据出版的定义和特征是什么？
2. 大数据技术给传统出版业带来哪些挑战和机遇？
3. 传统出版业对大数据技术的应用路径有哪些？
4. 如何构建大数据出版体系？
5. 作为出版工作者应该如何应对大数据技术对出版业带来的变革？

参考文献

[1] [英]维克托·迈尔-舍恩伯格，肯尼思·库克耶.大数据时代：生活、工作与思维的大变革[M].盛杨燕，周涛，译.杭州：浙江人民出版社，2013.
[2] 张立，介晶，梁楠楠，李大美，陆希宇.坚守与变革？遭遇大数据时代的传统出版业[M].北京：社会科学文献出版社，2018.
[3] PAUL Z, DIRK DE R, KRISHAN P, THMAS AD, JAMES G, DAVID C. Harness the Power of Big Data the BM Big Data Platform[M]. Osbone/Mc Gram-Hill, 2012.
[4] 孙健.推进"互联网+"时代教育出版转型变革[J].科技与出版，2020(7)：75—81.

[5]陈进才.人工智能时代出版流程再造的机遇与挑战[J].现代出版,2020(2):89－91.

[6]周小莉.面向编辑出版专业的数据素养教育体系构建研究[J].出版科学,2020,28(1):67－72.

[7]梁远华,胡玥.大数据背景下学术期刊编辑思维转变及能力提升路径[J].中国编辑,2020(2－3):80－84.

[8]刘影.转型和转场:范式转换视角下传统出版社数字化发展策略[J].现代出版,2019(06):41－46.

[9]黄先蓉,常嘉玲.融合发展背景下出版领域知识服务研究新进展:现状、模式、技术与路径[J].出版科学,2020(1):11－21.

[10]张莉.探索大数据环境下出版业高质量发展[J].中国出版,2019(23):37－41.

第八章 大数据营销

> **学习目标**
> 1. 掌握大数据营销的概念、特征。
> 2. 了解大数据营销的应用价值和存在的问题。
> 3. 掌握大数据营销是如何变革传统营销体系的。
> 4. 了解互动式整合营销和大数据精准营销的实施方法。
> 5. 了解大数据广告营销传播的实施方法。

第一节 大数据营销的概念与特征

一、大数据营销的概念

大数据既能根据现有信息对数据进行整合与分析,实现深度数据挖掘,还能对未来数据走势进行预测,最终找到数据之间的相互关系,并按照它们之间的关系规律来进行归类存储,创建出符合时代需求的营销思维、营销模式及营销策略,使企业的竞争力不断增强,为企业带来巨大的市场价值和商业价值。因此,目前大数据技术已被众多企业所青睐并广泛应用,形成一种全新的营销手段,即大数据营销。

大数据营销的概念最早由美国咨询公司麦肯锡全球研究所的拉里·韦伯(Larry Webber)提出。他认为大数据营销产生于互联网传统营销,并且基本上只能适用于互联网行业。采集数据、深度挖掘数据并采用合理的大数据分析技术,企业可实现一定的预测分析,顺利完成基于用户的个性化推荐,提高转化率和收入。大数据营销也是对传统营销模式的有力改革,利用大数据技术,企业能够获取并深入分析用户的消费方式、消费行为、消费偏好、消费习惯等详细信息,最终制定出利于企业发展的营销方案,实现企业利益最大化目标。[①] 对于大数据营销,学术界没有统一定义,但结合市场应用现状可以将其理解为,大数据营销是指依靠大数据分析技术,以多个平台的海量数据为基

---

① 何淡宁.探究大数据时代下的市场营销机遇及挑战[J].经济学,2019(2):43—45.

础，利用相关数据挖掘和分析技术，提出与市场、用户相关的信息，进而应用于互联网行业的新型营销方式。

对于大数据营销而言，最重要的是市场信息和消费者自身信息，以及市场信息与消费者自身信息相结合的一些数据。市场信息使企业获悉消费者对产品或服务的偏好与态度，从而提供切合消费者需求的优质产品或服务；消费者自身信息主要是对各类消费者关注的消费领域进行大数据分析，很大程度上降低了企业市场营销方面的成本，避免了人力、物力、财力上不必要的浪费；通过分析市场信息与消费者相结合的数据则能够精准地寻找到某类产品或服务的主要消费者群体，从而提高营销的针对性，实现个性化营销，而不是以往简单粗暴的群体营销。除了这三方面的数据以外，大数据营销还包括获取数据的方式、分析处理方法和工具、营销方式等内容。这些内容也是大数据营销过程中不可或缺的部分。

大数据营销的整个流程是一个闭环结构，首先是数据采集，其次是数据挖掘与分析，再次是进行预测性分析，最后进行数据反馈，反馈完毕后继续采集新的数据并再次进行数据深度挖掘。因此，整个大数据营销系统是一个不断完善的系统。"四个合适"可以为大数据营销做一个最为通俗的解释，大数据营销的最终目标就是企业在合适的时间，利用合适的媒介载体，用最合适的投放方式，将产品和服务传递给合适的人群，实现个性化营销。在大数据时代，营销调研是建立在对大样本持续搜集数据的基础上的，这种及时准确的营销手段使基于科学分析得来的信息更加客观可靠，有利于提高营销决策的科学性，使后续的营销活动更为顺畅。

二、大数据营销的特征

企业在传统营销中通常难以获取整体数据。为避免这一弊病，企业大多依据小样本采样统计推断来形成所谓"科学决策"。然而采样分析是否成功取决于样本的绝对随机性。与传统营销不同，大数据解放了大量的人力、物力，传统营销中的大量人为运算和报表都可以通过数据的深度挖掘来实现。并且其数据分析比传统营销中的人为分析要精准得多。大数据营销，将数据与营销结合，让数据、信息、计算成为营销决策的科学指导和支撑。相比传统营销，大数据营销有以下特征。

（一）时效性强

在当今的互联网时代，用户的消费行为、消费习惯，消费额度以及消费方式可能会在短期内发生巨大变化，传统企业营销难以及时准确地提供信息，一旦搜集到的信息滞后，信息的价值便可能极大降低。利用大数据技术，充分了解并响应消费者当前的需求，如果能在消费者需求欲最高时及时进行营销，必然可以收获非常好的营销效果。基于大数据的营销系统可以快速反应用户的动态改变并给予解决方案。

（二）性价比高

在传统企业营销过程中，企业通过在报纸、广播、电视等传统媒体和互联网、移动客户端等新兴媒体上投放广告等形式来吸引用户的关注，这种铺天盖地推广广告的形式单向地将一致的信息灌输给所有用户，使用户被动接受投放方的无目的性广告，不仅使最终营销效果不尽如人意，还造成了资源的浪费。百货商店之父约翰·沃纳梅克（John Wanamaker）曾经说过"我的广告费有一半浪费掉了，可我不知道是哪一半"，这说明了传统营销中广告投放存在的问题。大数据营销以数据为依托，以每个用户的行为轨迹为决策依据，传统单一的营销方式正逐步向以用户端为核心的定制化跟进式营销方式转型，真正意义上实现了以用户为导向的现代化科学营销，大数据营销中投放的广告可以"选择"目标用户，做到精准营销，营销效果、用户黏度和销售转化实现了几何式的提升。大数据营销的广告准确性比传统营销要高很多，其后续还有广告投放的反馈可供运营人员进行调整，不至于浪费预算。[①]

（三）实现个性化营销

个性化营销主要是通过对大数据的分析来更加有针对性地了解用户的需求，使为用户提供的服务更加个性化和有效。大数据时代，电商企业的网络营销理念已从"媒体导向"向"受众导向"转变。以往的营销活动须以媒体为导向，选择知名度高、浏览量大的媒体进行投放。如今，电商企业逐渐以受众为导向进行营销。因为大数据技术让他们可以挖掘潜在用户群、分析用户偏好、定位用户需求，从而实现对消费者的个性化营销。

大数据技术的发展将使更多的数据信息被营销主体利用，企业也可以运用更好的分析工具从多种不同的维度对消费者进行细分，进而提高营销的针对性。

（四）实现关联性分析

应用大数据技术，在数据分析过程中可快速得知网民关注的内容及其在网上的互动情况，这些信息可让广告的投放在网民中形成一种消费关联性，即网民间可对所看到的广告进行深度交流，形成隐性消费，最终达到满足消费者最大需求及企业利益的最大化。

大数据的预测功能源于海量数据的集成处理和关联分析。具体到广告传播上，大数据根据消费者的行为轨迹，分析其消费需求，能够进一步判断其关联需求，挖掘其潜在需求，对其消费需求进行预测；再通过具有针对性的关联

---

① 张玲玲，李怀斌.科学营销：基于大数据的营销范式[J].东北财经大学学报，2018(4)：42—48.

推荐,促成有效购买和消费。以美国 Target 超市为例,Target 超市分析了消费者怀孕期间可能购买的商品比如防辐射服等 20 多种产品的购买记录,将购买记录和购买的产品和时间进行了行为相关性分析,以此推断出用户中的孕妇的孕周和具体生孩子的日期,针对怀孕的不同时间段对孕妇客户或者孕妇的家人推出相应的优惠券,这种精准又体贴的行为,不仅得到消费者的认同,也使超市的销售量大大提高。

（五）具有预测分析能力

预测分析个体的行为,在大数据背景下对营销活动进行研究,可增强营销活动的"预见性"。分析大数据还可以预知品牌危机,找准传播途径,遏制源头和关键节点,及时高效地解决危机。① 大数据营销具有的预测分析能力能为消费者的衣食住行提供参考价值,同时通过这些数据的组合分析还可以推动现有的产品和服务的销售,并同时生产更好的产品和改进服务。

三、大数据营销的应用价值与存在的问题

（一）应用价值

1. 为企业带来巨大商业价值

企业营销的营销活动将围绕着数据的采集、分析、处理而展开,通过数据挖掘可以实现精准营销,从而给企业带来丰厚的利润,互联网、社交网络、移动互联网用户无疑都是海量数据的制造者,这些庞大用户群所提供的无限增长的庞大数据,正在等待时机释放出巨大的商业能量。美国最大的连锁卖场分析了其销售数据后,发现了一件有趣的事,每次飓风来临之前,卖场里的草莓夹心饼干居然一跃成为最畅销的商品之一,其销量达到平时的 7 倍。因此,每当飓风登陆前夕,大量装载草莓夹心饼干的货车受命"在飓风来临前务必送达卖场"。这无疑可以看作是大数据带来的科学营销的典型范例。所以,在大数据时代的商业、经济及其他领域中,决策将日益基于数据和分析,而非基于经验和直觉。通过对大数据世界中的海量数据进行分析而找出市场销售中超出人们常识、经验之外的相关关系,无疑会给企业的市场竞争赢得先机。

传统的营销通常都是采用实体营销的方式,往往会损耗大量成本。但是在大数据时代,各个企业的市场营销注重线上销售手段的推广,这种营销方式不仅能够增加客流量,还能在很大程度上缩减成本。

2. 通过分析消费者行为来挖掘潜在需求

利用大数据,对消费者行为进行研究是大数据营销中一个至关重要的环节。消费者留下的信息痕迹能够转化为企业营销决策的科学依据。美国流媒

---

① 于牧雁.企业大数据营销模式创新与改革[J].中国商论,2018(19):12－13.

体巨头奈飞公司通过对其 3000 万个订阅用户的网上行为进行大数据分析,造就并预判出了《纸牌屋》的卖座。这部关于美国政治的季播剧是根据网络上 2000 多万的观影数据,从每日的 3000 多万次的播放记录,以及数以百万计的观者观影过程中的搜索、暂停等行为中分析得出观众最喜爱的男主角和女主角是谁,青睐于何种拍摄手法,甚至让观众参与到剧情设置中,为剧情的发展提供建议。正是基于这样的数据分析挖掘,奈飞公司不断塑造出满足受众喜好的电视产品,从而创造出网剧播放史上的神话。

大数据应用于用户行为分析以电子商务平台最为常见。在电子商务的营销过程中,电商平台的数据库将消费者的购买记录和搜索痕迹都以数据形式存储起来,通过对海量数据进行分析,可以精准获取消费者的需求倾向,了解用户的消费习惯,发现关联规则,甚至先人一步为消费者指引出潜在的购买需求,开发新市场,进行产品创新甚至是定制化营销。

3. 通过对用户的精准定位来提供个性化优质服务

大数据技术使企业的产品设计能充分考虑消费者需求的个性特征,增强产品价值的适应性,为用户提供更周全的个性化优质服务。任何的市场营销活动都需要以消费者为主体,加强了解消费者实际需求,紧抓目标消费者的需求,满足消费者的合理需求,从而保证服务工作的有效性与可靠性。

企业在大数据的帮助下,通过关联商品的形式向消费者进行个性化信息推荐。个性化引擎是基于消费者画像和商品画像合二为一进行的信息推送,个性化的信息能根据消费者具体位置的不同而调整。比如,在亚马逊网站浏览时,消费者若曾经浏览、购买或收藏了某些商品,消费者能在商城的平台上看到类似于"猜你喜欢""购买过该商品的人还买过""看过该商品的人还看过"的内容推荐。[1] 此种信息推荐的方式较易被消费者理解,若企业通过关联推荐推送的信息又恰好是消费者所需的,那么消费者接受企业大数据精准营销的意愿也会增大。

企业只有准确和全面分析广大消费者的真实需求,才能有效地对市场进行定位。但是,市场定位还需要综合考虑用户、成本以及交流中的各种因素,采取有效的措施来实现各种因素之间的协调发展,针对用户的不同需求,为用户建立个性化的服务标准,为不同的用户建立专属的优质服务。只有这样才能更好地为市场营销的顺利进行奠定坚实的基础。

4. 通过监测营销环境来提高企业竞争力

当前计算机技术可以对营销的整体过程进行全程监控,使企业能够观察产品营销的各个环节,找出产品营销中存在的漏洞和不足,及时调整营销的策

---

[1] 张莹,吕少峰.媒体融合时代传统媒体的大数据营销[J].青年记者,2015(29):85—86.

略和营销方向,指导企业利用营销数字变化来进行生产和改进方向,制定营销策略和查看实施后的效果,这样就可以在激烈的市场竞争中,获知消费者的各种需求以及竞争对手的产品优缺点,从中找出方向和规律,从而开辟出一条可持续发展之路。

数据使监测分析竞争者产品市场口碑、营销活动动向成为可能。企业可以通过本行业数据确定自身在行业中的竞争力,监测竞争对手的行为,提前预测行业走向。大数据分析可以监测品牌传播效率,找准营销方向,还可以预知品牌危机,遏制危机源头和关键节点,及时高效解决问题。运用大数据,企业可以从市场竞争者的产品、促销等数据,从外部环境的数据,例如天气、国家大事、热门话题、社交媒体上人们的情绪中先导性地预测到外部形势的演变,从而选择正确的应对方式。比如,国内一些金融机构在推出一个金融产品时,会广泛分析该金融产品目标用户群数据、各种交易数据和定价数据等,然后决定是否推出该产品。阿里巴巴汇集了海量中小企业的日常资金与货品往来的相关数据,通过对这些数据的汇总与分析,阿里巴巴能发现单个企业的资金流与收入情况,分析其信用,找出异常情况与可能发生的欺诈行为,决定能否放贷及贷款金额,控制信贷风险。

5. 对媒体营销具有重要的战略指导意义

对媒体而言,市场大数据对媒体营销具有重要的战略指导意义。媒体能否妥善利用大数据,成为决定其在未来传媒竞争中能否占据先机的关键因素。媒体在业务运营中积累了大量的数据资源,通过对微博等网络大数据的挖掘分析,媒体就能够借此捕捉社会动态、预警突发性事件,从而在传媒竞争中占据先机。就社会动态而言,在人人都是自媒体的时代,普通大众拥有了更多身处第一现场的优势条件,能及时地对现场发生的事件进行同步直播和报道,并获得一定数量的转发和关注。传统媒体并不具备这样的人力、物力来保证对更多新闻第一现场的直播报道,也不具备完全准确地预测事件是否属于重大新闻的能力,因而借助微博等平台的大数据支持,可挖掘出用户关注度较高的话题事件进行媒体报道,把握社会热点,甚至预测出突发性事件并提前赶往现场,抓拍现场照片,获得第一手新闻资料,这与新闻报道追求的内容新鲜性、事件真实性和社会价值性是相符合的。

> **案例 8-1**
>
> 　　小米公司在社会化媒体的营销上做足了功夫,微博、小米论坛和腾讯QQ空间聚集了大量的小米粉丝,这些粉丝在社交媒体中讨论小米产品并与小米品牌进行互动,小米公司也从这些数据中获取用户信息,基于对消

费者行为、偏好的深入研究,小米公司将年轻消费者群体作为目标市场,不断获得他们对小米手机的价格趋势、功能要求、界面优化、用户功能体验与购买评价等重要信息,推出了一系列能够满足消费者需求的产品,因此无论是产品的预订还是发售都受到年轻消费者的热力追捧。小米公司通过这些数据将营销前置,在产品还没有完成设计之前就开始进行营销,在2018年小米公司6X抢购活动中,有65万人预约抢购了该手机.

(二)大数据营销存在的问题

大数据对企业营销来说是一把双刃剑。企业如果能积极转变营销观念,寻找到有效的发展模式,则是一次重大的发展机会;如果企业不能转变传统的营销态度和思维,则很可能在大数据浪潮的冲击下,失去自己的立足之地。大数据既给企业提供了巨大的变革和发展空间,也给企业营销方式带来了挑战。[1]

大数据使信息的传递越来越便捷,传统品牌如果无法依托大数据针对消费者的现实需求进行营销模式的转变,那便只能被淘汰。虽然大数据已经展现出巨大的作用和非凡的前景,但同时也给市场营销带来了更多的挑战。可以归纳为如下5点。

1. 垃圾信息泛滥,引起消费者反感

大数据时代,信息爆炸的同时也带来了垃圾信息的泛滥。消费者每天都能主动或被动地接收到无数纷杂信息,企业一旦未能准确捕获消费者的真实需求,在未对消费者需求进行全面分析的情况下,就频繁地给消费者推送大量宣传内容,很容易引起消费者的反感,不利于开展市场营销。企业除了要加强信息处理的技术,更要加强信息甄别的能力。大数据带来了大量数据,也加大了数据的混乱程度,数据中包含了很多的实用信息,同时也掺杂了虚假信息,如何选择并保证数据的完整性、客观性以及基于数据预测的正确性,是大数据时代亟须解决的问题。[2]

2. 数据传输安全隐患问题

信息资源是大数据时代中极为宝贵的资源,网络信息的容量越来越大,获取各类网络信息的方式也变得越来越容易,这为企业的市场营销活动带来了一定的益处。但是商家在进行产品宣传的过程中,一些不法分子可以通过相应的技术手段窃取企业的用户信息,或通过对信息参数的分析,推断出有用信息,并对这些信息加以利用。比如,利用这些用户信息来实施欺诈行为等。因

---

[1] 彭海静.中小企业大数据营销策略研究[J].江苏商论,2016(7):15—17.
[2] 周再宇.大数据营销:向纵深与全域拓展[J].新营销,2017(Z1):66—68.

此,为了保护个人信息的安全性,防止个人隐私的泄露,不少消费者可能会拒绝透露自己的真实信息,这样使得营销人员很难获取消费者的真实信息,无法分析出消费者的特征及行为模式,从而为企业开展营销工作带来了极大的障碍,营销方案也很难正确落实。

不少互联网公司和开发 App 的运营商都会有意识地对用户的行为和爱好进行记录,以便能够对用户的行为大数据进行商业机会挖掘和维护。实际上,部分数据是属于用户的"保密地区",这些包括但不限于用户私人信息的庞大数据,有可能会为用户带来私人信息泄露的烦恼。[①] 因而,对大数据营销来说,对用户隐私安全问题进行最佳保护或为大数据营销设定相应门限和约束,是企业长久生存和稳定发展所依赖的重要因素。

> **案例 8-2**
>
> 2018 年 2 月 12 日,柏林法院在"德国消费者组织联合会诉脸书"案中裁定脸书搜集和利用个人信息并为实现取得数据主体的统一而默认开启等行为违法。美东时间 4 月 10 日起,脸书创始人扎克伯格一连两天出席美国国会参众两院听证会,回应公司泄露脸书用户数据一事,承认企业自身的管理问题,并向公众道歉。此次事件不仅引发了脸书用户对平台的信任危机,同时也暴露出了大数据在营销的技术与应用中存在的各种问题。

3. 信息数据质量难以得到保证

在大数据时代,企业所面临的市场环境是复杂多变的,企业所能够获取的信息是繁杂多样的。这些信息对于企业是否有利,是否真实是有待商榷的。而用户信息的不断增加,在很大程度上也使企业无法通过数据的筛选来有效地实现市场营销。这就使其更重视信息数据的准确性和真实性。想要在繁杂的市场信息当中,准确地区分出用户的相关信息是相当困难的。而用户在很多信息面前也显得无所适从,不知道要如何去选择自己所需要的商品。

目前企业营销还存在数据准确性与服务准确性不对称的问题。大数据技术还在不断完善中,大数据挖掘可以提供准确数据,却有时很难提供准确的预测,这里存在一个不可确定的问题,就是用户的消费心理,这又是大数据营销面临的一大挑战。

4. 市场营销人员素质有待进一步提高

传统的市场营销方式往往是由营销人员开展商品的销售,或者依托电话等通信工具来实现营销。而伴随着市场的发展和信息技术的进步,传统营销

---

① 沙梅,何健民.基于互联网+的大数据营销转型[J].中国工业评论,2017(7):88-93.

方式的缺点也日益暴露出来。传统营销不仅会消耗更多的时间,还会花费大量的人力、物力成本,从而导致企业的营销成本不断增加。传统的出门拜访客户、电话沟通等营销方式越来越不受重视,大数据时代已经改变了以往的营销方式,营销工作人员可以有效地借助网络技术来完成营销,这种工作方式相比来说更加省力和省时,但是这就对营销工作人员的工作能力和综合素养提出了更高的要求。① 因此,大数据时代,营销人员需要了解新型技术手段,不断充实并开展学习探究活动,才能适应现代社会的大数据发展趋势,有效掌握新型的营销模式。营销人员通过学习掌握有效的数据分析与处理方法,才能将营销工作落实到位。在大数据时代中要想推销产品就必须了解消费者的爱好和习惯,这不仅要求营销工作人员掌握处理数据及挖掘分析数据的能力,还需要其具备专业的网络技术能力,完善的专业性技能,提高综合素质,从而从根本上实现企业市场营销工作的顺利开展。

5. 市场营销的成本逐渐增加

为了让销售人员及时地掌握现代市场营销方式,企业就要花费大量的成本帮助销售人员去完善自身的专业性技能,促使其掌握新的技术。与此同时,相关企业要想更好地发挥出大数据的利用价值,就一定要投入更多的人力、物力以及财力作为最基本的支持,跟进并不断完善相关硬件设施及培养相关人才,有效提升自身实力,从而积极面对挑战与机遇,实现企业的可持续发展。

知识卡片

《中华人民共和国电子商务法》第十八条规定:电子商务经营者根据消费者的兴趣爱好、消费习惯等特征向其提供商品或者服务的搜索结果的,应当同时向该消费者提供不针对其个人特征的选项,尊重和平等保护消费者合法权益。

这从法律层面上,杜绝了"大数据杀熟"的现象发生。而在监管执法层面,相关部门也必将给大数据赋予道德和法规的约束。

第二节 大数据营销模式

大数据时代,营销竞争愈演愈烈,现代企业必须具有更好的营销理念并找到更好的营销渠道才能让营销预算更具可控性,营销方式更合理,才可以随时把握市场动态。大数据作为一种技术工具,为现代营销管理带来了全新的理

---

① 吴冰清.企业大数据营销的现状、问题及对策分析[J].青年时代,2017(34):248-249.

念和方法,使营销体系发生了颠覆性变革。在大数据视角下,传统的营销理念和营销方法可以得到优化升级,从而更加契合不断变化的营销大环境。

一、大数据营销的思维方式

企业的营销思维方式,将因大数据而产生巨变。

(一)从追求因果关系到追求相关关系

大数据时代,人们可以更有效、更快捷地分析事情,并能预测未来。人们不必再对因果关系进行追究,转而开始用关联性的数据来认识世界和改造世界,打破了千百年来追求因果关系的桎梏。当关联性足够多的时候,分析和预测就会变得更加准确、及时和可信。例如,人们不需要知道飞机票的购买价格是如何变化的,但却可以通过大数据公司的相关关系分析出何时购买机票是最划算的。人们不需要知道甲型流感为什么会传播,但是可以通过分析互联网大数据而得知病毒在何时何地传播,从而预防控制一场突如其来的流行病。[①] 大数据时代的分析工具和思路帮助人们扩展新视野并且做准确的预测,探求"是什么"而不是"为什么",探索事物的相关关系而不局限于因果关系,这在未来可能会改变人类探索世界的方法。

(二)从追求眼球经济到追求口碑效应

诺贝尔奖获得者西蒙曾说:"随着信息的发展,有价值的不是信息,而是注意力。"的确,在互联网的推波助澜之下,21世纪初成为"眼球经济"的年代,商家笃信只要能抓住消费者的眼球就相当于成功了一半,于是,为了赢得消费者,商家将重心放在如何制作出吸引消费者眼球的广告和产品上,虽然这种营销方式确实能在短期内吸引到消费者,却并非长久之计。到了大数据时代,企业的"指尖经济"显示了其巨大的体量与几乎无边的发展潜能。大数据时代,企业营销的重点从吸引眼球转移到赢得分享体验。各大社交媒体的盛行使消费者乐于将自己购买产品或服务过程中的感受分享给他人。消费者不再只是信息的接受者,也成为信息的主动传播者。良好的购物体验通过他们的传播与互动反馈,能吸引到更多的消费者参与购买,形成口碑效应;也能使企业迅速获悉消费者的消费感受,从而能及时对产品或服务进行调整和完善。因此,企业要善于引导消费者的行为,重视消费者的消费反馈,善于抓住有利时机制造口碑效应,营造消费者互动参与的环境。这种低成本、高收益的营销思维方式越来越受到企业的青睐。

(三)通过大数据形成消费者思维

消费者对于企业的重要性是不言而喻的,尤其是在大数据时代。在企业

---

① 常兴仁.企业大数据营销的现状、问题及对策研究[J].现代经济信息,2016(33):57-59.

的传统营销模式中,媒介和品牌以自身为出发点,单向地将一致的信息灌输给所有受众,造成了资源浪费。消费者的需求是因人而异的,每个消费者都想得到专属于自己的定制化服务。因此,这种单一的营销方式正逐步向以消费者为核心的定制化跟进式大数据营销方式转型,大数据营销模式中企业形成消费者思维,以消费者为中心,以每个消费者的行为思想为决策的依据,制定针对性、个性化、创新性营销策略,从而形成高效的推广效果,建立长久的品牌关联,甚至形成忠实的消费者粉丝群,真正意义上实现了以消费者为导向的现代化科学营销,使营销效果、用户黏度和销售转化实现几何式的提升,实现了从"点对面"到"点对点"的飞跃。企业通过数据挖掘出消费者的兴趣爱好和行为习惯,能够精准预测用户的需求,从而实现以用户生命周期为基准的精准化营销,这是一个动态的营销过程。这种营销理念的转变在为企业创造巨大利益的同时也方便了消费者。因此大数据营销的出现,给现代企业营销推广提供了新出路。

(四)通过大数据形成跨界融合思维

媒体跨界融合是指把报纸、电视台、电台和互联网的采编作业有效结合起来,资源共享,集中处理,衍生出不同形式的信息产品,通过不同的平台传播给受众。这种媒体融合并不是将传播内容在不同媒体上重复播放,而是把传统媒体和数字媒体在内容和形式上融合起来。这种新型整合作业模式已逐渐成为国际传媒业的新潮流。利用大数据的优势,能够融合海量数据,挖掘潜在的商业价值,建立网络用户行为轨迹模型,了解用户情况。例如,通过微博社交平台,了解受众的社交媒体传播内容和反馈,分析受众的消费意图,从而多触点与客户进行互动,传递产品信息。大数据拓展了营销决策的思路和方式,让传统营销活动成为全媒体推广,让单一产业链条实现多渠道、多产业整合,实现了 1+1>2 的营销效果,最终转化为优质的用户服务和体验。

企业利用信息渠道、数据共享来实现多维度功能整合,最终能为消费者提供高效优质的服务和体验。例如,去哪儿网推出的"拿去花"金融业务,推广旅游达人专线,整合旅游、酒店、机票、接机等旅行服务功能于一体,数据端口的丰富提升了用户体验,真正实现了一站式消费体验。跨界整合思维正是基于优化服务的目的而形成的新趋势。

二、消费需求的数据挖掘方式

传统营销模式下,一般通过访谈、调研的方式来获取消费者相关信息,然后做出假设,并根据这些数据构建模型,用科学化的方法对消费需求进行验证并做出预测。大数据时代,营销者通过大数据技术能够更加全面、低成本地采集信息,实时分析消费者的兴趣和偏好,进而开展营销。

当人们有能力从更多角度精细地描述消费者，并且可以实时、动态获得数据的时候，消费需求的挖掘方式也要随之改变。

（一）从数据样本到全数据

长久以来，人们对商业数据的分析主要依赖于科学的取样和调查，利用各种调查手段和技术对数据样本进行分析处理，并且尝试利用各种方法试图增加抽样调查的精确性，有的调查甚至精确到95%以上。但是这种取样本身就有着非常多的固有局限性，比如数据样本存在误差、数据样本以偏概全、调查数据存在时间的滞后性等。而如今，数据处理技术发展迅猛，样本数据已经逐渐走向末路，当人们可以通过感应器、手机、网站点击掌握海量数据时，数据取样的意义便会瞬间瓦解。

谷歌的流感趋势预测不是基于对个别城市的随机取样分析，而是基于对整个美国几十亿条互联网检索记录的分析。因此，大数据时代全数据分析取代了局部数据调查。

（二）构建用户画像，精准洞察受众

大数据技术为用户洞察拓展出了一种行之有效的方式。消费者购买行为的每一个阶段的行为和思考都以数据的形式被记录，这样我们便可以利用这些行为数据来洞察消费者的真实心理。在海量的目标群体中，发现产品目标群体的共性，找到真正与产品诉求契合的用户群，这些方法会让分析用户和洞察受众更为智能。

交互设计之父艾伦·库珀（Alan Cooper）最早提出了用户画像的概念。用户画像是真实用户的虚拟代表，是依据一系列真实数据建立的目标用户模型。通过用户调研去了解用户，根据他们的目标、行为和观点的差异将其区分为不同的类型，然后每种类型中抽取出典型特征，赋予名字、照片、人口统计学要素、场景等描述，就形成了一个用户画像。[①] 举一个用户画像的例子：女，20岁，大学生，喜欢动漫和阅读。这些描述常用于一个人的简介，也即一个人的用户画像，对于大数据的开发者来说，这最终代表着用户信息标签化。

大数据挖掘就像是在给用户"画像"，先搜集用户在网络上留下的痕迹（数据），然后通过技术分析得出用户的特征，洞察用户的喜好，将用户的"画像"渐渐地描绘清楚，通过更加丰富的消费者数据，包括网络浏览的数据、社交数据和地理追踪数据等，可以绘制出更完整的消费行为描述。大数据技术在每个环节所搜集和分析的数据，可以描述消费行为的每个环节，实现对消费者行为的洞察。以沃尔玛个人信息大数据搜集整理平台为例，搜集和分析交易数据、

---

① 肖祥铃,吕泓南,任科静.传统营销和大数据营销的比较分析研究[J].现代营销(学苑版),2018(2):5.

市场活动数据、用户信息数据、社会化媒体数据,从而可精准定位用户需求,提供相关用户产品并推介相关用户产品,再通过数据反馈平台将商品信息发布到用户终端、公司网站和商铺超市等消费前端,引导市场运作。此外,沃尔玛开发了一个名为零售链(Retail Link)的大数据工具,供应商通过这个工具可以事先知道每家店的卖货和库存情况,从而可以在沃尔玛发出指令前自行补货,这可以极大地减少断货情况的发生,从而降低库存成本,减少店内商品陈设的投入。通过在整条供应链上分享大数据技术,沃尔玛引爆了零售业的生产效率革命。[①] 传统营销模式下,数据来源于企业的营销记录,随着网络及电子商务的发展,消费者的网上痕迹也转化为数据,成为企业营销数据的来源之一。构建"用户画像"所需要的数据,除了传统上从数据库中获得的数据、营销平台搜集的数据、历史数据之外,还要尽可能获取消费者在互联网社区上的一些视频、图片等信息及地理空间信息等数据,这些数据能够从侧面反映消费者的态度、偏好等,从而使营销更精确。

利用大数据进行用户画像,可以瞄准产品服务所涉及的目标受众,确定受众需求,再将上述信息与产品服务功能设计相结合,让产品做到"师出有名"。这种方法能快速捕捉代表性受众属性,映射出现实受众的形象。在开展用户画像时,要提取一系列后台数据,利用这些数据挖掘用户使用在线平台时的一些关键性指标。在对用户使用场景有一些初步把握后,营销者可以从海量数据中选取一定量的样本,获取这些用户群体的年龄、职业、性别、交易偏好、浏览习惯(手机、浏览器)等关键词,然后利用数据分析软件进行汇总统计,聚类分析以确定整体的属性特征。

(三)消费者细分因素的确定

消费者细分是一个陈旧的话题,但是在大数据时代,在人们拥有了更多的数据之后,借助更好的挖掘工具、分析工具,就能够对网上消费者进行全面的追踪及精细的划分,在准确地划分群体之后,进一步挖掘消费需求以进行个性化的精准营销。

大数据时代,消费者细分因素的确定是以"用户画像"为基础的。传统细分主要基于两个角度:消费者角度和产品角度。消费者角度就是以消费者为研究重点,主要从消费者的不同侧面来细分消费群体;产品角度就是以产品为导向的市场细分,为企业制定营销决策。因此,细分的标准不同就会有不同的市场适用性。总之,从消费者角度来说,市场细分的依据主要有三个方面:人口特征、行为特征和心理特征。人口特征因素主要包括性别、年龄、职业、地区及婚姻状况。通过以往的文献可知,性别、年龄不同,消费需求也不同;消

---

① 孙振虎,栾熙彦.跨媒体互动下新媒体的大数据营销[J].东南传播,2016(8):4—5.

费者的教育程度、收入越高,购买新产品的可能性越高;而婚姻状况对消费者的消费习惯也会产生影响。行为特征因素的选取主要参照消费者购买决策及专家意见来获取并确定。消费者在购买决策过程中大致经历需求诱发、信息搜集、比较选择、购买决策、购后评价五个阶段。心理特征因素主要包括偏好、态度和价值三个主要方面。偏好方面不仅包括消费者对颜色、价格等与产品有关的偏好,还包括消费者的一些行为偏好。态度指的是消费者的满意度与忠诚度。价值则主要指的是消费者所感觉到的、一些与心理有关的利益、价值等方面。

根据市场细分理论,虽然不同消费者对于商品的选择和需求都有个人偏好和倾向,但是可以根据偏好将消费者归为不同的类别和群组,针对不同的类别和群组的需求进行差异化营销活动。市场细分有很多分类的依据,如人口统计特征、地理特征、行为特征等都能成为划分不同消费市场和群体的依据。在对消费者群体进行划分和归类的时候,企业应该将产品和消费者的需求这两者之间的信息对接考虑进去,合理地划分市场。良好恰当的市场细分为营销的成功打下坚实基础。[①]

因此,大数据处理技术为当今的产品营销提供了一个新的商业机会和营销渠道,使企业实现为用户提供更高价值的产品。大数据背景下,使用分布式系统架构对互联网上的原始数据进行挖掘和数据标引,根据标引结果分析用户日常行为,预测消费者购买某种产品的概率,从而寻找目标用户,挖掘目标用户潜在需求,找准产品在市场中的精确地位,使用目标用户感兴趣的方式进行各种形式的宣传,有针对性地对不同需求的目标客户定制专属的营销计划以引导消费者购买产品。此外,还可以对产品进行细分,根据客户需求不断完善产品功能,降低成本,提供良好的客户体验,最终树立企业在消费者心目中的良好口碑。

三、大数据营销模式变革

传统营销模式起源于杰罗姆·麦卡锡(Jerome McCarthy)的营销 4P 理论,即:产品(Product)、价格(Price)、促销(Promotion)、渠道(Place)。而后由菲利普·科特勒(Philip Kotler)进行整理加工得出了以 4P 为核心的营销组合方法论。传统营销指通过层层严密的渠道,并以大量人力与广告投入市场,从而达到满足用户现实或潜在需要的综合性经营销售活动过程。4P 经典理论是以产品为主导的理论,该理论中企业通常将公司的利润放在第一位,而用

---

① 常亚平,王良燕,黄劲松,王永贵,邹鹏.3D(大数据、数字化和发展中)背景下的营销战略与转型专栏介绍[J].管理科学,2018(5):1—2.

户的需求往往是次要的,传统营销模式属于"粗犷式营销",营销渠道繁杂冗长,企业大多在不了解用户需求的情况下,大面积利用各种推销手段对每个用户进行轰炸式营销。一旦产品出现问题,很难及时反馈问题给商家,从而影响了商家和消费者之间的互动。因此,随着互联网的蓬勃发展以及"大数据"得到广泛的关注,这种理论已经赶不上时代的脚步了。时至今日,这种营销理论由于无法适应竞争日益激烈的现代市场环境而逐渐淡出了人们的视野,在经典 4P 理论基础上逐渐发展出了很多全新理论。[①] 在此背景下,如今为了适应新的大环境,提高竞争力,越来越多的互联网企业开始研究大数据营销方案,基于科学的数据进行决策已经成为大数据时代经营的新型模式。大数据时代营销模式发生了以下变革。

(一)营销趋于精确化

大数据时代的到来使精准化营销成为可能。传统商业模式实行集中标准化的生产,商家需要去"猜"消费者的需求;传统的广告方式是面对所有受众,轮番轰炸的广告不仅白白浪费了大量广告资源,还很可能使消费者产生排斥情绪。企业在大数据时代就可以运用大数据技术对用户进行精准识别,进而开展有针对性的营销定位活动,所需的成本也非常低。企业进行精确化营销就是改变传统的营销渠道和方法,把用户、销售商作为营销工作的中心,通过互联网、电子媒介、邮件等各种形式创建用户和销售商资料数据库,继而通过科学的分析,最终确定可能会购买商品的用户,进而改变以往的营销策略,针对潜在用户制订出一系列切实有效的营销推广方案。大数据已经为个性化营销提供了必要的基础条件,基于归纳整理后的数据以及透明可见的用户个体行为和偏好数据,使企业可以大大提升对用户的洞察力。企业利用大数据在各种社会关系中搭建了一座科学合理的桥梁,能够及时满足用户个性化需求。

大数据实现精准营销的实质就是搜集与用户相关联的多维数据,随着商家对顾客了解程度的加深,精确地判断出用户的购买意向、购买渠道、购买方式等信息,从而更精准地预测和分析用户的需求。对企业的用户群体进行准确分析时,可以按照纵横多维方式,根据庞杂的用户数据,筛选出核心目标用户,准确传达产品、折扣等信息,确保实现精准营销。

(二)以用户为中心的经济生产模式

大数据正在创新经济生产模式,深刻影响经济转型进程,在此环境下,新的竞争业态不断发展,新的商业模式凸显出来,经济增长范围向外拓展,这种经济生产模式促使市场资源配置更为优化、高效,推动企业从粗放式生产转向以用户为中心的生产。以用户为中心的经济生产模式包括以下几种。

---

① 李晓梅.中小企业利用大数据营销的困境及改进策略[J].中国统计,2017(12):16—18.

1. 基于客户行为分析的产品推荐

在云端的数据库中,所有用户都以标签属性的形式存在。用户在现实生活中的行为,如浏览、订阅、搜索、产品应用等相关信息被数据库记录和分析。这些行为数据可以转化为用户的性别、年龄、收入、喜好等清晰化属性标签。一些门户网站以这些标签为依据,帮助广告主开展更加有效的各类营销活动。比如,当消费者在购物网站上浏览商品时,网站就会记录其购买和浏览商品的信息,分析出消费者的购买偏好,然后投其所好,为其推荐相关商品,激发消费者的消费欲望,扩大公司产品的销量。通过这种用户行为的数据分析可以使得产品推荐更加精准化、个性化。

2. 基于用户评价的产品设计

用户评价包括很多方面,有对产品的满意程度的评价,对物流效率的评价、对服务质量的评价等,同时也有对于产品的外观、包装、功能等方面的体验评价,与此同时,用户会针对这些方面的不足提出一些有针对性的改进意见。有效采集和分析这些用户评价数据将有助于企业改进产品的外观、性能和服务,同时有助于企业建立以用户为中心的产品创新体系。

3. 基于用户分析的广告投放

目前市场上的广告形式虽然多样,但现有的广告投放系统缺乏针对性,使得广告精确度不高,难以达到预期的效果。因此,分析用户数据进行精准广告投放成为一种必要。在澳大利亚,一家名为 Millward Brown 的市场研究公司利用网络摄像头监控人们对电视商业广告的面部反应,真正做到看"脸色"来做营销。

4. 基于客户数据分析的产品定价

合理地进行产品定价需要进行数据试验和分析。将用户按照其对产品价格的敏感度进行分类,同时测量不同用户群对价格变化的直接反应和容忍度,进而为产品定价决策提供参考。传统营销定价多从产品成本、利润率、用户接受度等简单因素考虑,并依据先前相关销售经验建立精算模型。大数据背景下,传统精算模型将被颠覆,价格不对称性有所改善,定价透明度越来越高,基于支付意愿的差异化定价将成为主导,电子支付成为主流。[①]

(三)企业营销组织结构的变化

由于合理运用大数据能够给企业带来丰厚的利润,未来的企业营销主要围绕数据的搜集、分析以及处理而开展。企业数据分析部门在企业营销中扮演的角色越来越重要,也将可能逐步取代传统的营销决策机构而日渐成为企业营销的核心部门。和以往企业配置大量销售人员去推销产品不同,大数据

---

① 陈崖枫.大数据营销的几道坎[J].企业管理,2017(1):54—57.

时代的企业配置的数据采集人员会四处奔走，采集或购买企业所需要的各种源数据。

在大数据时代，企业内部各部门之间分工更加明确、紧密，企业内部集约高效，行业内部统筹协调，各行业跨界整合。通过大数据分析预警，营销人员可以很及时准确地知道供求是否平衡。如果某商品供小于求，企业市场营销战略就应该考虑向这种商品倾斜。如果某商品供应趋于饱和，营销战略就应该考虑是否减少该产品的产能。行业内各企业之间通过大数据共享就能实现统筹协调，避免行业产能过剩。大数据也促进了各行业之间跨界整合，让企业市场营销不再局限于某个行业，行业之间的数据有关联也有互补。例如，通信行业知道用户的坐标，而交通行业需要用户的坐标，因此，通过大数据实现跨平台资源整合成为常态。率先融合的行业将会是数据关联性更强、互补性更强的行业。跨界整合的大趋势也说明大数据时代企业市场营销战略会更加开放、包容、共享、创新。

（四）商品销售管理的改进

实体零售业每天会产生海量的销售数据，运用数据挖掘技术对日积月累产生的交易数据进行深层次的挖掘分析，可以清楚地了解各类商品的销售情况，从而更有针对性地制定各类商品的营销对策。比如，针对不同的产品进行分类管理，综合分析商品的直接盈利能力和间接盈利能力，从而为零售货架制订最优的产品组合方案，并合理有效地控制各类商品的进货、库存等。

分析以往的顾客消费数据，可以掌握用户的消费行为模式。其效果会反映在用户的一次购买行为当中，这称为交叉销售的即时效果；也会体现在用户在不同时间点的多次消费活动中，这称为交叉销售的延时效果。商品的交叉销售效果反映的是一种商品的销售能在多大程度上促进其他商品的销售。商品的盈利能力既体现在销售商品本身所获得的直接收益，也反映在通过该商品交叉销售其他商品所产生的间接收益。使用数据挖掘中的聚类分析和关联分析等分析方法，可以有效地改善商品的销售管理，促进商品的交叉销售，还可以优化零售商场的货架布局，指导商品价格的制定以及协助营销计划的编制。

（五）企业更注重搜集顾客数据，数据成为一种资本

市场营销过程中有关文字、位置、交易情况、商品属性，甚至营销人员和用户之间的沟通情况都可以数据化。数据化是利用大数据的基础之一。例如，2018年我国的手机用户已超13亿，每天都能产生与机主相关联的大量数据。搜集手机用户的信号位置、消费行为、网络浏览信息等数据，可以准确地对手机用户进行行为分析，精确地提供诸如广告推送、App推介等服务。在信息化社会，世界本质上是由信息组成的，掌握核心数据与社会财富是成正比的。搜集数据的目的是利用数据，并使其产生价值。数据本身可扩展，能够被再利用,与其他数据群结合,被公开、被估值和用来交易。搜集、分析大数据成为一种社会分工,数据成为一种商品。企业的市场营销战略要更加注重搜集顾客的数据,挖掘数据背后的潜在价值,让数据成为企业的一种资本。

> **案例 8-3**
>
> 　　电影《头号玩家》是大数据营销的代表影片。电影讲述了一个在现实生活中无所寄托、沉迷游戏的大男孩历经磨难成功通关游戏的故事。截至2018年7月4日,北美累计票房1.36亿美元,位居2018年上半年票房榜单第八名。制片方华纳兄弟公司和导演斯皮尔伯格通过使用公司内部资料库、视频网站、社交平台、专业数据分析公司的数据和资料预测消费者的偏好变化、电影市场风向及电影票房等,在各个环节提高决策活动的精准性和可控性,实现了精准营销。

第三节　大数据营销策略

一、互动式整合营销

(一) 互动式整合营销的含义

1993年,被誉为"整合营销传播理论之父"的唐·舒尔茨(Don E. Schultz)首次系统阐述了整合营销传播的概念:"整合营销传播是把各种传播方式(例如广告、与客户的直接沟通、促销、公关、品牌等)作为企业信息传达渠道,以直接影响消费者的购买行为为目标,从消费者出发,运用多种手段进行传播的过程。"整合营销传播的核心内容是以消费者为导向,通过多种传播手段和方式,将已全面整合过的有关企业的各种信息和资源系统地传递给消费者,建立起消费者与品牌之间紧密、稳固且持久的关系,从而有效实现营销目标。

随着新媒体的不断发展,企业的整合营销传播过程更加复杂化,可使用的手段也更加多样化。由于新媒体具有互动性、精准性、可测性,能够实现信息的双向传播和交互功能,进行"点对点""多点对多点""一点对多点"等多种模式传播。因此,新媒体已经成为当今时代极为重要的营销传播渠道。在此背景下,不仅营销传播环境发生了彻底的改变,营销传播模式和传播规律也产生了巨变,从而催生了"互动式整合营销传播"。

互动式整合营销传播充分发挥了新媒体的互动性优势,采取以数据为导向的消费者细分策略,要求企业运用各种手段搜集个体信息,建立数据库,实施"信息密集型"的消费者传播策略。新媒体与大数据的运用为互动式整合营销传播提供了新的推动力。互动式整合营销以数据为核心进行媒体、渠道、终端的整合，运用数据和针对个人的传播策略，更注重与消费者的互动性。能够依据大数据监测与反馈用户行为，这将使整合营销传播在互动性方面具备更好的数据技术基础，使营销更为精准，更具科学性，最终与消费者建立长期互利的关系。新媒体对大数据的运用使得品牌建构和传播更加精准有效。互动式整合营销传播已经在以淘宝、京东商城、当当网等为代表的互联网电子商务企业中得到积极应用。

（二）大数据互动式整合营销的新形态

大数据时代营销体系的重构与变革，为互动式整合营销传播提供了新的推动力，大数据背景下整合营销传播的形态也产生了新变化。

1. 强调体验性和互动性

苏宁电器进行互联网转型后运行"苏宁易购"网购平台，顾客可随时随地通过手机、门店、PC 和 TV 等端口进入苏宁易购网络平台下单、支付或查询商品及促销信息。苏宁电器目前有 4000 家线下门店和几千个售后服务站，并且不断地对线下实体店进行升级改造，强调互动性和体验性，依据大数据分析客户消费和体验痛点，增设深受目标顾客群欢迎的新兴业态，把实体店打造成休闲、娱乐、场景式的购物体验场所，实现了顾客线上下单，线下到实体店进行高品质的消费体验，并能享受及时送货上门的便利服务，最终形成了"一体两翼三云四端"线上线下相融合模式。这种营销方式能够创造双赢的局面，既能够帮助企业吸引更多的消费者，获得商业利益，又能使消费者享受其中，获得良好的口碑。

2. 联合网络意见领袖，打造粉丝经济

新媒体活跃的当下，网络意见领袖在二级传播中发挥着日益重要的作用，网络意见领袖一般具有专业知识，对产品的了解也非常深入，并且与其他网民有着非常密切的互动。同时各种网络应用的产生为网络意见领袖提供了影响扩散的渠道。另外，消费者越来越倾向于在网上查找相关的商品信息从而做出购买决定，而网络意见领袖则成为他们首选的信息来源。

企业在进行品牌营销及产品营销时，若能与网络意见领袖保持适当的关系，让其参与到自己的营销传播中，从而获得大批粉丝的关注，则能获得更好的传播效果。

案例 8-4

诺誓（Roseonly）花店定位于中国高端品牌花店，其玫瑰花用顶级包装礼盒送达。该企业创立之初，在营销过程中多次借助杨幂等多位名人以信息分享的形式在微博上发布隐性广告，其间另有多位明星发布了关于该花

> 店的信息。通过这种名人微博意见领袖以信息分享的形式制造营销噱头，迅速吸引了大量粉丝注意，实现了较高的信息传达率。经过各类型的微博意见领袖的信息分享活动之后，诺誓花店的搜索量和销售量迅速提升。利用意见领袖粉丝的力量助推营销传播效果达到最大化。诺誓花店在成立两个月以后即获得投资，可见名人微博意见领袖在品牌营销过程中功不可没。

3. 跨平台、跨媒体、跨地域营销

在新媒体大数据的背景下，单一平台、单一媒体、单一地域已经无法满足企业营销的需要，企业的整合营销传播呈现跨平台、跨媒体、跨地域的新形态。

例如，海尔家电在营销传播时，突破了传统单一营销模式的束缚，打破了地域、语言甚至是国界的限制。在网络渠道，海尔家电通过发布一系列带有网络热门元素，且适用于在新媒体平台传播的微视频，为海尔家电赚足了人气，吸引了大量网民去关注海尔的动向，这有利于进一步将潜在消费者转变为现实消费者。与此同时，在社交媒体上，海尔家电通过微博、微信等平台，借助它们传播速度快、传播范围广的优势，使微视频在网络上得以迅速扩散，这种手段产生的结果是许多网民能够参与到相关话题的互动中，海尔家电社会化的口碑有了一定的基础，为之后营销活动的顺利开展起到了有效预热的作用。为了使营销传播效果达到最大化，海尔家电还在豆瓣、人人、新浪等社交平台上建立专题小站，从而完成了全媒体整合营销传播的布局。海尔家电为配合线上营销，还在线下的专卖店进行宣传活动，极大提高了消费者的参与度。海尔家电将社交媒体、微视频和媒体硬广告这三者结合起来，为其营销活动赢得了充分的曝光度，并通过社交平台将产品的口碑传播开来，达到了良好的口碑营销效果，在覆盖目标消费者的同时发展了新的消费者群体。①

4. B2C 平台营销

B2C 平台营销，即借助现有的行业营销平台，使营销传播效果达到最大化，例如，淘宝、京东、唯品会等电商平台，百度、搜狗等搜索引擎平台，爱奇艺、优酷、腾讯等视频平台。京东是当前我国最大的自营式 B2C 电商企业，其 B2C 电商模式已经发展得较为成熟。该企业在营销推广与日常运营中，进行了整合营销传播，能够做到以数据为驱动，重视灵活而高效地运用会员购物信息，从而有针对性地向目标群体推出相应的广告，并基于实体零售以效果为核心，通过整合营销以及开放的品牌合作，尤其通过广告投放、商品促销、市场活动、公共关系四大方面对企业的营销资源进行不断整合优化，从而提升了京东

---

① 文丹枫,朱海,朱德清.IT 到 DT,大数据与精准营销[M].北京:万卷出版公司,2015:143.

品牌的竞争力。因此,对于 B2C 电子商务企业来说,要注重以数据为驱动,以效果为核心,关注消费者心理,增加网购平台的流量,积极构建新型的品牌商与消费者的关系,不断提升自身的市场竞争水平和能力。

(三) 大数据互动式整合营销的实施

大数据互动式整合营销实施过程可以划分为大数据营销信息采集与采购,消费者洞察与细分,制定与实施互动式整合营销策略,营销效果的监测、评估与反馈几个关键环节。

1. 大数据营销信息采集与采购

大数据营销信息平台的营销数据来源于两个途径:一是自行采集数据,自建营销数据体系;二是采购第三方海量数据服务商提供的数据。由于大数据的存储、管理、挖掘、抽取、分析等工作涉及复杂的信息技术,如分布式文件系统、安全与隐私保护、海量数据挖掘等,除极少数如大型互联网企业、大型金融机构外,一般企业不具备技术能力,因此,对于大部分企业,可行的途径是采购专业的第三方大数据相关技术服务。

2. 消费者洞察与细分

企业利用大数据营销信息,应用统计学、数据挖掘、知识发现等方法,对营销数据进行抽取、分析、发掘等工作,发现并过滤出消费者在行为、心理、态度、生活等方面的特性。与传统的营销数据联机分析相比,大数据营销信息能更全面、更深层次地分析消费者的不同需求、特征和行为,并精准预测及定位消费者的消费倾向。进而,将消费者群体细分为有意义的、相似的、可以识别的、可实施精准营销传播的群体,形成消费者细分模块。

3. 制定与实施互动式整合营销策略

针对每一个消费者细分模块,制定相应的互动式整合营销策略,实施精准营销。同时,互动式整合营销策略可根据细分模块的特点,有针对性地选择传播媒体。可供选择的传播媒体包括:①即时通信、微信、社交网络、微博、博客、App 等新兴互动式媒体;②论坛、社区、社会化书签、网站、Email、搜索引擎、网络广告等 Web 2.0 时代互联网"传统"媒体;③电话、短信、彩信等通信类媒体;④互动广播、互动电视等具备互动功能的传统媒体。互动式整合营销应充分调动和运用各种媒体资源,整合各种媒体优势,尤其是发挥新媒体的优势,针对目标群体的消费习惯和行为,有的放矢地进行互动传播,实施精准营销。并根据目标群体的优先选择次序和使用频率等数据,对各种媒体资源进行再设计和再调整。

4. 互动式整合营销的效果监测、评估与反馈

建立消费者营销传播监测机制,针对不同媒体,建立对应的指标体系,追踪和分析当前传播活动的效果,对营销效果进行评估。例如手机 App,监测数

据可以包括在线率、访问次数、访问停留时间、重复访问率、页面访问率、地区分布率、新访问次数所占百分比、跳出率、语言使用率、互动参与时间等。而对于营销效果评估,可采取口碑传播评估法、品牌评估法(知名度、美誉度调研)、终端销售支持评估法、曝光率评估法等。最后,将营销效果的评估结果及时反馈并更新至大数据营销平台,修正消费者洞察结果及营销传播技术,改善营销传播实施的过程,提升营销效果。

二、大数据精准营销

精准营销的实现离不开大量的数据支撑,大数据的到来为其提供了成长的客观条件。

(一)精准营销的内涵

传统营销强调大范围覆盖,而随着人们个性化需求的到来,传统营销方法的弊端凸显,精准营销应运而生,一直以来备受营销界推崇,并影响着一批又一批的广告主与营销从业者。早在 2005 年,营销大师菲利普·科特勒(Philip Kotlter)就向世人首次提出了精准营销这一概念。他认为,精准营销是指公司需要制定更精确和高回报的营销沟通策略,需要更加注重结果和执行的营销传播方案。相比于科特勒的定义,美国学者杰夫·萨宾(Jeff Zabin)对精准营销的理解更为贴切,精准营销即是在正确的时间点通过正确的渠道向正确的客户发送正确的信息,以此真正对目标客户的购买决策构成影响,促进营销目标的有效达成。

传统精准营销存在三个主要问题:主要靠管理层的经验,没有把数据有效利用起来;单向沟通,难以实现产品与顾客之间的精准交流;对消费者的需求和行为没有进行有效分析,客户体验度低。

因此,传统精准营销并不能真正实现,人们也只是在思想和概念上对其进行研究,没有技术和硬件的实施条件,营销活动也难以达到精准。

(二)大数据精准营销的升级和变革

大数据技术的应用和发展使精准营销进入一个新的时代,它可以帮助企业更为精准地了解顾客的消费特性,并以此来制定精准营销策略。大数据精准营销的目的是使消费者能够积极地参与到营销活动之中,从而能够实现一对一营销。

1. 消费者研究更加深入

以客户为中心是精准营销的核心,为了做到精准营销,了解客户消费群体,传统的方式是通过抽样调查的方式来研究消费市场,并通过局部数据来描绘整个市场。因此,调研的结果会高度地依赖营销人员的经验推理,难以客观反映潜在消费者的特征、未表达的需求、真实消费的行为和日常生活场景中无消费动机时所产生的营销刺激。

在大数据时代,数据是全体而不是随机的。数字生活空间的发展使人们可以将自己的生存与行为无限延伸,跳脱时空限制,以生活者的身份在不同时空、不同平台上进行生活。通过对消费者在网上等留下的数据进行聚合、挖掘和分析,有助于调研消费者真实的生活行为、消费轨迹,从而准确把握其个性化需求和群体化需求,进而选择精准营销对策。

2. 内容推广更加精准科学

在大数据时代,为了推广企业的产品,企业可以通过对用户的大数据进行分析和挖掘,定位潜在的消费人群和目标客户,并且针对这一群体进行内容上的准确推广。这并不会给目标群体带来困扰和麻烦,反而有利于潜在目标客户对企业的了解程度加深。以亚马逊为例,亚马逊的官方网站集聚了大量忠诚度极高的铁杆粉丝,网站开办至今已成功累积了2亿多活跃用户和每月1.5亿的忠诚独立访问客户。通过追踪成千上亿网购用户在亚马逊网站上的行为踪迹,亚马逊后台数据库不但积累了海量用户的真实信息,而且还利用这些数据开发了能够高效推荐高匹配度商品的算法,切实提高用户对该网站的依赖性和忠诚度,从而造就了亚马逊的核心竞争力。

(三)大数据精准营销的实施

精准营销可以有效降低企业和客户的成本,实现对客户个性化需求的精准投递,对企业和客户来说都是双赢,有益于企业增加利润和提高客户对企业的忠诚度。精准营销实施的关键环节如下。

1. 精准的客户定位

大数据时代,利用现代信息技术对消费者的消费行为进行精准衡量和分析,建立相应的数据体系,通过数据分析进行客户优选,确定目标市场,可实现精准的客户定位。还应注意的是为了保证分析结果的真实性和准确性,需要通过市场测试来验证所做的定位是否准确有效。[1]

积累已有客户的访问数据,对已有的消费者的行为习惯和消费偏好等行为数据进行挖掘分析,可针对已有的消费者和潜在的消费者进行精准营销。分析已有用户的数据后可得出用户画像,以寻找潜在的消费者,进行营销推广,实现低成本高回报的精准营销,将潜在的消费者转化为购买客户,提高营销的转化率。对已有的客户,进行有针对性的营销,可实现其二次或多次购买,增加客户的购买频率,提高用户的购买额度,培养客户的购物习惯,使其成为忠实客户。

---

[1] 白洁.大数据精准营销的网络营销策略研究[J].现代营销(经营版),2019(8):98.

2. 精准的客户沟通

选择准确的目标客户以后,就需要进行精准的信息传播。第一,精准营销的传播方式一般包括电子邮件、电话沟通、手机微信、短信、直返式广告、网络、移动电视等,其中影响最大的是互联网。根据对大数据的分析结果,企业可精准地将其产品信息进行推送。第二,高效的个性化沟通是精准营销的又一大特点。过去营销活动面对的是大众,目标不够明确,沟通效果不明显。精准营销是在确定目标对象后,划分客户生命周期,在各个阶段抓住消费者的心理,进行细致、有效的沟通。第三,通过数据分析得来的客户形象和偏好有可能与实际有出入,通过与客户的进一步互动和沟通,可以及时地纠正原有的错误,掌握真实准确的信息。第四,为了满足客户个性化需求,精准营销非常重视与目标客户进行有效率的双向、互动沟通,这一做法有利于建立稳定的、忠诚的客户群,大大提高客户的满意度和忠诚度。

精准营销提倡一对一沟通,拉近公司业务人员和客户之间的距离。为保证企业和目标客户的双向互动沟通的即时性和有效性,企业需要建立高效率、高质量的顾客沟通系统,即时有效地与客户进行沟通。在多次互动沟通中,客户对企业和产品的好感会提升,最终可能会产生购买行为。此外,企业可以在即时高效的沟通中得知客户对产品的反馈,并可以快速对之响应。

3. 精准的定价

制定合适的价格很重要,它关乎企业的利润是否能最大化。据测算,在销量不受价格影响的假设前提下,每提高价格 1 个百分点,将创造近 9 个百分点的利润增幅。曾有权威估算,在企业若干定价决策中约有三成未能给出合适的定价,这也意味着存在大量利润流失的可能。大数据时代给企业合理定价、攫取更高的利润带来可能。在借助大数据给产品精准定价方面,保险行业可谓一马当先。精确定价是保险服务安身立命的根本,有效地利用大数据,保险行业便能在需求与供给之间寻求利润的平衡点,并根据风险评估,实时调整产品价格;并提前做好应对风险的准备,规避未来风险,为顾客提供增值服务。[①]

4. 精准的个性化产品

精准营销也称为精准定制营销,而个性化的产品和服务在某种意义上就是定制。为了满足消费者的个性化和差异性的需求,企业在经营范围内,接受消费者的个性化设计要求,使消费者参与到自己产品的设计中来。

在海量的大数据基础上,企业应该以顾客需求为出发点,精准地设计开发产品,去确立产品特有价值的卖点,以投顾客之所好。

---

① 倪雪琴.大数据精准营销的网络营销策略分析[J].现代营销,2019(4)下旬:56.

5. 精准的客户增值服务

客户增值服务体系的建立,主要应以客户满意度管理、客户忠诚管理为中心配合其他的售后服务内容来实现。对于企业来说,最佳质量和服务在售后阶段才能实现,客户是否满意,是否有愉快的体验,售后服务非常重要。维持老客户比开发新客户的成本要低得多。有研究机构调查表明,开发一个新用户的成本是维持一个老用户的9倍。要让用户在整个销售过程中乃至在产品使用过程中保有良好的体验,就需不断提升顾客满意度和忠诚度。企业通过建立精准的顾客服务体系,能够有效留住老顾客,以老顾客为核心吸引新顾客,达到顾客的链式反应。企业可以依托庞大的用户数据来完善自身的服务体系,从而取得企业竞争优势。

6. 精准的数据管理

客户的数据管理是一个数据的准备过程,是搞好精准营销的基础。发达的信息技术可使企业进行目标定位的成本大大降低,同时也能提高对目标分析的准确度,因此,提升挖掘与筛选数据的能力十分重要。为此企业要积极增加技术设备投入和引进相应人才。其中选择适合企业的数据分析工具是重中之重,各类数据分析工具琳琅满目,在众多的选择中应挑选适合自己企业的工具。有实力的企业可自己开发系统,这样就更具有针对性。

总而言之,大数据技术的应用和发展将使精准营销进入一个新的发展时代,大数据环境下的精准营销将实现真正意义上的高效率、高效益和低成本。企业应做到与时俱进,把握机遇,正确地实施自己的精准营销战略,从而保障企业持续顺畅发展。

三、大数据广告营销

广告营销一直以来都受到社会经济发展和科学技术的影响。在大数据时代,广告营销作为一种十分重要的传播方式,在数字化发展的浪潮中正在经历着快速的变化和发展,广告营销可以很好地促进产品的信息传达。

(一)大数据时代广告营销的主要变化

大数据为广告行业运营、发展、转型带来深刻的变革,使企业为用户提供有差异的广告服务成为可能。在大数据时代,广告营销应当将重心放在精确分析和科学统计方面,这样才可以为广告营销提供全过程的数据支撑,促进广告行业的健康发展。

1. 大数据时代广告主生态环境的改变

对数据强大的搜集与加工的能力,才是大数据真正的价值。对于广告主来说,大数据下时代生态环境的变化主要体现在以下两点。

(1) 大数据时代下广告主精准营销

大数据时代,广告能够根据消费者的浏览足迹来确定消费者的喜好,对消费者进行准确划分。在我们生活中广告主精准营销的案例随处可见,例如,淘宝主页下方的"猜你喜欢"就是系统根据消费者平时浏览的商品进行的精准推送。

(2) 大数据时代广告主的广告需求改变

随着大数据时代的到来,广告主更加倾向于以互联网为代表的社交媒体,互联网在价格和效果上都远远优于传统媒体。目前许多广告商已经撤去传统媒体上的广告,转而进军社交媒体,以海尔为例,2016年以来,海尔正式宣布撤去传统媒体上的所有广告。大数据时代下的社交媒体在连接产品与受众方面的优势是传统媒体所达不到的,因此广告主从传统媒体转战社交媒体也是大势所趋。[1]

2. 大数据时代广告媒介形态发生改变

(1) 大数据时代的媒介形态

大数据时代下,媒介形态发生颠覆性的改变。其中最为明显的是以微博、微信和脸书、推特等为代表的社交媒体的迅速崛起。在20世纪乃至21世纪初,以报纸、广播、电视、杂志为代表的传统媒体一直是广告投放的主要媒体形式。在大数据时代,数字媒体迅速崛起,以网络广告为代表的新兴媒体广告成为主流,改变着广告投放的形态。

目前传统媒体上广告的投放量已经下降许多,社交媒体的广告投放量在不断上升,这是未来趋势,也是必然。造成这种现象的根本原因就是传统媒体的广告价值发生衰减。从之前植入广告的兴起到如今原生广告的出现,都是传统媒体在提升自身竞争力而做出的努力。但是由于传统媒体自身的局限性,这些努力并没有达到理想的效果,传统媒体的广告形式和广告价值衰落的情况并没有得到本质的改变。这时,以大数据技术为核心的新媒体广告的优势就更加凸显,因为它具有综合分析、准确测量、精准投放的优点,使原本应该投放在传统媒体的广告转移到新媒体。

(2) 大数据时代的媒介与受众

广告主选择媒介进行销售,其实是利用媒介广泛的受众群体来达到盈利目的。同样,媒介的主要盈利在于所获得的广告收入。表面上看媒介是把自己的时段和版面卖给广告主以此来赚钱,但实际上受众才是媒介盈利的关键所在。因此,受众对媒介的生存发展至关重要,媒介所播放的所有广告都是为了吸引受众。

---

[1] 奚路阳,程明.大数据营销视角下广告运作体系的嬗变[J].编辑之友,2016(3):84-87.

在大数据时代,针对受众平时浏览的印迹所产生的海量的数据进行精确的量化分析,可以获取受众更多更广泛的信息。大数据技术不仅为媒介提供了调查方法,也使媒介的内容质量得到提升,为节目的编排、节目制作提供了详细的数据。通过对受众进行分析,可以清楚知道受众的偏好和需求,这样就能够实现一对一信息传播。

为受众提供专属自己的个性化内容。例如,今日头条精准的内容推送赢得了巨大的浏览量,除了推送文章,头条上的广告也实现了精准推送。不少用户表示淘宝上看什么,今日头条就推送什么,这就是强大的数据库带来的影响。

(二)大数据时代广告营销的实施

1. 社交化营销:运用大数据加强广告整合传播

所谓社交化营销是指企业主体通过一系列社交平台,例如微博、微信、各种社交网站等新兴媒体进行产品的宣传推广、市场营销等活动的营销方式。它可以有效地增强受众与企业间的互动和交流。传统的广告营销多是单向性的传播方式,常常将广告主的意愿强加给受众,容易引起受众的反感,不利于广告产品的销售与传播。在这种营销方式下,受众处于被动地位,不利于传受主体间关系的和谐发展。社交化营销则恰好弥补了这一缺陷,它通过极强的现实社交关系进行信息的传递和交流。广告商可以运用大数据技术整合广告信息资源和受众的广告需求状况,将自己的广告产品投放在适当的大流量渠道和平台上,让广告产品的宣传通过朋友圈和网络社群之间进行"病毒式"的传播。这种熟人间全方位的信息传递既可以增强传播效果,又可以消除受众对广告的抵触和反感情绪,一举两得。大数据技术在广告的社交化营销中发挥着不可替代的作用,因为受众的分布具有分散性,受众的时间碎片化,只有对受众信息进行归纳和整理,才能总结出受众的需求特征和行为特征,从而制定出有针对性的传播策略,尽可能地聚合受众,增强广告的营销效果。

2. 精准化营销:加强以数据为支撑的广告技术的深挖

好的营销效果不仅是让产品的受众覆盖面尽可能地扩大,让产品广而皆知,还要让知道产品的受众愿意主动去了解更多的产品内涵,增强受众的认知度和忠诚度,从而引导他们去购买产品,赢得市场份额。所以广告营销首先是扩大宣传面,其次是要进行精准化营销,提升传播的效果。精准化营销离不开大数据技术的支撑。优质的广告内容要为受众所熟知,这需要依靠强大的广告技术。大数据拥有庞大的信息资源,虽然目前的大数据技术在搜集和整理各种信息内容方面已经取得一定成就,对于企业和产品的营销和推广也起到了相应的作用。但是我们不可否认各行各业都有自己的行业特色,已有的大数据技术不可能同时满足所有行业的信息需求,尤其是广告产品的营销。如何精准定位受众,使广告创意和展示方式刚好和受众的需求、品位相契合,并及时给有需求的客户传递相应的广告信息,这些都是广告主需要深入思考的问题。只有深入挖掘数据库,在已有大数据技术的支撑下,开发符合广告营销方式的广告技术才能提升精准化营销的水平。

3. 个性化营销:重塑多媒体广告运作体系

个性化营销是一种新型的营销方式,它是建立在强有力的科技基础之上的。多元化的受众需求给广告行业的广告营销提出了新的挑战。广告公司不能再以自己的想法去自主创造广告产品,而是要更多地考虑受众的喜好,站在受众的立场去为他们提供个性化服务。在大数据时代,受众的网络行为、兴趣爱好变得有迹可循,广告公司可以通过重塑多媒体的广告运作体系,在多个媒体平台利用大数据技术搜集受众信息,然后将广告信息与受众的需求兴趣相匹配,进行精准化推荐。我国的很多企业都看到了个性化营销带来的良好效果,所以纷纷加入利用大数据技术进行算法推荐、个性化投放广告产品信息的浪潮中。例如,东风标致汽车利用大数据及时了解消费者的消费习惯和实际需求,再利用互联网进行业务优化,及时根据受众的个性化需求调整生产和传播战略,开展定制化产品的生产,然后根据受众评估情况,对其进行了个性化的广告营销,因而取得了巨大的经济收益。[①]

四、大数据营销策略实例

(一)爱奇艺大数据营销

爱奇艺是我国视频行业的领跑者,在大数据时代语境下,爱奇艺敏锐地捕捉到了时代发展的契机,深入挖掘和利用大数据价值,积极构建独特的大数据营销模式。

1. 精准投放:"一搜百映"

为了精准掌握受众的真实需求,爱奇艺以百度大数据平台为支撑,推出"一搜百映",其技术核心就是通过对搜索引擎数据的深入挖掘与分析,优化视频广告服务,并降低对非目标用户的广告投放率。结合专业的数据测算结果,该技术能够确保页面广告渗透率达到50%以上,效果显著。简单来讲,就是在植入品牌的视频广告时,依托大数据技术更为精准定位用户需求,充分发挥互动广告的价值。"一搜百映"是爱奇艺依托百度大数据资源优势,在品牌营销实践方面的一大创新,为品牌提供了更多的精准投放空间。为进一步优化用户的视频广告贴片体验,爱奇艺在"一搜百映"的基础上推出了"云交互贴片"技术,用户能够在贴片广告上直接完成注册、游戏、分享等功能,全面提升

---

① 潘晓瑜.浅谈广告营销中的大数据应用策略[J].北方经贸,2018(10):55-56.

了购买行为的转化率。在"一搜百映"的运用中,搜索关键词可视为用户的消费信号,借此对需求进行细化和定位,而后借助"云交互贴片"技术达到提高用户购买、试用转化率的效果。"一搜百映"所实施的精准投放,可以让爱奇艺更具针对性、即时性地了解用户需求,"云交互贴片"技术也快捷、高效地满足了用户需求。

除此之外,爱奇艺启动并实施了"蒲公英"计划,也就是在分析搜索数据的基础上,有针对性地制作视频内容,以满足用户的个性化需求。如《美食美课》的所有视频内容都是根据百度搜索中最常出现的家常菜所制作的,成功地捕捉到用户对烹饪的需求,节目一经上线便赢得广泛好评,成为大数据营销的一大典范案例。不仅如此,爱奇艺联手影音(PPS),打造了"网页＋客户端"的营销模式,完全打破了传统网络视频行业的营销格局,使其自身真正拥有全平台用户。当然,双方的联姻并非简单地平台叠加和浅层合作,而是依托大数据技术的深层整合。据艾瑞数据显示,双方全网用户月度覆盖规模高达4亿,移动视频累计月度用户覆盖率近60%,成为网络视频营销的佼佼者,联手后的规模化效益十分显著。PPS上所有的数据资源都能够为爱奇艺所分享利用,由此成功地打造了一个开放、多元、精准的数据资源库,为其大数据营销优势的形成奠定了坚实基础。

2. 个性推荐:优质原创,首页推荐

大数据时代,视频媒介要想实现可持续发展,就必须不断培养和维护其忠实的用户群,而培养忠实用户群的关键就是优质内容高效、独家传达。目前,爱奇艺经过多年实践,已经形成了"版权独播＋首页推荐"的大数据传播方式,成功地培养了一大批忠实用户。大数据时代,以往单一的内容资源已无法充分满足用户的个性化需求,也很难达到预期的营销效果,阻碍了视频媒介的可持续发展。充分意识到这一点后,爱奇艺借助自身的数据资源优势,不断加大自制原创节目的生产,取得了显著的成效。据艾瑞调查显示,用户在一个视频媒介上未能搜索到自己想要的节目资源而继续停留在该媒介上的概率非常低,因此,要想培养和维持忠实用户还是要靠优质内容的独播。

目前,爱奇艺已经能够根据用户所在地区、登录时间、浏览记录等信息,给每一个用户的收视兴趣建立模型,有针对性地向用户推荐内容。据悉,当前爱奇艺首页推荐内容的命中率已经高达40%,而推荐所产生的播放量占比也高达50%。在网络媒介内容日益丰富,时间成本越来越高的大数据时代,用户已经不再会将大量时间浪费在节目搜索上。而爱奇艺所实施的优质内容首页推荐战略,不仅有效降低了用户的时间成本,还强化了观看体验,增强了用户对爱奇艺的满意度和忠诚度,为爱奇艺带来了巨大的效益。

3. 多屏营销：大数据推广，多元化合作

大数据时代语境下，为更好地展开网络视频的品牌植入与推广，爱奇艺通过线上合作与线下合作，实现了内容与品牌的无缝对接，延伸到用户生活的各个屏幕，实现高效的多屏营销，并形成了四位一体的大数据营销体系。这一体系是一个循环过程，首先基于大数据的信息反馈进行精准定位，接着绘制用户心中的"品牌地图"，了解其个性化需求，再采取针对性的品牌营销策略进行广告投放，然后利用大数据技术进行效果评估，最后根据反馈信息做出及时调整与优化。

虽然大数据营销链条越来越复杂，但万变不离其宗，只有通过对大数据反馈的用户信息进行解读，才能全面地了解和掌握其个性需求。《美食美课》正是通过大数据技术对用户美食需求进行及时、全面的了解，对用户美食需求进行了有效量化，制作出了该节目，第一季、第二季的累计点击量近亿次。之所以选择以美食类节目作为战略合作突破口，更看重的是用户所搜索的信息内容，分析这些信息可有效展开其需求的量化与细化，为线上品牌推广和多屏营销创造有利条件。

"爱奇艺汽车大数据营销盛典"是合作模式的典范，该营销盛典诞生于2015年，与其他媒体的颁奖盛典不同，作为汽车视频领域大数据营销的先行者，爱奇艺旗下垂直类视频汽车媒体——爱奇艺汽车，整合百度平台的资源优势，并依托平台数据进行全方位的立体调研分析，评选出年度优秀案例，使之成为大数据营销的风向标。据资料显示，爱奇艺以高达56.4%的整体市场份额居视频网站第一，同时在移动端市场份额与付费用户比例方面均领先全网，成为视频网站中新的领跑者。超高流量加上庞大的数据运算和应用系统，使爱奇艺成为汽车营销的超大平台。

大数据时代语境下的视频媒介要想实现可持续发展，就必须及时转变营销思维，在注重精准投放的同时，加强原创节目自制，并采取"独播＋推荐"的播放方式，强化用户体验，培养和维护忠实用户群，同时，还要积极展开线上、线下内容与品牌的深度合作，并展开多屏推广，以进一步拓展视频媒介的发展空间，推动其可持续发展。可以说，大数据时代，网络视频媒体如何实现转型突破，如何借助大数据形成竞争优势，推动自身可持续发展，尚待进一步深入探索与实践。相信在不远的未来，网络视频大数据营销必将迎来广阔的发展前景。

（二）京东大数据精准营销

目前，京东集团旗下业务多元化，由单纯的京东商城业务扩展到京东金融、京东智能、拍拍网及海外事业等，是目前中国最大的自营式电商企业。此外，作为中国第一个在美国纳斯达克证券交易所上市的综合性电商平台，京东与阿里、腾讯、

百度等巨头位于全球前十大互联网公司排行榜。京东集团旗下的京东商城，拥有品类繁多的商品，主要包括计算机、手机、家电等产品，后拓展到服装、化妆护肤品、家居用品、书籍、体育器材、母婴用品等，除以上实物商品外，也提供酒店预订、手机充值、国内机票等。

在中国电子商业中，京东拥有最大的仓储设施。京东的仓库覆盖到全国的50个城市，运营213个大型仓库，总面积约400万平方米，其中包括6个自建亚洲一号仓库。相对应的，京东的配送队伍提供快速、超一流的服务，为使包裹更快到达消费者手中，京东运营的配送站和自提点达到5000多个，2015年超过85%的自营订单实现当日和次日配送。

1. 用户画像构建

在京东大数据精准营销应用框架中，用户画像是京东大数据实现精准营销的最关键的基础和组成部分。对用户消费的精确预测是大数据精准营销下的最高层次。一个用户画像可能由至少3000个标签来刻画，进一步将产品或服务与用户进行匹配，用以预测用户消费行为，并引导用户行为，从而获得商业价值。

2. 搜索引擎精准营销

由于京东的重点业务依然在手机和家电，因此，京东在关键词的安排上往往以手机和家电为先。当在京东网站搜索框输入"耳机"时，可以在左侧栏看到分类项目：影音娱乐、手机配件、外设产品等，而在中间最上面一栏，推出了相关搜索，比如蓝牙耳机、头戴式耳机、入耳式耳机、手机耳机、运动耳机和无线耳机；在筛选耳机商品时，提供了品牌、功能、应用、大家说、售价、类别、游戏专区、玩家等级等关键词供用户进行筛选，这样用户可以短时间内在网站内找到自己想要的产品，一来减少了时间、精力成本，二来也为用户带来了更好的体验。京东站内网页优化效果非常显著，以左侧分类为例，左侧分类转化率上线前后周涨幅达34.3%。

3. 个性化推荐引擎精准营销

京东的个性化推荐引擎是基于用户画像进行的。推荐引擎属于电子商务平台的站内推荐，相对于搜索引擎具有较高的转化率。京东商城有近2亿件商品供消费者选购。个性化推荐引擎由数据收集、存储——离线/在线分析——在线推荐系统三部分组成。个性化推荐引擎的应用能够大大降低消费者的购物成本，提升购物体验，从而实现了在大数据时代下，充分利用现有技术实施精准营销。

4. 电子邮件精准营销

电子邮件营销的主要目的是促进客户的二次购买行为。京东商城通过商业智能系统对客户进行二次购买建议。这些建议主要通过电子邮件送达消费者。电子邮件精准营销有赖于用户画像，根据用户画像的标签来确定不同的邮件推送内容，从而大大提高消费者的二次购买转化率。为了促进客户的二次购买，京东商城通过商业智能系统对客户进行购买建议。这些建议和推广主要是通过电子邮件、短信和相应的优惠券发送进行。根据客户过去的购买历史记录和搜索记录,推荐相关的产品,有些是客户一直浏览多次却没有购买的产品,有些是客户购买过的与之相关的商品。根据用户画像的标签来确定不同类型的用户,针对不同的用户发送个性化的邮件。另外,京东通过用户画像,有针对性地发送优惠券。当优惠券快到期时,京东会再次发送邮件提醒,这样一方面可以更有效地达到营销转换,另一方面也会给用户带来良好的体验。

本章小结

本章主要介绍了大数据营销的概念、特征、应用价值以及目前存在的问题。分别从营销思维方式、消费需求挖掘方式、营销模式变革三个方面来详细介绍了大数据营销模式。从互动式整合营销、大数据精准营销、大数据广告营销三方面阐述了大数据营销策略。介绍了爱奇艺大数据营销、京东大数据精准营销的实例。

思考与练习

1. 与传统营销相比,大数据营销有哪些特点?
2. 大数据营销的应用价值有哪些?
3. 试述大数据营销当前存在的问题与挑战。
4. 为什么说大数据营销加速了营销体系的变革?请简要谈一谈。
5. 互动式整合营销的实施策略有哪些?
6. 论述大数据背景下精准营销的主要实施策略。
7. 大数据广告营销有哪些实施策略?

参考文献

[1] 曾杰.一本书读懂大数据营销[M].北京:中国华侨出版社,2016.

[2] 洪杰文,归伟夏.大数据营销[M].北京:科学出版社,2019.

[3] 阳翼.大数据营销[M].北京:中国人民大学出版社,2017.

[4] 张馨.在线旅游网站大数据营销探究[J].中国市场,2019(22):130-131.

[5] 许燕.大数据背景下的网络营销对策探讨:评《基于大数据的内容营销策略》[J].新闻爱好者,2019(7):102.

[6] 常兴仁.企业大数据营销的现状、问题及对策研究[J].现代经济信息,2016(33):57,59.

[7] 彭海静.中小企业大数据营销策略研究[J].江苏商论,2016(7):15-17.

第九章 大数据知识服务

> **学习目标**
> 1. 学习大数据知识服务基本概念,了解其内涵及特征。
> 2. 了解大数据知识服务过程,了解实现大数据知识服务关键要素。
> 3. 了解大数据知识服务的关键步骤及其作用。
> 4. 了解大数据知识服务的主要模式、困境和发展趋势。

第一节 大数据知识服务的概念与特征

一、大数据知识服务的概念

(一)大数据知识服务的内涵

知识服务是通过对信息内容的组织、检索和传递,来满足用户获取特定信息需求的服务。随着信息技术的推动和知识需求的进一步扩大,知识服务成为不可替代的服务类型。知识服务应以信息知识的搜寻、组织、分析、重组的知识和能力为基础,根据用户的问题和环境,融入用户解决问题的过程之中,提供能够有效支持知识应用和知识创新的服务。大数据时代的来临为知识服务带来了巨大的变革与重组。大数据知识服务是以大数据知识服务人才为核心,以大数据思维和理念为主线,以大数据知识服务平台和大数据资源为条件保障,准确抓取知识服务需求相关信息,始终以大数据理念和技术为支撑,最终实现知识服务的全过程的新型服务。大数据为知识服务带来了巨大的机遇,同时也为知识服务带来了较大的挑战。大数据作为新一代信息技术产业的重要内容,将新兴的云计算技术应用于经济、金融、政治、医疗、生物和科学研究等领域的大数据分析中,在较短的时间内以较低的成本实现数据分析目标。

(二)大数据知识服务的产生

大数据知识服务是为适应信息服务业智慧化、协作化、绿色化、先觉化和泛在化的发展趋势而衍生的一种基于网络(包括电信网、广播电视网、互联网、移动互联网等)的,用以解决结构化、半结构化及非结构化数据多维度处理的信息服务新模式,是嵌入式协作化知识服务模式的一种新发展,是现代信息服务理念的具体体现。伴随着射频识别系统(Radio Frequency IDentification,RFID)的射频数据、传感网络数据、社交网络交互数据、移动互联网数据逐渐成为大数据的几个主要来源,现有的信息服务模式及信息管理技术已经无法满足结构化、半结构化和非结构化数据的复杂处理需求,这一形势的发展使得数据量快速增长所带来的存储及计算,结构化、半结构化及非结构化数据的多维度数据处理,传统结构化数据管理模式与非结构化数据管理模式的有机融合等逐渐成为现阶段知识服务模式变革所面临的主要任务。

大数据知识服务模式强调知识、能力、资源和过程以服务的形式进行有机融合,并基于网络自由流通,实现知识动态协调构建、能力智慧管理、资源按需使用、过程智能控制。

一方面,全球将近 87.5% 的数据未得到真正利用,85% 以上的数据是非结构化数据和半结构化数据,传统知识服务模式仅仅能够提供极小部分数据给用户有效地使用,能提供的数据处理服务也极其有限,这就使半结构化、非结构化数据难以得到充分利用,从而无法实现知识的横向扩展以及数据多维度、深层次的智能分析。大数据知识服务模式使复杂的结构化、半结构化和非结构化数据处理变得可行和经济高效,从而实现知识横向扩展以满足急剧扩张的知识服务需求,可以在为用户提供大数据进行获取、存储、组织、分析和决策等服务的同时,为其提供结构化、半结构化及非结构化数据的常规、广度及深度分析,科技创新能力智能评价,知识服务竞争力分析,知识创新预测性分析,服务态势综述等高附加值服务。

另一方面,为满足用户专业化、集成化、敏捷化和个性化的知识服务需求,需要大数据知识服务平台提供高质量、低成本、可扩展、多维度和多粒度的知识服务。通过大数据生态系统的知识服务技术,可以实现对结构化、半结构化、非结构化大数据及知识服务资源、服务能力及服务过程的有效组合与分解,形成不同维度、不同粒度、不同功能及不同类型的大数据知识服务组合,并按需提供给用户,以便最大限度地满足用户的大数据处理需求。

二、大数据知识服务的特征

与已有的信息服务模式相比,大数据知识服务模式和构建过程越来越趋向于个性化、自主化、虚拟化、智能化、透明化和体验化,知识创造模式、组织模式、传播模式和应用模式也呈现出规模化、集约化、数字化和网络化的趋势,除了这些共性技术特征,大数据知识服务模式更为突出的典型特征可以概括为以下几点。

(一)面向智慧服务和自主需求的知识服务,更为绿色环保的知识服务模式

大数据知识服务模式实现的核心是知识服务全生命周期活动中用户、技术、管理、知识、能力、资源和过程的有机集成和优化。为此,大数据知识服务体系融合了物联网、传感网、云计算、可信计算和信息物理融合系统等新兴信息技术,提出要实现大数据用户、技术、管理、知识、能力、资源和过程的全方位、全生命周期地接入和感知,尤其是关注资源(如软硬件资源、信息资源、网络资源、服务资源等,包括半结构化、非结构化和结构化数据)和能力(如大数据获取、存储、组织、分析、决策和显示等)的接入与智能感知。

在大数据知识服务模式下,各类资源能够通过各种传感器、射频识别系统、适配器、人机交互系统等实现资源半自动或全自动感知,然后借助 4G 或 5G 网络、互联网络、电信网、广播电视网等传输信息,在对各类资源进行管理和处理的基础上,同时整合资源、能力、过程、知识,构建跨领域、跨行业、智能的多学科知识库,随着大数据知识服务体系的持续进化并不断扩大,从而进一步服务于大数据知识服务的业务执行过程。

大数据知识服务的目标之一是围绕结构化、半结构化及非结构化大数据处理需求,实现大数据获取、存储、组织、分析和决策过程中的知识、能力、资源和过程等的全面共享,提高大数据的利用率,实现数据、知识及服务增值。换句话说,就是实现绿色低碳的环保型大数据知识服务模式。

(二)通过优选和高质量评估,提供满足不确定性需求的知识服务模式

大数据处理需求不具备唯一解,而是用大数据生态系统中所提供的技术和方法,依据用户大数据处理需求,形成知识服务解集合。大数据用户通过大数据知识服务平台提出大数据处理需求,大数据知识服务平台按用户自主需求构建大数据知识服务组合模型,部署服务实施方案。

大数据知识服务平台通过支持语义的知识服务匹配技术、智能优化技术,对用户所提出的大数据知识服务进行匹配部署,从而关联到核心服务层的具体服务,从搜索到的符合用户需求的大数据知识服务解集合中,选择合适的服务参与组合,并从所有可能的大数据知识服务解集合中优选与组合出最佳组合来协同完成用户请求,再通过知识服务最优化管理技术、知识服务智能优化技术,对服务组合质量进行评估,并采用智能优化算法对整个过程进行优选,在确定最优云服务组合和资源组合方式后,将服务与资源进行关联绑定,进而部署执行。这个过程体现了大数据知识服务主要满足不确定性需求的优势特征。

(三)基于群体创新的知识服务模式,强调用户参与渗透到知识服务过程

大数据的数据来源、知识服务能力、服务资源、服务过程及知识本身都是嵌入网络和大数据环境中的,且所有大数据主要来自大数据用户,使大数据知识服务关注的重心转移或回归到用户自身的需求。大数据生态系统致力于构建一个用户、大数据制造方、大数据运营方及大数据处理方等可以充分进行大数据获取、存储、组织、分析和决策的公用服务环境。在大数据知识服务模式下,强调用户参与不仅仅局限于传统的用户提出需求和用户评价,而是渗透到大数据知识服务过程及大数据自身全生命周期管理的每一个环节。

(四)基于知识、能力、资源、过程共享和交易,支持按需使用、按需付费的知识服务模式

与传统的知识服务模式相比,大数据知识服务模式共享的不仅仅是服务资源,还有知识、能力及服务过程。大数据管理的基本策略是将计算、知识及服务推向数据,在相应的知识库、专家库、数据处理模型(如 MapRe-duce、NoSql、Sql-MapReduce 等)、数据处理框架(如 Hadoop、HadoopDB、LinearDB、Dumbo 等)的支持下,实现资源、知识、能力及过程的虚拟化封装、描述、发布、配置、调用和显示,真正实现大数据获取、存储、组织、分析和决策过程中的知识、能力、资源、过程的全面共享和交易。

大数据知识服务是一种由用户需求驱动的、按需付费的知识服务新模式。用户往往需要通过海量非结构化、半结构化数据了解现在发生了什么,甚至利用数据预测未来将要发生什么,以便在行动上做出利于发展的主动准备。例如,通过预测用户的流失以便预先采取行动,或预测竞争对手下一步行动以便采取主动措施等。在这些过程中,用户不需要过多关注大数据处理的细节,只需要根据自身的数据处理需求调用服务组合,占用大数据知识服务资源,并支付相应的费用即可。彼此之间的关系是一种按需使用、按需付费、用完即解散的关系。

(五)共性技术目标与异性技术特征相辅相成的知识服务模式

大数据知识服务通过第三方构建服务平台,将大数据获取、存储、组织、分析和决策过程中所涉及的所有资源、知识、能力及过程都虚拟化为大单项数据知识服务,再聚合成大数据知识服务虚拟资源池,进行统一的管理与处理。针对不同的行业、领域或不同需求,大数据的获取、存储、组织、分析和决策的管理和处理方法有共性,但必然也存在差异性,因此,针对不同行业、领域及大数据处理需求,就需要在原有共性技术体系的基础上,形成专业性较强的专业化大数据知识服务体系,从而针对独特的专业化要求,形成其独有的大数据异性技术体系。

三、大数据知识服务的概念模型

综合现有的关于大数据的各种解释与分析,并结合大数据知识服务模式下对各种类型大数据管理和处理需求,本书将大数据知识服务描述为:大数据知识服务是在大数据获取、存储、组织、分析和决策过程中产生,对知识、服务、资源和过程等的配置和整合。它反映了知识服务实体或机构完成相应行业、领域、任务及预期目标的服务水平,包含了大数据知识服务全生命周期过程中所涉及的知识、服务、资源和过程等因素。其概念模型如图 9-1 所示。

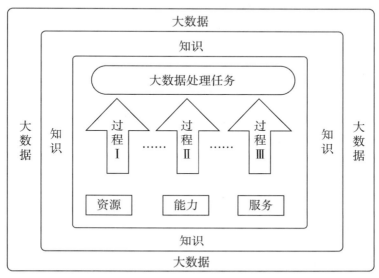

图 9-1 大数据知识服务概念模型①

大数据知识服务概念模型包括大数据、知识、资源、能力、服务、过程和任务七个元素。

(1) 大数据。数据是指通过射频识别系统、传感器、物联网、社交网络及移动互联网等方式获得的各种类型的结构化、半结构化(或称之为弱结构化)及非结构化的海量数据,是大数据知识服务模型的根本。

(2) 知识。知识是指在大数据知识服务过程中所涉及的各类知识,如方法、模型、结构及流程等,是构建大数据的基础,贯穿于大数据知识服务全生命周期管理的各个要素,在资源、能力、服务维中的知识是智力资源、计算能力、服务能力的描述(如行业数据处理经验、资源组合优化方案、服务组合方案等);在过程维中的知识主要是指各种服务设计方案、运行法则、基本规范和经验方法等;在任务维中的知识表现为大数据知识服务完成的状态、用户反馈等。

(3) 资源。资源是指在大数据知识服务过程中所涉及的软硬件资源、信息资源、人力资源、服务资源、网络资源等,反映了大数据知识服务是对大数据

---

① 秦晓珠,李晨晖,麦范金.大数据知识服务的内涵、典型特征及概念模型[J].情报资料工作,2013(2):18—22.

获取、存储、组织、分析和决策过程中所涉及的各类资源的有效集成与共享。

(4) 能力。能力是指大数据知识服务平台所提供的计算能力、存储能力、服务组合能力等。

(5) 服务。服务是指大数据生态系统中所提供的技术和方法等。

(6) 过程。过程是指大数据知识服务体系对资源、能力及服务的优化配置过程。强调以资源、能力及服务为基础,通过对所发生业务的各类知识、大数据进行的描述,抓取和挖掘生成数据处理方案、服务方案、计算模型及经验知识等数据成果。

(7) 任务。任务反映了利用大数据知识服务平台及其他相关资源要素完成大数据管理及处理的活动内容:一是大数据管理及处理;二是该大数据处理业务功能及效果。任务是大数据知识服务体系在大数据生态系统中面向用户的最重要的交流依据和表现形式。[①]

第二节　大数据知识服务的实现过程

一、大数据知识服务的过程

大数据知识服务是一项高度智力密集型和技术密集型的工作,需要知识服务机构投入大量的人力、财力和物力进行相关资源的建设和条件保障。如图9-2所示,知识服务需求、知识服务资源、知识服务平台、知识服务制度和知识服务专业人员共同构成了大数据知识服务五个维度方面的核心内容,是大数据知识服务全生命周期过程中的主体框架。在传感器终端的自动生成、用户主动生成和业务处理系统被动生成这三种方式交替作用下,快速地累积了海量的数据资源。大数据平台首先需要实现对这些海量数据的采集和存储,这些资源构成了大数据知识服务的前提。由于资源的类型和复杂度等存在差异,对海量数据资源进行分类和清洗处理是大数据知识服务平台的基础性工作,从中可得到不同的资源存储供分析挖掘使用。通过知识元标引与链接分析、知识整合与重组技术对知识资源进行深度组织,并通过支持语义知识检索技术和关联数据技术实现内部资源与外部资源的融合,将进行深加工所得的知识资源作为组织的知识资产存储在知识库中,在组织内部按不同的知识服务需求最大限度地进行授权和共享,运用社交媒体平台进行知识服务导航与推送,如定制服务(Really Simple Syndication,RSS,简易信息集合)、维基

---

① 秦晓珠,李晨晖,麦范金.大数据知识服务的内涵、典型特征及概念模型[J].情报资料工作,2013(2):18—22.

（Wiki，多人协作的写作系统）、博客（Blog）。在知识用户的知识服务需求的牵引下，知识服务专业人员在知识服务的各项制度规范的约束和监督下，将内部知识库积累的知识资源和外部大数据作为信息源，在大数据知识服务平台集成的多项知识服务技术的支持下，以知识用户的需求为导向，对大数据资源进行有序加工和深度分析，实现知识服务全生命周期的管理和服务。

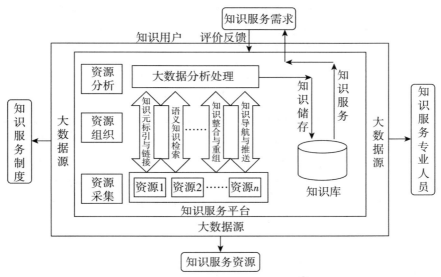

图 9-2　大数据知识服务的过程[①]

二、大数据知识服务的关键要素

大数据知识服务是由于大数据技术的出现而给知识服务带来新的变革与发展。大数据知识服务构成要素仍然与传统知识服务一样，受知识服务需求、知识服务制度政策、知识服务人员素质、知识服务资源建设和知识服务平台等因素制约。它们的区别在于，大数据技术将对这五方面的因素进行全新的变革，进而为知识服务全流程和业务服务模式等带来彻底的变革与重组。在开展大数据知识服务过程中，知识服务需求、知识服务资源建设、知识服务专业人员、知识服务平台和知识服务制度规范构成大数据知识服务的关键要素。

（一）大数据知识服务需求

传统的知识服务需求用以往的知识服务经验或实践模式能够得到较好的满足，不属于大数据知识服务的范畴。大数据知识服务的重点和难点在于如何通过用户的行为轨迹或活动规律，挖掘出用户潜在的知识服务需求，这也体现了大数据不仅是对用户需求的变革，还是对用户服务需求、过程以及效果等

---

① 官思发.大数据知识服务关键要素与实现模型研究[J].图书馆论坛，2015，35(6):87-93.

全过程的革新。这就既要从大数据记录中挖掘用户的需求,也要通过大数据满足用户的需求。大数据知识服务作为知识密集型的服务之一,以大数据分析技术为手段,挖掘出用户的真实需求,并最终满足用户需求,这将是知识服务最理想的状态。

大数据知识服务需求具有数据密集性、隐蔽性和动态性等特征。首先,大数据知识服务需求具有数据密集性的特点,在大数据时代,要想通过传统的小数据分析方式完成知识服务已经成为历史,用户知识服务需求已经必然地与大数据的搜集、组织和分析挖掘相联系,数据密集型的知识服务已经或正在改变知识服务模式与过程。其次,大数据知识服务需求具有隐蔽性特点,在海量知识用户构成的服务对象中,单个用户的知识服务需求有时候并未直接表达出来或不容易被发现,而是隐藏在用户的行动轨迹、用户浏览历史或其社交网络环境中,需要对用户的网络行为进行跟踪分析和挖掘才能找出用户的知识服务需求。最后,大数据知识服务需求的动态性体现在数据环境的快速变化,并使用户知识需求随之改变,以及用户所处角色、所在社会媒体和所需完成的任务或研究课题等的快速改变,都要求对知识服务内容进行动态更新。

知识服务需求是知识服务的前提,在产品开发需求方面,有研究提出,在全球化分布式产品成功开发过程中,知识工程起着最核心的作用,考察全球软件开发不同利益主体的知识服务需求,能够帮助积累全球软件开发项目的成功经验,并提出成功开展全球软件开发项目的条件。对知识服务需求的获取程度将影响知识服务的整体效果。大数据知识服务需求的数据密集性、隐蔽性和动态性就决定了大数据知识服务需求获取的复杂性。从实践来看,可以从两个方面获取用户的知识服务需求:一方面是直接获取,例如,可以向用户询问获取知识需求;另一方面是间接获取,如可以通过对用户网络行为的分析获取用户的知识服务需求。

(二)大数据知识资源建设

从信息管理理论看,信息服务的前提是有足够的信息资源保障。信息资源建设是人类对处于无序状态的各种媒介信息进行选择、采集、组织和开发等活动,使之形成可资利用的信息资源体系的全过程。同样,在大数据知识服务的背景下,大数据知识资源就是大数据环境下开展知识服务最基本的条件保障。只有在资源充足的条件下,才有可能在知识服务人员的知识加工和情报分析基础上形成知识产品,满足大数据环境下的知识需求。

大数据知识资源建设具有数据规模大、数据结构复杂、数据价值密度低等特点。其中,知识资源结构的复杂性是大数据资源建设最关键的问题之一。在资源建设过程中,可以从结构化资源、半结构化资源和非结构化资源的分类入手进行资源建设。大数据知识资源的数据价值密度低,大数据知识资源的价值隐藏在众多数据之中,局部数据价值含量较低,甚至与总体数据包含的价值信息相悖。

传感器自动捕获数据、搜集社交网络中用户所生成的数据和信息系统主动采集数据是大数据的三种主要获取方式。大数据知识服务的资源建设是没有尽头的,只要社会向前发展,用户的知识服务需求也会随之动态更新和演变,尤其是在大数据理念和技术支持下,知识服务机构的资源建设和储备就必须紧跟用户需求和时代发展。相对来说,知识服务机构所累积的信息资源越多越好,因此,知识资源的建设需要各个知识服务机构在考虑自身资源和能力的基础上,持续不断地投入人力、财力和物力,从而为大数据知识服务提供资源支持。

(三) 大数据知识服务专业人员

知识服务专业人员是知识服务的核心,知识服务质量很大程度上取决于知识服务人员的专业化水平。尤其是在大数据环境下,对知识服务人员的专业化水平要求更高,不仅要求知识服务专业人员熟悉文献资源和数字信息资源的组织和利用,还在计算机能力和数据统计分析能力等方面对知识服务人员提出了新的更高的要求,知识服务机构需要多方面的高水平人才共同组建专业化的知识服务团队。因此,需要大力营造适合于员工学习交流的软硬件环境和学习文化的氛围,培养大批由信息专家、信息科学家和知识代理组成的知识服务队伍。

知识服务专业人员在进行知识加工和数据分析的过程中,最关键的就是知识服务能力的培养和体现。知识构建能力是知识服务能力的根本保障,大量文献或信息中所包含的知识元及相关信息间的链接将产生极大的知识增值。在大数据环境下,专业人员通过对知识元提取和标引,基于关联数据进行知识组织,基于本体的语义进行知识挖掘、知识推送与个性化推荐,实现大数据环境下全流程的知识服务。随着云计算技术的日益成熟,探索基于映射归约(Map Reduce)的分布式知识处理平台技术,并整合大数据分析的具体方法,进而将其完全融入满足用户知识需求的全过程,形成动态可控的知识产品与服务生成机制,这些都将极大地提升大数据知识服务人员的知识服务能力。

(四) 大数据知识服务平台

大数据知识服务平台是一个大数据获取、存储、组织、分析,决策、服务资源和服务能力共享,交易和协作的智慧平台。大数据知识服务平台保障大数据知识服务全生命周期过程服务的有效运作。从大数据知识服务的宏观视角来看,大数据知识服务平台是集用户知识服务需求采集、大数据获取与知识组织、大数据分析与挖掘、大数据服务提供与推荐、大数据知识服务评价与反馈、知识服务专业人员与用户沟通互动等功能于一身的综合知识服务系统。

从实践来看,知识服务平台积累了海量的结构化、半结构化和非结构化的数据资源,对这些资源的充分挖掘和深度分析,将极大地改善知识服务的水平。从知识服务研究和平台建设实践来看,集成多项知识服务技术和功能的平台是大数据知识服务平台的主要建设思想。从目前的技术发展来看,知识服务平台具体应该具有针对不同数据源的智能采集终端与技术、数据格式标准和数据存储系统、数据清洗与处理技术、数据挖掘与知识发现技术、预测性分析与个性化服务等构成的完整技术体系。

大数据知识服务平台需要从大数据本身出发,构建能够处理大数据的分析模型和知识发现技术,并结合用户个性化的需求对大数据进行深度挖掘,以更好地满足用户需求。尤其是在社交媒体的冲击下,信息传播的广度和深度都得到巨大的提高,社会网络大数据成为一种主要的大数据来源。从社会网络的视角分析和满足用户的知识服务需求,这将是大数据知识服务平台的发展趋势。

(五)大数据知识服务制度规范

大数据知识服务制度规范是从制度设计的角度对大数据知识服务全生命周期进行约束和保护的重要手段。从大数据知识服务战略规划的制定入手,明确知识服务发展的短、中、长期目标,这样能够更好地指导知识服务活动的开展。而其他一些针对大数据背景的技术标准的制定和过程管理规范等同样是大数据知识服务顺利进行的必要保证。大数据属于新兴的技术领域,为知识服务过程中知识产权的管理和用户隐私保护都带来了巨大的挑战。大数据环境下,知识资源通过社交媒体、移动互联网等渠道快速地传播,如果不对这些渠道资源的传播进行合理规范,将不利于知识服务和知识创新。应从大数据知识服务战略规划的顶层设计出发,制定大数据知识服务平台建设的标准、大数据知识服务的过程管理制度和大数据知识服务的评价反馈机制,从而形成适应大数据知识服务全过程的政策制度支撑体系,确保大数据知识服务稳定运行。[①]

三、大数据知识服务的关键步骤

(一)数据清洗

1. 知识服务对大数据的要求

大数据的价值在于提炼其中隐藏在数据中的规律和有关知识,它对知识服务的要求集中体现在两个方面:首先是大数据环境下的数据整合与规划。大数据不但容量大、内容丰富,而且结构异构,数据产生的速度也是飞速的,数

---

① 官思发.大数据知识服务关键要素与实现模型研究[J].图书馆论坛,2015,35(6):87-93.

据中蕴含的知识无法衡量。数据的繁杂、良莠不齐,使数据的利用效率受到影响。通过整合与规划可以提高数据的利用效率,提升数据的使用价值。其次是数据的知识关联与组织。孤立的数据价值低,也只能完成传统的信息服务。针对大数据的知识服务必须将数据进行关联,使之能够为解决问题直接提供知识。通过分析知识组织的关联机制,构建以知识服务为目标的知识地图,确保能够从传统的信息服务上升到知识服务层面。知识库"吸收"数据且"供给"知识,最终目的是为知识服务提供满足应用所要求的合适的查询结果,数据是知识的基础,数据质量决定了知识的价值,而数据质量问题是由非清洁数据造成的。为此,知识服务若要实现高端的服务水平,基础在于知识组织,瓶颈在于数据清洗。

数据清洗的目的是检测数据本身的非清洁和数据间的非清洁,剔除或者改正它们,以提高数据的质量。知识服务不仅需要分析非清洁数据的各种类型不一致、不精确、错误、冗余、过时等问题并提出解决方案,还需要追溯非清洁数据的形成源头。它们来自3个方面:① 数据本身来源不清洁导致的非清洁数据,例如数据采集和录入的精确性差;② 数据模式的不清洁和信息集成过程中模式不匹配导致的非清洁数据;③ 数据的查询请求本身是不清洁的,导致获取了非清洁的查询结果。最终结合不同来源与不同类型,反馈修正解决方案使之能做出完善的知识表示。

2. 数据清洗基本框架模型

以一个非清洁数据的片段为例,如表9-1所示,可以很容易判断:①不完整的数据有:(ID:3、字段:City)"BJ";②错误的数据有:(ID:6、字段:Name)"Mal-Mart";③冗余的数据有:(ID:1、3、6)表示同一个实体。

表9-1　非清洁数据的片段[①]

ID	Name	City	Zipcode	Phn	Represent
1	Wal-Mart	Beijing	90015	80103389	Lisa
2	Carrefour	Shanghai	20016	021—64458973	Jerry
3	Wal-Mart	BJ	90015	010—80103389	Lisa
4	Walmart	Shanghai	20040	70994613	Lisa
5	Carrefour	Beijing	90015	83190325	Jerry
6	Mal-Mart	Beijing	90015	80103389	Lisa

(1) 准备。准备工作包括需求分析、大数据类别分析、任务定义、小类别

---

① 蒋勋,刘喜文.大数据环境下面向知识服务的数据清洗研究[J].图书与情报,2013(5):16—21.

方法定义、基本配置,以及基于以上工作获得数据清洗方案等。进行需求分析以明确知识库系统的数据清洗需求,大数据类别分析将大数据归类以便同类数据可进行分析,任务定义要明确具体的数据清洗任务目标,小类别方法定义确定某类非清洁数据合适的数据清洗方法,基本配置完成数据接口等的配置,要形成完整的数据清洗方案,并整理归档。

(2)检测。检测是对数据本身及数据间的预处理进行检测,包括相似重复记录、不完整记录、逻辑错误、异常数据等的检测,并且对检测结果进行统计,全面获得数据质量信息,并将相关信息整理归档。上述案例检测出的问题有:不完整的数据、错误的数据、冗余的数据。

(3)定位。定位是对检测结果的归档信息的数据质量进行评估,获得非清洁数据的定位,并进行数据追踪分析,分析非清洁数据及由此可能对知识表示产生的影响,分析产生非清洁数据的根本原因;进而确定数据质量问题性质及位置,给出非清洁数据的修正方案,并将相关信息归档。根据定位分析情况,可能需要返回"检测"阶段,进一步定位需要修正数据的位置。如案例中,非清洁数据片段的位置:(ID:3,字段:City)、(ID:6,字段:Name)、(ID:1、3、6)。

(4)修正。修正是在定位分析的基础上,对检测出的非清洁数据进行修正,包括非清洁数据标记、不可用数据删除、重复记录合并、缺失数据估计与填充等,并在数据修正过程中进行存储管理。如案例中,在定位后,修正上述三类数据,经过修正后,得到如表9-2所示数据片段。

表9-2 修正后的数据片段[①]

ID	Name	City	Zipcode	Fhn	Represent
1	Wal-Mart	Beijing	90015	80103389	Lisa
2	Carrefour	Shanghai	20016	021—64458973	Jerry
被删除					
4	Walmart	Shanghai	20040	70994613	Lisa
5	Carrefour	Beijing	90015	83190325	Jerry
被删除					

(5)验证。验证是对修正后的数据与任务定义的符合性进行比对,如果结果与任务目标不符合,则做进一步定位分析与修正,甚至返回"准备"中调整相应准备工作。表9-2反映出经过一轮修正后的数据片段,与表9-1相比,部分不完整的数据、错误的数据、冗余的数据得到了清洗,但清洗过后的数据显

---

① 蒋勋,刘喜文.大数据环境下面向知识服务的数据清洗研究[J].图书与情报,2013(5):16—21.

然还不完美,依然有明显不一致的地方。

3. 数据清洗基本框架的局限

大数据实际应用中,前面提出的基本模型具有局限性。首先,大数据通常是异构且碎片化的,多数情况下这些类型的非清洁数据是难以被彻底清洗干净的。其次,对非清洁数据的清洗可能会造成蕴含知识的损失,以致知识失真。最后,频繁更新知识库,同步执行非清洁数据的辨识和清洗,这些都将极大地减低系统的效率。再如案例中,从表9-1到表9-2,在一定程度是进行了数据清洗,但深入观察可以发现(ID:6、字段:Name)"Mal-mart"虽然不存在拼写错误,但表示方式与其他的"Wal-Mart"并不一致,还有(字段:Phn)的表示也不一致,这些不一致的地方阅读者容易理解,而机器却很难"理解"。也就是,经过一轮的数据清洗,出现了知识内涵一致的元组("Walmart"与"Wal-Mart"),却存在表示字符上的差异,这是否意味着需要进一步进行数据清洗?如果由机器进行更细腻的数据清洗,必然将出现一部分信息的丢失或失真,并且带来机器计算上的负担。因此,数据清洗是必要的,但清洗过后,依然存在非清洁数据也是必然的。

从上述分析可以看出,非清洁数据的辨识与清洗很难保证彻底消除非清洁数据。大数据的多维度性更是给清洗带来了困难,且随着清洗的细腻程度逐步提高,知识库系统的运行性能将逐步降低,随之数据中蕴藏的信息也将逐步丢失,不能快速有效地解决非清洁数据带来的问题。为此,大数据的存在,需要在一定程度上容忍非清洁数据的存在。这样,研究管理包含非清洁数据的知识库系统成为重要的问题,其核心在于如何从包含非清洁数据的知识库中得到满足应用所要求清洁度的查询结果。

(二) 数据分析

知识服务要求为用户提供更契合信息需求的服务,要将用户所需要的信息推送到用户面前,尤其强调要为用户提供增值服务,即为用户提供新知识,这也正是知识服务中"知识"称谓的原因。新信息环境下产生与积存的海量数据亟待进行组织整序、提炼分析,这是知识服务大显身手的用武领域。这时的知识服务从服务内容上讲,在基础层次,要支持用户对数据资源中知识的挖掘、计算、试验与评价,有机地组织知识资源;在较高层次,要发挥专业优势,集成开发与利用各种数据挖掘分析工具,以专业的信息分析与知识分析专家的身份协助用户进行知识挖掘和知识发现。海量数据产生于政治、经济、军事、文化、科学、教育、卫生等几乎所有领域的现代运营过程中,在移动互联网、物联网、云计算、手机、个人电脑以及遍布世界范围的各种各样的传感器中记录和存储着巨大规模的数据。这些数据是客观的,但也是无序的、散在的和非结构化的,需要经过分析处理才能成为具有现实价值的有用知识。这就需要对潜藏在庞杂的数据背后的各类知识(如关联规则、规律、模式等)进行挖掘和提炼。处理海量数据的利器是不同算法支撑的数据分析工具。掌握这些算法与工具,是做好知识服务的基础。

第三节 大数据知识服务的主要模式和发展趋势

一、大数据知识服务的主要模式

全面调查当前国内外数字出版知识服务机构,可比较它们在知识资源的主要类型、主要来源、组织形式、展示平台、获取方式以及主要用户类型、主要盈利方式等方面的异同。大数据环境下数字出版知识服务有五种主要模式:知识资源数据库模式、知识获取终端设备模式、社交媒体知识分享模式、开放式知识众编模式、知识付费订阅模式。这五种主要模式有着各自的特点以及在大数据环境下不同的知识服务方式。[①]

(一)知识资源数据库模式

知识资源数据库模式是传统出版与新兴出版的融合,是比较成熟的数字出版知识服务模式,不少知识资源数据库为人们所熟知。在国外,励德·爱思唯尔的全文数据库(Science Direct)提供3800多种期刊和37000种图书的数字化全文,为研究人员、教师、学生、医疗保健和信息专业人员搜索、发现、阅读、理解和分享学术研究成果提供服务;励德·爱思唯尔的引文数据库(Scopus)是全球最大的文摘和引文数据库,涵盖了科学、技术、医学、社会科学、艺术和人文等学科领域,其智能工具可以对全球的研究进行跟踪、分析和可视化呈现;全文数据库(Springer Link)是全球著名的科技出版集团施普林格(Springer)所经营的在线发布平台,有800多万份科学、技术和医学数字出版文件提供给用户下载阅读;EBSCO(E. B. Stephens Company)公司提供信息科学数据库(IT Source)、食品科学数据库(Food Science Source)、工程学数据库(Engineering Source)等100多个主题型数据库。在国内,中国知网、万方数据、重庆维普等较早利用传统出版资源建立知识资源数据库,为国内各级各类图书馆等机构用户提供知识服务。

知识资源数据库模式一般由专业的出版企业来运营,知识资源组织形式为职业生产内容(Occupationally-generated Content,OGC),通过将自有出版资源数字化或购买数字出版版权,以数据库作为主要展示平台,提供全文或摘

---

① 郭亚军,刚榕隁,黄圣洁.大数据环境下数字出版知识服务主要模式研究[J].现代情报,2018,38(11):3—8.

要、参考文献索引等知识资源检索和下载服务。重点面向科研型用户、机构用户，以数据库整体销售、文献收费下载为主要盈利方式。目前的知识资源数据库模式主要服务于研究领域，其知识资源以数字化期刊论文为主，也涉及电子图书和会议论文等，具有较高的学术价值和参考价值，已经成为很多专业领域不可或缺的科研支撑基础。

在大数据环境下，知识资源数据库可以对其掌握的海量数据、高质量内容进行大数据分析，为客户提供决策参考，解决工作中的重要问题。励德·爱思唯尔以引文数据库所包含的全球200余个国家和地区超过8500所大学及科研机构的数据为基础，采用内部开发的高性能计算集成大数据技术（HPCC）开发了科研绩效评价与决策工具Sci Val，能够对大约3000万篇论文和3亿条引用数据进行分析，并在瞬间得出可视化的分析结果，对科研机构的绩效进行分析，并为学术机构提供决策服务。中国知网利用大数据开发了"学术不端文献检测系统"为用户提供论文查重检测服务，通过查重系统将文献在中国知网庞大的数据库中进行比对，可以检测其是否存在抄袭、剽窃或引用过度的问题，在2～5秒内完成一篇5000汉字的文献比对并出示比对结果，该系统目前已广泛用于学位论文管理和期刊论文审稿等领域。

（二）知识获取终端设备模式

知识获取终端设备模式是指用户使用电子阅读器获取知识的数字出版模式。美国亚马逊推出的电子阅读器Kindle是全球范围内电子阅读器的典型代表。2007年，亚马逊第一代Kindle上市，2009年亚马逊电子内容平台Kindle Store的电子书销售量已经超过了实体书销量。Kindle除了提供海量的电子书内容，还会提供消费者商品评比、推荐类似书目、强大的搜索引擎功能、便捷的购物过程、预览部分章节等创新性服务和有特色的售后服务。Kindle为用户提供的个性化应用，其低廉的购买费用、良好便携的阅读环境吸引了大量用户，是世界上迄今为止商业上最为成功的电子阅读器终端之一。苹果iPad、汉王电子书、盛大Bambook等以终端为传播介质的电子阅读器产品也在知识获取终端设备中占据一定地位。

知识获取终端设备模式主要由科技企业来管理运作，知识资源组织形式也是职业生产内容，通过购买网络出版商和作者个人的电子书版权，以电子阅读器为销售平台，提供电子书籍查找上传、阅读购买等知识资源获取渠道，为喜爱读书的个人用户提供良好的阅读体验。以电子阅读器销售、文献收费下载为主要盈利模式的知识获取终端设备模式，为传统出版商在数字时代的完美转型提供了机会。以电子书为主要知识资源类型的阅读器，不仅方便携带，还促进了传统纸质图书电子化，为用户提供更多阅读空间和选择。

在大数据环境下，知识获取终端设备模式运用了先进的电子科技，集聚了海量的数字内容以供客户随时阅读或者购买，解决了阅读资源不足的问题，同时通过搜集读者阅读痕迹以及反馈信息来判断读者的阅读习惯和喜好并进行精准推送。亚马逊早在1998年就申请了"Item to Item"协同过滤技术专利，开发出个性化推荐系统，近年来，亚马逊Kindle利用大数据技术更新了其书籍推荐的策略，用户可以通过添加自己喜欢的风格、评论或评分来影响推荐功能，使其推荐的书籍更贴近用户的个性化偏好。苹果iPad个性化服务主要表现在它的自适应交互模式，随着用户使用iPad的方向变化做出相应的调整，页面不论在横向还是纵向的界面下都能整齐、清晰地显示，为用户提供良好的阅读体验。

（三）社交媒体知识分享模式

社交媒体知识分享模式是指在社交媒体平台上用户之间彼此分享知识资源的一种新兴数字出版模式。脸书是目前世界上最大的社交媒体，作为一种网络应用程序，它可以通过任何浏览器来访问；作为一种有效的学习工具，它为开展非正式学习和社会化学习提供了良好的知识分享平台。推特是一种即时更新的微博客系统，用户可以将自己的想法以简短的文字由网站、短信、即时通信软件发送给自己的订阅者或者好友，推特的用户可以随时随地进行信息资源传递。在国内，基于用户之间的关联关系，微博构建了一个信息传播和分享的平台，实时进行短文本信息的更新和分享。微信通过公众号里的推文和朋友圈中的文章转发等功能，实现知识分享。

社交媒体知识分享模式一般由社交媒体企业来运营，采用用户生产内容（User-generated Content，UGC）的方式形成知识资源，以社交媒体网络平台为依托，对网友创作的信息进行展示、集合和交互。重点面向智能手机的适用人群，多为个人用户，以广告收入、赞赏收入为主要的盈利方式。目前的社交媒体知识分享模式主要服务于休闲娱乐领域，其知识资源以网络文章为主，也涉及视频、音乐、图片等，社交媒体知识分享模式的发展依托于用户的社交关系，其传播效率极高，已经成为我们生活中一种便利快捷的知识分享方式。在大数据环境下，用户通过各种社交媒体平台，在任何时间、任何地点即时发布信息，其信息传播速度超过传统纸媒及网络媒体；与此同时，用户在社交媒体上留下的痕迹也都被大数据详细记录下来，成为社交媒体知识分享时的重要参考。微信为公众号运营者提供运行监测、目标客户监测、活跃情况监测等数据，帮助运营者进行决策。运营者可以根据用户画像、访问行为轨迹分析、引流点分析的结果来采取相应的营销策略以增加粉丝量，还可以借助监测流量、访问量、转化率、调试率、黏合度等数据来判断页面是否具有价值，是否受粉丝青睐，再确定推文时间和推文内容，从而为用户提供更有针对性的服务。

（四）开放式知识众编模式

开放式知识众编模式主要由互联网企业运营，是一种开放的由大众对内容进行编辑加工的知识组织模式，其提供的知识资源大多是在问答平台上由网友创作的数字资源，是很典型的用户生产内容模式。该模式以广告收入、付费问答为主要的盈利方式，通过提出问题、组织用户回答问题等方法挖掘出用户头脑中的"隐性知识"，经专业人士不断丰富完善零散的知识，重新组织后还可以实现真正意义上的编辑出版。大数据时代下的开放式知识众编模式利用大数据传播速度快、数据种类多、容量大等特点对数字资源进行深度价值挖掘，形成良好的知识网络体系，方便用户查找使用。

开放式知识众编模式在商业上的典型应用就是问答社区。Quora 是目前国外较为盛行的网络问答社区，结合了推特的链接关系、维基式协作编辑、Digg 的用户投票等模式，将现有 Web 2.0 产品的分散功能进行组合。Quora 的订阅功能强大，通过订阅问题、答案或回答，用户可以及时获得所关注领域或话题的最新消息。投票功能（顶或踩）、关注功能让用户之间有更多的互动。Quora 应用大数据和机器学习的方法给答案排序，根据与问题的相关性以及答案的价值排序，使得最有用的答案总是排在前面，给用户提供更好的阅读体验。

国内的知乎是基于用户搜索的互动式知识分享社区，用户根据自己的需求搜索或者提出问题，其他用户运用自己的知识、经验和见解为其提供解答，并邀请各行各业的专家回答问题。知乎鼓励在问答过程中进行讨论。知乎对问题的发起者设置了"知乎专栏"板块，提问者可以根据问题主题在相应的板块里查找或提问；在"想法"模块，知乎给用户推送各种正在讨论的热门话题，用户可以根据个人兴趣进行简要回答；借助大数据分析，选择信息价值高的问题推送到知乎首页，从而吸引更多读者查看阅读。[①]

（五）知识付费订阅模式

知识付费订阅模式是将知识变成产品或服务，以课程、专栏等形式提供给用户付费订阅，以实现知识的商业价值。知识付费订阅有利于人们高效筛选信息，也有利于激励优质知识产品的生产。美国的技能分享学习平台 Skillshare 是一个专注于技能分享的在线教育网站，任何拥有一技之长的人都可以在这个平台开课分享自己的独特技能，有需求的人付费购买。除单门课程购买的方式外，Skillshare 还推出了自助式套餐，付费订阅后用户可以在网站上学习任何课程。在国内，知识付费近年成为热点话题。知识服务类应用"得到"App 于 2016 年 6 月推出首个付费专栏，有偿提供经济学、管理学、医

---

① 沈波，赖园园. 网络问答社区"Quora"与"知乎"的比较分析[J]. 管理学刊，2016，29（5）：43—50.

学、心理学等各个领域的课程与讲座。音频分享平台喜马拉雅既提供免费的资源服务于大量用户,也有精品节目专栏、低价专区和分集购买内容等付费内容满足一部分用户对于优质内容和精准便利获取的需求。①

知识付费订阅模式一般由教育类企业运营,知识资源的获得以专业化生产内容(Professionally-generated Content,PGC)为主,用户生产内容为辅,大多为专家录制的音频、视频信息,用户通过"听取"的方式来获取知识,用耳朵代替眼睛,达到"随时随地,听我想听"的效果,为用户的终生学习而服务。知识付费订阅模式主要通过用户付费来获得盈利,也会有一定的广告收入。在大数据环境下,知识付费订阅模式满足用户个性化阅读需求。技能分享学习平台 Skillshare 利用网络颠覆了传统的教育模式,形成了一种个性化线上学习的教学方式,用户可以利用大数据学习知识,获取与工作或职业相关的实用技能。喜马拉雅推出的"猜你喜欢"功能的背后是一整套基于大数据的个性化推送系统。喜马拉雅较早应用大数据技术,并成立了专门的算法团队,依靠大数据记录用户的喜好和收听情况,进一步细化用户的喜好内容,建立用户兴趣图谱,以便精准地向用户推荐个性化的信息。

二、大数据知识服务面临的困境

当前知识服务与数字出版遭遇技术、流量与版权的困局,固化的商业模式阻碍了数字出版与知识服务业务拓展的进程,紊乱的产业链无益于打造产业生态圈,异化的格式标准导致版权保护产生漏洞。

(一)商业模式固化

随着智能交互时代的到来,用户越来越依赖场景化的知识获取路径,然而囿于用户思维与推广技术,当前的知识服务供给难以满足用户日益增长的需求。我国四大内容付费平台(喜马拉雅、得到、知乎、分答)过于注重让用户以单向封闭的方式参与传播,忽略了以个体为核心的多元传播节点与纵深内容体系。喜马拉雅、得到虽然实现了通过有声知识服务平台分享专栏订阅内容,但因为缺乏稳定的内容生产渠道而不得不依赖自媒体的泡沫化内容。知乎、分答虽然初步构建了网络问答场景化社区,但仅凭付费讲座这一单薄的内容形态难以提升用户的满意度。目前,我国数字出版的转型之路愈发艰难,出版内容同质化、出版模式粗放化以及技术创新短板持续挤压数字出版的盈利空间。我国缺乏统一的数字出版行业标准,元数据和信息交换格式尚未互联互通,这些问题加剧了数字出版对渠道、终端和内容的依赖性,使数字出版无法

---

① 陈晓堂.数字出版转型中科技期刊知识服务及知识付费模式探析[J].编辑学报,2018,30(3):251-253.

基于用户需求实现规模化收益。对于数字出版和内容付费来说,改善用户体验应该是关键要素,但当前内容付费的泛知识化与数字出版的技术缺失,使用户难以获取优质的知识服务。

(二) 产业链紊乱

我国知识服务的用户主要是互联网经济的原生用户,加上近年来互联网巨头发起的超常规战略重组,这些因素影响了知识服务产业链,使知识服务平台陷入资源重复建设与不良市场竞争的恶性循环中。2017 年,腾讯网在知识服务领域的大型投资多达十余项,其他互联网企业亦加快了并购的步伐,比如阿里巴巴达摩院以 2000 万元投资樊登读书会、百度以 1600 万元投资短书知识服务平台等,但这些知识服务巨头的行动并未促使知识服务形成完整的产业链,反而折射出我国知识服务产业中资本盲目扩张的问题。目前,我国数字出版产业链问题十分突出,数字技术服务商与网络运营商的强势话语权剥夺了内容资源的主导地位,使数字出版产业链长期处于失衡状态。总的来说,过度膨胀的平台不利于构建基于用户场景的知识服务产业生态圈。

(三) 版权保护困难

版权保护是数字出版与知识服务的"安全红线",是维护知识创造与知识分享之间动态平衡关系的秩序规则。版权保护问题不容忽视,从百度文库侵权门事件、龙源期刊网版权纠纷案到喜马拉雅作家侵权事件,再到知乎的盗版分发事件,版权归属不清、未经授权肆意传播等问题引发了数字出版界人士和知识服务商的热议。以数字出版为例,由于目前缺乏统一的数字出版物监管标准,导致我国数字出版商的产权内控体系截然不同。安全管控标准的差异,反映了利益主体之间的博弈,不但增加了版权监管的成本,亦成为作者与数字出版平台之间版权纠纷问题层出不穷的诱因。百度文库侵权门事件爆发的原因就在于百度将"免费阅读""众传资料"作为产权安全管理的豁免项。版权保护是知识服务平台普遍面临的问题。虽然大部分知识服务商均通过加密的方式防止盗版,但盗版者仍可采用截屏等方式轻松盗取正版内容。有媒体披露,部分电商平台低价贩卖知识付费产品。比如 2018 年 4 月,喜马拉雅因疏于内容监管,上传用户制作的无版权有声读物,导致作家曹鹏宇经济损失 14 万元,并直接影响其正版有声产品的推出。[①]

三、大数据知识服务的发展趋势

(一) 汇聚数字内容资源并进行专业化整合

数字出版资源最终只有纳入全国性、全球性的知识服务体系中,才能真正

---

① 孙建红.从知识付费到知识服务:看知识付费如何转身[J].出版广角,2018(11):39—41.

实现变现效益。在建设平台方面,相较于出版集团,当下中国的一些知识付费平台已走在前列,直接推动产业链成熟化的步伐。这些平台拥有互联网机构的资金、技术与成熟终端平台的流量基础,拥有先进的互联网思维与高效平台运营经验。它们凭借这些优势正在建设起高水准的知识付费服务体系,提供的知识付费产品已吸引了巨大的流量。出版集团的核心优势只能是其长期积累的内容资源。即使在出版集团内部,资源的整合远远未能完成。但现阶段,汇聚数字内容资源相比较于建构自己拥有的数字出版内容传播平台,仍应该处于战略发展的优先地位。考察欧美出版集团的数字出版内容资源发展的路径,可以看出,其目标指向均是"数字出版内容的海量化、规模化与专业化,其最终目标指向是数字出版内容的国际传播"。受媒介经营体制的制约,中国的出版集团内部规模偏小,外部同质兼并受限,只能在多元化方面多做文章。因此,实现数字资源的海量化、规模化,借此提升集团的内容竞争力和产业链博弈能力,在内部资源整合与外部小规模的合并后,极易触及"天花板"。欧美数字出版内容资源的整合路径已提示我们,出版集团实施归核化战略,核心是借助内容资源的专业化整合,才是当前可以着手的知识服务提升的战略方向。[①]

(二) 通过 IP 化运营实现社群价值的最大化

随着粉丝经济的盛行与内容价值的回归,知识服务领域愈发强调以优质内容与去中心化服务为抓取对象,开展 IP 化运营。因此,数字出版与知识服务商应坚持内容运营与服务升级理念,加强核心内容、核心服务的 IP 化运营,挖掘垂直细分领域用户群体及社群的流量,最大限度地发挥知识生产与发布的作用。例如,英国《卫报》的知识服务平台"卫报现场"(Guardian Live)专注于核心内容的 IP 化运营,打造社群服务产业链。首先,为增强数字出版内容的清晰度、可读性与可理解性,Guardian Live 充分利用数字出版开放共享的技术优势,打造了知识型 IP 产品——Guardian Crosswords。Guardian Crosswords 的内容标签是新闻机器人 Souschef,该产品的创新之处在于利用作者资源开发人格化产品,实现内容生产与发布同步,其同一内容可以多种媒介传播。其次,Guardian Live 基于内容付费的社群思维挖掘更大的流量缺口,并组建了三类付费会员社群——"支持者""好伙伴""老主顾"。社群的存在模糊了知识生产者与用户之间的边界,扩大了知识服务的影响力。由此可见,依托内容的IP 化运营与服务社群的思维,数字出版与知识服务能够实现资源互补和共生共赢。

(三) 人工智能助力知识服务创新生态构建

下一代媒体是智能媒体的时代,智能化的普及将改变现有的媒体生态,数

[①] 吴耀根. 数字出版的知识服务专业化路径探讨[J]. 编辑学刊,2018(6):20—25.

字出版领域的知识服务也将面向创新、更富智慧。从出版服务属性来说,知识服务将着重以用户为核心,并基于不同的时空和场景,更注重对用户服务需求的实时捕捉和智能推送,实现服务与需求的智能匹配,进而带来价值的聚合;从出版新型生态构建的角度来看,在人工智能技术的引领下,知识服务将创造出更高价值的服务意义,其自身也将得益于智能技术的发展而开创崭新的局面。数字出版领域的知识服务在人工智能技术的深入应用中,打破传统出版的思维桎梏而面貌一新,纸质的出版知识传播已转变成以智能为核心、以服务提高竞争力的智慧知识服务模式。智能时代的知识服务所传播的不仅仅是知识本身,更是一种全新的知识思维,在互联网技术的大环境下,这种创新而智慧的思维将帮助人们构建起新的知识服务生态,在技术的引领与变革中开启未来生活的新篇章。[①]

(四) 构建泛在知识服务网络

知识服务平台应构建泛在知识服务网络,理顺日渐失序的互联网知识体系。以脸书旗下的知识服务平台 Facebook Groups 为例,该平台兼具了数据库搭建、知识点链接与全媒体发布三项功能,其基于多媒体印刷读物(Multimedia Print Reader,MPR)的数字出版技术,将碎片无序的用户提问进行规范化集成,形成以个人信息、朋友圈信息、业务信息、主页成效信息为代表的四大信息服务数据库,以匹配不同形态的知识发布方式。Facebook Groups 致力于利用品牌社群实现精细化的知识链接。与我国知识服务的商业模式——网红式话题引导模式不同,Facebook Groups 强调以用户 IP 为中心,通过用户参与决策形成网络知识社区,进而提升用户知识贡献度与知识链接紧密度。此外,该平台非常重视用户的分众化需求,凭借大数据挖掘、VR 等新兴技术为用户提供场景化知识服务。这种方式不仅为用户营造了立体化价值感知环境,还依托交互式媒介提高了知识服务到达率。从 Facebook Groups 的成功实践可以看到数字出版与知识付费共赢的关键点。首先,对数字内容进行整合与重构。知识服务的首要任务是对散乱无序的碎片化互联网资源进行整合,再利用数字出版技术与知识付费媒介将内容进行结构化加工,以便为用户提供一站式专业知识解决方案。其次,建立细致准确的知识链接方式。面对结构庞杂的知识点,知识服务平台需要提升知识点之间的关联度与链接层级,提高付费产品的复购率。最后,构建全媒体知识服务渠道。通过移动端媒介与虚拟现实技术等将知识服务信息进行场景化还原,为用户带来沉浸式体验。[②]

[①] 邓逸钰,王垚.智能化语境下的数字出版领域知识服务生态构建[J].出版发行研究,2017(6):34—36.
[②] 郭靖雅.内容付费时代数字出版与知识服务的协同共赢研究[J].出版广角,2018(19):39—41.

本章小结

本章主要介绍了大数据知识服务的相关知识,包含大数据知识服务的内涵、特征及其概念模型;大数据实现的过程和关键要素;实现大数据知识服务的数据清洗、数据分析等关键步骤;大数据知识服务模式以及大数据知识服务面临的困境与发展趋势。

思考与练习

1. 大数据知识服务的内涵是什么?
2. 大数据知识服务有哪些特点?
3. 简述大数据知识服务实现的过程。
4. 大数据知识服务的关键步骤有哪些?
5. 大数据知识服务有哪些主要模式?

参考文献

[1] 杜也力.知识服务模式与创新[M].北京:北京图书馆出版社,2005.
[2]《图书情报工作》杂志社.知识服务的现在与未来[M].北京:海洋出版社,2013.
[3] 赵勇.架构大数据:大数据技术及算法解析[M].北京:电子工业出版社,2015.
[4] 唐晓波,魏巍.知识融合:大数据时代知识服务的增长点[J].图书馆学研究,2015(5):9—14,8.
[5] 李晨晖,崔建明,陈超泉.大数据知识服务平台构建关键技术研究[J].情报资料工作,2013(2):29—34.
[6] 张兴旺.大数据知识服务体系研究[J].情报资料工作,2013(2):11.

北京大学出版社
教育出版中心 精品图书

21世纪高校广播电视专业系列教材

电视节目策划教程	项仲平
电视导播教程（第二版）	程晋
电视文艺创作教程	王建辉
广播剧创作教程	王国臣
电视导论	李欣
电视纪录片教程	卢炜
电视导演教程	袁立本
电视摄像教程	刘荃
电视节目制作教程	张晓锋
视听语言	宋杰
影视剪辑实务教程	李琳
影视摄制导论	朱怡
电影视听语言——视听元素与场面调度案例分析	李骏
影视照明技术	张兴
影视音乐	陈斌
影视剪辑创作与技巧	张拓
纪录片创作教程	潘志琪
影视拍摄实务	翟臣

21世纪信息传播实验系列教材（徐福荫 黄慕雄 主编）

网络新闻实务	罗昕
多媒体软件设计与开发	张新华
播音与主持艺术（第二版）	黄碧云 睢凌
摄影基础（第二版）	张红 钟日辉 王首农

21世纪数字媒体专业系列教材

视听语言	赵慧英
数字影视剪辑艺术	曾祥民
数字摄像与表现	王以宁
数字摄影基础	王朋娇
数字媒体设计与创意	陈卫东
数字视频创意设计与实现（第二版）	王靖
大学摄影实用教程	朱小阳

21世纪教育技术学精品教材（张景中 主编）

教育技术学导论（第二版）	李芒 金林
远程教育原理与技术	王继新 张屹
教学系统设计理论与实践	杨九民 梁林梅
信息技术教学论	雷体南 叶良明
信息技术与课程整合（第二版）	赵呈领 杨琳 刘清堂
教育技术学研究方法（第三版）	张屹 黄磊

21世纪高校网络与新媒体专业系列教材

文化产业概论	尹章池
网络文化教程	李文明
网络与新媒体评论	杨娟
新媒体概论	尹章池
新媒体视听节目制作（第二版）	周建青
融合新闻学导论（第二版）	石长顺
新媒体网页设计与制作	惠悲荷
网络新媒体实务	张合斌
突发新闻教程	李军
视听新媒体节目制作	邓秀军
视听评论	何志武
出镜记者案例分析	刘静 邓秀军
视听新媒体导论	郭小平
网络与新媒体广告	尚恒志 张合斌
网络与新媒体文学	唐东堰 雷奕
全媒体新闻采访写作教程	李军

21世纪特殊教育创新教材·理论与基础系列

特殊教育的哲学基础	方俊明
特殊教育的医学基础	张婷
融合教育导论（第二版）	雷江华
特殊教育学（第二版）	雷江华 方俊明
特殊儿童心理学（第二版）	方俊明 雷江华
特殊教育史	朱宗顺
特殊教育研究方法（第二版）	杜晓新 宋永宁 等
特殊教育发展模式	任颂羔

21世纪特殊教育创新教材·发展与教育系列

视觉障碍儿童的发展与教育	邓猛
听觉障碍儿童的发展与教育（第二版）	贺荟中
智力障碍儿童的发展与教育（第二版）	刘春玲 马红英
学习困难儿童的发展与教育（第二版）	赵微
自闭症谱系障碍儿童的发展与教育	周念丽
情绪与行为障碍儿童的发展与教育	李闻戈
超常儿童的发展与教育（第二版）	苏雪云 张旭

21世纪特殊教育创新教材·康复与训练系列

特殊儿童应用行为分析（第二版）	李芳 李丹

特殊儿童的游戏治疗	周念丽
特殊儿童的美术治疗	孙 霞
特殊儿童的音乐治疗	胡世红
特殊儿童的心理治疗（第二版）	杨广学
特殊教育的辅具与康复	蒋建荣
特殊儿童的感觉统合训练（第二版）	王和平
孤独症儿童课程与教学设计	王 梅

21世纪特殊教育创新教材·融合教育系列

融合教育本土化实践与发展	邓 猛等
融合教育理论反思与本土化探索	邓 猛
融合教育实践指南	邓 猛
融合教育理论指南	邓 猛
融合教育导论（第二版）	雷江华
学前融合教育	雷江华 刘慧丽

21世纪特殊教育创新教材（第二辑）

特殊儿童心理与教育（第二版）	杨广学 张巧明 王 芳
教育康复学导论	杜晓新 黄昭明
特殊儿童病理学	王和平 杨长江
特殊学校教师教育技能	昝 飞 马红英

自闭谱系障碍儿童早期干预丛书

如何发展自闭谱系障碍儿童的沟通能力	朱晓晨 苏雪云
如何理解自闭谱系障碍和早期干预	苏雪云
如何发展自闭谱系障碍儿童的社会交往能力	吕 梦 杨广学
如何发展自闭谱系障碍儿童的自我照料能力	倪萍萍 周 波
如何在游戏中干预自闭谱系障碍儿童	朱 瑞 周念丽
如何发展自闭谱系障碍儿童的感知和运动能力	韩文娟 徐 芳 王和平
如何发展自闭谱系障碍儿童的认知能力	潘前前 杨福义
自闭症谱系障碍儿童的发展与教育	周念丽
如何通过音乐干预自闭谱系障碍儿童	张正琴
如何通过画画干预自闭谱系障碍儿童	张正琴
如何运用ACC促进自闭谱系障碍儿童的发展	苏雪云
孤独症儿童的关键性技能训练法	李 丹
自闭症儿童家长辅导手册	雷江华
孤独症儿童课程与教学设计	王 梅
融合教育理论反思与本土化探索	邓 猛
自闭症谱系障碍儿童家庭支持系统	孙玉梅
自闭症谱系障碍儿童团体社交游戏干预	李 芳
孤独症儿童的教育与发展	王 梅 梁松梅

特殊学校教育·康复·职业训练丛书 （黄建行 雷江华 主编）

信息技术在特殊教育中的应用	
智障学生职业教育模式	
特殊教育学校学生康复与训练	
特殊教育学校校本课程开发	
特殊教育学校特奥运动项目建设	

21世纪学前教育专业规划教材

学前教育概论	李生兰
学前教育管理学（第二版）	王 雯
幼儿园课程新论	李生兰
幼儿园歌曲钢琴伴奏教程	果旭伟
幼儿园舞蹈教学活动设计与指导	董 丽
实用乐理与视唱	代 苗
学前儿童美术教育	冯婉贞
学前儿童科学教育	洪秀敏
学前儿童游戏	范明丽
学前教育研究方法	郑福明
学前教育史	郭法奇
学前教育政策与法规	魏 真
学前心理学	涂艳国 蔡 艳
学前教育理论与实践教程	王 维 王维娅 孙 岩
学前儿童数学教育	赵振国
学前融合教育	雷江华 刘慧丽

大学之道丛书精装版

美国高等教育通史	［美］亚瑟·科恩
知识社会中的大学	［英］杰勒德·德兰迪
大学之用（第五版）	［美］克拉克·克尔
营利性大学的崛起	［美］理查德·鲁克
学术部落与学术领地：知识探索与学科文化	［英］托尼·比彻 保罗·特罗勒尔
美国现代大学的崛起	［美］劳伦斯·维赛
教育的终结——大学何以放弃了对人生意义的追求	［美］安东尼·T.克龙曼
世界一流大学的管理之道——大学管理研究导论	程 星
后现代大学来临？	［英］安东尼·史密斯 弗兰克·韦伯斯特

大学之道丛书

市场化的底限	［美］大卫·科伯
大学的理念	［英］亨利·纽曼
哈佛：谁说了算	［美］理查德·布瑞德利
麻省理工学院如何追求卓越	［美］查尔斯·维斯特
大学与市场的悖论	［美］罗杰·盖格

高等教育公司：营利性大学的崛起	［美］理查德·鲁克
公司文化中的大学：大学如何应对市场化压力	
	［美］埃里克·古尔德
美国高等教育质量认证与评估	
	［美］美国中部州高等教育委员会
现代大学及其图新	［美］谢尔顿·罗斯布莱特
美国文理学院的兴衰——凯尼恩学院纪实	［美］P.F.克鲁格
教育的终结：大学何以放弃了对人生意义的追求	
	［美］安东尼·T.克龙曼
大学的逻辑（第三版）	张维迎
我的科大十年（续集）	孔宪铎
高等教育理念	［英］罗纳德·巴尼特
美国现代大学的崛起	［美］劳伦斯·维赛
美国大学时代的学术自由	［美］沃特·梅兹格
美国高等教育通史	［美］亚瑟·科恩
美国高等教育史	［美］约翰·塞林
哈佛通识教育红皮书	哈佛委员会
高等教育何以为"高"——牛津导师制教学反思	
	［英］大卫·帕尔菲曼
印度理工学院的精英们	［印度］桑迪潘·德布
知识社会中的大学	［英］杰勒德·德兰迪
高等教育的未来：浮言、现实与市场风险	
	［美］弗兰克·纽曼等
后现代大学来临？	［英］安东尼·史密斯等
美国大学之魂	［美］乔治·M.马斯登
大学理念重审：与纽曼对话	［美］雅罗斯拉夫·帕利坎
学术部落及其领地——当代学术界生态揭秘（第二版）	
	［英］托尼·比彻 保罗·特罗勒尔
德国古典大学观及其对中国大学的影响（第二版）	陈洪捷
转变中的大学：传统、议题与前景	郭为藩
学术资本主义：政治、政策和创业型大学	
	［美］希拉·斯劳特 拉里·莱斯利
21世纪的大学	［美］詹姆斯·杜德斯达
美国公立大学的未来	
［美］詹姆斯·杜德斯达 弗瑞斯·沃马克	
东西象牙塔	孔宪铎
理性捍卫大学	眭依凡

学术规范与研究方法系列

社会科学研究方法100问	［美］萨尔金德
如何利用互联网做研究	［爱尔兰］杜恰泰
如何撰写与发表社会科学论文：国际刊物指南	蔡令忠
如何为学术刊物撰稿（第三版）	［英］罗薇娜·莫瑞
如何查找文献（第二版）	［英］萨莉·拉蒙齐
给研究生的学术建议（第二版）	［英］玛丽安·彼得 等
社会科学研究的基本规则（第四版）	［英］朱迪斯·贝尔
做好社会研究的10个关键	［英］马丁·丹斯考姆
如何写好科研项目申请书	［美］安德鲁·弗里德兰德等
教育研究方法（第六版）	［美］梅瑞迪斯·高尔等
高等教育研究：进展与方法	［英］马尔科姆·泰特
如何成为学术论文写作高手	［美］华乐丝
参加国际学术会议必须要做的那些事	［美］华乐丝
如何成为优秀的研究生	［美］布卢姆
结构方程模型及其应用	易丹辉 李静萍
学位论文写作与学术规范（第二版）	李 武 毛远逸 肖东发

21世纪高校教师职业发展读本

如何成为卓越的大学教师	［美］肯·贝恩
给大学新教员的建议	［美］罗伯特·博伊斯
如何提高学生学习质量	［英］迈克尔·普洛瑟等
学术界的生存智慧	［美］约翰·达利等
给研究生导师的建议（第2版）	［英］萨拉·德拉蒙特等

21世纪教师教育系列教材·物理教育系列

中学物理教学设计	王霞
中学物理微格教学教程（第三版）	张军朋 詹伟琴 王恬
中学物理科学探究学习评价与案例	张军朋 许桂清
物理教学论	邢红军
中学物理教学法	邢红军
中学物理教学评价与案例分析	王建中 孟红娟
中学物理课程与教学论	张军朋 许桂清

21世纪教育科学系列教材·学科学习心理学系列

| 数学学习心理学（第三版） | 孔凡哲 |
| 语文学习心理学 | 董蓓菲 |

21世纪教师教育系列教材

教育心理学（第二版）	李晓东
教育学基础	庞守兴
教育学	余文森 王晞
教育研究方法	刘淑杰
教育心理学	王晓明
心理学导论	杨凤云
教育心理学概论	连 榕 罗丽芳
课程与教学论	李允
教师专业发展导论	于胜刚
学校教育概论	李清雁
现代教育评价教程（第二版）	吴钢
教师礼仪实务	刘霄
家庭教育新论	闫旭蕾 杨萍
中学班级管理	张宝书
教育职业道德	刘亭亭

教师心理健康	张怀春
现代教育技术	冯玲玉
青少年发展与教育心理学	张 清
课程与教学论	李 允
课堂与教学艺术（第二版）	孙菊如 陈春荣
教育学原理	靳淑梅 许红花

21世纪教师教育系列教材·初等教育系列

小学教育学	田友谊
小学教育学基础	张永明 曾 碧
小学班级管理	张永明 宋彩琴
初等教育课程与教学论	罗祖兵
小学教育研究方法	王红艳
新理念小学数学教学论	刘京莉
新理念小学音乐教学论（第二版）	吴跃跃

教师资格认定及师范类毕业生上岗考试辅导教材

教育学	余文森 王 晞
教育心理学概论	连 榕 罗丽芳

21世纪教师教育系列教材·学科教育心理学系列

语文教育心理学	董蓓菲
生物教育心理学	胡继飞

21世纪教师教育系列教材·学科教学论系列

新理念化学教学论（第二版）	王后雄
新理念科学教学论（第二版）	崔 鸿 张海珠
新理念生物教学论（第二版）	崔 鸿 郑晓慧
新理念地理教学论（第二版）	李家清
新理念历史教学论（第二版）	杜 芳
新理念思想政治（品德）教学论（第三版）	胡田庚
新理念信息技术教学论（第二版）	吴军其
新理念数学教学论	冯 虹

21世纪教师教育系列教材·语文教育系列

语文文本解读实用教程	荣维东
语文课程教师专业技能训练	张学凯 刘丽丽
语文课程与教学发展简史	武玉鹏 王从华 黄修志
语文课程学与教的心理学基础	韩雪屏 王朝霞
语文课程名师名课案例分析	武玉鹏 郭治锋 等
语用性质的语文课程与教学论	王元华
语文课堂教学技能训练教程（第二版）	周小蓬
中外母语教学策略	周小蓬
中学各类作文评价指引	周小蓬

21世纪教师教育系列教材·学科教学技能训练系列

新理念生物教学技能训练（第二版）	崔 鸿
新理念思想政治（品德）教学技能训练（第三版）	胡田庚 赵海山
新理念地理教学技能训练	李家清
新理念化学教学技能训练（第二版）	王后雄
新理念数学教学技能训练	王光明

王后雄教师教育系列教材

教育考试的理论与方法	王后雄
化学教育测量与评价	王后雄
中学化学实验教学研究	王后雄
新理念化学教学诊断学	王后雄

西方心理学名著译丛

儿童的人格形成及其培养	[奥地利] 阿德勒
活出生命的意义	[奥地利] 阿德勒
生活的科学	[奥地利] 阿德勒
理解人生	[奥地利] 阿德勒
荣格心理学七讲	[美] 卡尔文·霍尔
系统心理学：绪论	[美] 爱德华·铁钦纳
社会心理学导论	[美] 威廉·麦独孤
思维与语言	[俄] 列夫·维果茨基
人类的学习	[美] 爱德华·桑代克
基础与应用心理学	[德] 雨果·闵斯特伯格
记忆	[德] 赫尔曼·艾宾浩斯
实验心理学（上下册）	[美] 伍德沃斯 施洛斯贝格
格式塔心理学原理	[美] 库尔特·考夫卡

21世纪教师教育系列教材·专业养成系列（赵国栋主编）

微课与慕课设计初级教程
微课与慕课设计高级教程
微课、翻转课堂和慕课设计实操教程
网络调查研究方法概论（第二版）
PPT云课堂教学法